事例から学ぶ

はじめての質的研究法

秋田喜代美 能智正博 監修

臨床・社会 編
能智正博 川野健治 編

東京図書

『事例から学ぶ はじめての質的研究法』
■■■ シリーズの監修にあたって ■■■

　近年、質的研究はいろいろな学問分野で認知され、注目を集めるようになってきました。象徴的なのは、2004年に日本質的心理学会が設立されたことです。心理学という、人文・社会科学のなかでももっとも自然科学に近く数量的アプローチを重視していた分野において、質的研究に注目する一群の研究者が出てきたという意味で、画期的な出来事と言えます。しかしながら、まだ質的研究の位置づけには不安定なところがあります。大学などの研究機関のなかで研究方法として正式に位置づけられるためには、まず、学術的な成果がその方法によって積み重ねられなければなりません。それから、その方法の教育のためにカリキュラムが整備され、学生に教えられる必要もあります。前者については、上で述べた日本質的心理学会の機関紙『質的心理学研究』をはじめとして、各種学術雑誌でも質的研究が取り上げられるようになってきました。しかし、後者の教育という側面は、まだこれからというところです。

　質的研究の方法は学ぶことも教えることも容易ではないという言葉を聞くことがあります。もちろん、量的な研究だって決して簡単ではないでしょう。しかし、そのむずかしさは、質的研究のそれとは性質が異なっているように思います。量的研究は、信頼性や妥当性といった評価規準がほぼ確立しており、それらを基礎に手続きが整備されています。統計も含めて根気よく基礎から積み上げていけば、少なくともある程度のところまでは誰でも習得が可能です。それに対して質的研究の方法は、学び方にしても教え方にしても曖昧な部分を含んでいるように見えます。理由の1つは質的研究の多様性です。たとえば、質的研究の研究者がよって立つ認識論的な立場は単一ではなく、研究対象が客観的に存在する実体と考える研究者もいれば、それが研究という社会的過程において生み出されるとする研究者もいます。研究者の立場によって、研究の手続きも研究の評価規準も微妙に――ときには大幅に――違ってきます。質的研究に対して、「ほんとうにサイエンスと言えるのか」という疑問が投げかけられたり、「サイエンスであり同時にアートでもある」という説明がなされたりする理由は、そのあたりにもあります。

　それでもここ2、3年、質的研究法への注目に伴って教科書が相次いで出版されるようにな

りました。この『事例から学ぶ **はじめての質的研究法**』のシリーズもまた、その流れの一つと言えなくもありません。ただこれまでの多くの教科書と異なるのは、第1に、シリーズタイトルからもわかりますように、すぐれた研究事例を中心として質的研究の方法や手続きの紹介・解説がなされているところです。それぞれの研究事例からは、他の研究に比較的容易に適用できそうな技法を学ぶこともできますし、また、研究対象の特殊性から立ち上がってきた独自の工夫を読むことができます。サイエンス的な部分とアート的な部分をともに学ぶことができるのが、事例を学んでいくことの強みではないかと思います。

　本シリーズの第2の特徴は、質的研究の多分野への広がりに即応して、全体を「教育・学習編」、「生涯発達編」、「臨床・社会編」、「医療・看護編」に分け、それぞれの巻の独自性を尊重した編集を行っている点です。監修者や編者の多くが心理学領域の研究者であることもあり、紹介される研究事例には心理学寄りの内容がやや多く含まれているかもしれません。しかし、社会学、教育学、看護学、医学など心理学以外の研究者も執筆者に含まれており、シリーズ全体を通して、現代の人間科学・社会科学の幅広い領域の研究にふれることが可能です。

　そしてさらに、本シリーズの第3の特徴は、質的研究を行おうとしている初学者を主要な読者として想定している点です。特に、学部生で質的研究に興味をもった方にも手にとっていただきたく、記述はなるべく易しく、図もわかりやすいものを多く使うことを心がけました。しかし大学院で初めて質的研究にふれた方やすでに質的研究の経験がある方にとっても、研究のプロセスについての知識を整理するガイドブックとして、第一線の研究の成果を知る参考書として、また、研究者の苦労と工夫を知る読み物としても役立てていただけるのではないかと思います。このシリーズ刊行がきっかけとなり、大学ではじめて研究法を学ぶ人たちにも、質的研究の輪が広がっていくことを、監修者として願っております。

　本シリーズの出版は、2005年に東京大学で行われた日本質的心理学会第2回大会に東京図書の編集者一木敬代さんが来られ、その後、「ぜひ新しい形のテキストを作りましょう」と提案してくださったのがきっかけです。そこで、その準備委員会に携わったメンバーが中心となって企画をいたしました。一木さんには、執筆・編集の過程においても要所要所で大変お世話になりました。心より感謝とお礼を申し上げます。

監修者　秋田喜代美・能智正博

はじめての質的研究法■臨床・社会編

シリーズの監修にあたって　　　　　　iii
はじめに　　　　　　　　　　　　　　vii

第Ⅰ部　総論

第1章　質的研究と臨床・社会心理学　　　能智正博　3
「質的研究」とはどういうものか／社会心理学の流れと社会のイメージの変化／臨床心理学の展開と「問題」のイメージ／質的研究の再定義／社会・臨床と質的研究

書籍紹介　『スティグマの社会学——烙印を押されたアイデンティティ』　蘆野晃子　39

第2章　臨床・社会心理学における質的研究の留意点　　川野健治　41
心理学における質的研究の特徴とは／臨床・社会心理学における質的研究のフィールドを決める／質的研究を見通す——データ収集と分析／おわりに

第Ⅱ部　ミクロ過程に焦点をあてた研究

第3章　障害児——ある障害児の世界を「空間」という視点から解明する　　遠藤　司　73
ある関わりの場面の記述から／「直観」に基づく研究方法／「直観」が発揮される場面とは／行動記述から場面記述へ／世界の解明に向けて／おわりに

書籍紹介　『ボディ・サイレント』　　　　宮﨑朋子　94

第4章　「非行少年」の質的研究——なぜ彼（女）らが「問題」なのかと問うてみる　　松嶋秀明　96
はじめに／非行少年にいかにアプローチするか／研究方法について／データ分析・発表形式について／結果の記述について／おわりに

第5章　供述の分析——構造的ディスコミュニケーション分析を例に　　山本登志哉　122
供述調書という「証拠」／供述の分析という作業の性格／供述と「事実」と分析者の立ち位置／『証言の心理学』の4つのアプローチ／甲山事件のシミュレーション実験／構造的ディスコミュニケーション分析／供述の分析と質的な研究／おわりに

| 書籍紹介 | 『傷ついた物語の語り手――身体・病い・倫理』 | 徳田治子 149 |

第6章　病い／高齢者の研究――「認知症」体験の〈汲み取り〉から〈聴き取り〉へ
　　　　　　　　　　　　　　　　　　　　　　　　　　　　　　出口泰靖　151

はじめに／私と「認知症」の人とのやりとり自体をフィールドワークする／「認知症」体験を明らかにしてみたい／「呆けゆく体験」の〈汲み取り〉をやってみる／本人による「認知症」体験の〈聴き取り〉の難しさ／「もの忘れ」体験に耳を傾けるケアとの出会い／「認知症」体験の〈汲み取り〉から〈聴き取り〉へ／おわりに

第Ⅲ部　マクロ過程に焦点をあてた研究

第7章　環境研究――「精神病院のリロケーション研究」をめぐる検討　　高橋　直　187

質的な研究環境とは／事例「精神病院のリロケーション――行動場面の自然観察」／おわりに

書籍紹介　『暴走族のエスノグラフィー――モードの叛乱と文化の呪縛』　文野　洋　209

第8章　地域研究――都市で編まれた同郷の繋がりをたどる　　　　　　石井宏典　211

地域と歴史への位置づけ／移動と定着の歴史をたどる――起点となった作業／経験世界に近づく――歴史（ヒストリー）から物語（ストーリー）へ／おわりに

第9章　防災研究――災害に強い社会をつくるための共同実践　　　　　矢守克也　238

はじめに――2つの研究プロジェクト／4つのポイント／「語り部研究」／「ゲーミング研究」／おわりに

書籍紹介　『喪の途上にて――大事故遺族の悲哀の研究』　　　　　　　目良秋子　258

第10章　異文化研究――動きながら関わりながら生活世界を識る　　　伊藤哲司　260

「ベトナム」にたどり着くまで／異境の地で定住者になる――ハノイの路地への参加／異文化の生活世界を書く／描く／さらに、異なる生活世界の旅へ／おわりに

「あとがき」にかえて　　287

索引　　291

執筆者プロフィール　　294

　『事例から学ぶはじめての質的研究法』シリーズの1冊として、〈臨床・社会編〉をここにお届けします。「臨床」と「社会」が結びついているところに、やや違和感をもたれる方もいるかもしれません。心理学では、臨床心理学と社会心理学はかなり異なる分野として、別々の学科で教えられがちですし、科目としても別々に分かれていることが多いからです。しかし、本書を読んでいただけると、現代の臨床心理学と社会心理学は最先端の部分でかなりオーバーラップが見られることがわかるでしょう。人間は社会的な動物であるという古くからの定義がありますが、社会のなかで、つまり、人々の間で生きることは人間にとって避けられないことです。そこから人は、生きるためのさまざまな支えを見いだしますが、同時に葛藤や不全感も人と人の間において体験します。臨床的なアプローチが必要になる問題状況は、そのような社会の場でこそ生み出されるものです。

　編者の2人は、そうした臨床と社会がクロスする領域において、質的研究を行ってきました。能智は脳に損傷を負った人をはじめとする障害者のライフストーリーや、彼らを支援する組織やシステムについて研究を発表しています。現在の所属は臨床心理学コースになっていますが、もともとは実験心理学の教育を受け神経心理学的な視点から脳損傷者に関心をもっていました。脳損傷者のリハビリテーションの現場に関わるなかで、心理臨床と社会やコミュニティに出会ったという経緯があります。川野は高齢者の援助や自死遺族の語りの研究を中心に活動しています。大学院の所属ゼミは数理心理学で、介護研究の際には施設についての質問紙調査から始めたのですが、やがて介護のビデオ分析や介護者の語り研究へと移っていきました。逆に自殺対策についての研究では、実態を知るための資料収集や遺族への聞き取りをしてから、施策へ結びつけるためにも、地域を意識した研究へと展開しています。

　本書は、この2人が編者となって、臨床的・社会的テーマに切り込んでおられる研究者の

方々に研究事例を提供していただくことで成立しました。執筆者はかならずしも臨床心理学や社会心理学を専門にしておられる方ばかりではなく、哲学や社会学を基礎に研究をされている方も含まれています。したがって、考え方の枠組みや使われる用語にも若干の違いがみられます。また、質的分析の手続きもさまざまであり、第2章で言及される「カテゴリー分析」が使われることもあれば、「シークエンス分析」が利用されていることもあります。語り口や文体についても特に統一はしませんでした。その多様性はそのまま、研究者の個性の反映ですし、現在の質的研究法の広がりと可能性を示唆しているとも言えるでしょう。

そうした多様性のままに、ランダムな配列で研究事例を紹介してもよかったのですが、それでは入門書としてあまりに不親切だろうということで、本書はⅢ部構成をとることにしました。第Ⅰ部は「総論」的部分で、臨床・社会領域の質的研究を理解するための理論的・方法論的な枠組みを提示します。第Ⅱ部と第Ⅲ部は、研究事例を示す「各論」部分です。第Ⅱ部は、「ミクロ過程に焦点をあてた研究」と題されており、主に個人を焦点として臨床的問題や社会過程に切り込んだ研究が4編紹介されます。第Ⅲ部は、「マクロ過程に焦点をあてた研究」とされており、社会過程や文化などに関わる研究が同じく4編紹介されます。

本書には、その他に、5つのブックレビューが含まれています。質的研究の結果はしばしば書籍の形で発表されますが、そのなかには長い間研究者たちの思考を刺激し続けるすぐれた著作が含まれており、そうした著作を読むことで私たちは、自分の研究を照らす視点や洞察を新たに獲得し直すことができます。今回は、臨床・社会領域に関係が深い著作を5つ選択し、比較的若い研究者の方々にその著作を紹介していただきました。実際にその本を手にとり、読み進んでいくときのガイドになればと思います。

近年、心理学の分野も含めて多くの人文・社会科学の領域で質的研究が注目されているのはご存じのとおりです。社会心理学や臨床心理学の分野も例外ではありません。質的研究の方法が学べる場所は、心理学科ではまだ少数ですが、それでも大学院の学生はもちろん大学の学部生のなかにも、質的研究に関心をもつ人は着実に増えているように感じられます。「質的研究」という名前は知っているが、それがどういうものかはまだよく知らないという人もいるでしょう。本書が、そうした人にとって質的研究への入り口になることを、私たちは願ってやみません。

能智正博
川野健治

第Ⅰ部

総　論

■■■ 第Ⅰ部のための序 ■■■

　第Ⅰ部は、「総論」的な部分であり、臨床・社会領域で質的研究を行っていくために知っておいたほうがよい理論的・方法的な枠組みについて解説しています。臨床と社会の双方にまたがり、かならずしも心理学という学問領域だけには収まらない場合もある第Ⅱ部以降の事例が、どのような背景のもとで成立しているのか、また、どういう方法で研究がなされうるのかについて、基本的な枠組みを提供するのが第Ⅰ部の目的です。

　第1章では、質的研究に共通する特徴とされているいくつかのポイントが提示されたあと、社会心理学と臨床心理学の流れが簡単にたどられます。そして、その流れが質的研究の背景とされる考え方とどのように重なるのかが説明されます。そこでは複雑な心理学の歴史の全体が網羅的に解説されるわけではありません。歴史（ヒストリー）は常にストーリーでもあって、この章でも質的研究との繋がりという視点から切り取られ再構成されたストーリーが提示されることになるでしょう。

　第2章では、臨床・社会領域における質的研究の手続きや方法について、大まかな見取り図が描き出されます。学問としての正確さよりも、実際の研究の手触りが伝わるように表現してみました。縦糸として質的研究が実際に進んでいくプロセス、特に研究を始める頃に躓きやすい部分に焦点をあてて説明し、横糸として社会心理学と臨床心理学の比較をおいています。その網目のなかに、後続の8つの事例を具体的に位置づけましたので、共通点や相違点を見いだす助けになるでしょう。

　第Ⅰ部は、第Ⅱ部以降の事例を読んでいくための前提として用意されたのですが、かならずしも編者の意図どおりの読み方をしていただく必要はありません。特に第1章などは、多少難解な用語も含まれていたりして、最初に読むのは厄介かもしれません。個々の事例にあたっていただいたあとで、この第Ⅰ部に戻ってきてもらってもけっこうかと思います。初めに読むにせよ後から読むにせよ、第1章・第2章で提示された概観と比較しつつ個々の事例を位置づけていただければ、社会・臨床領域における質的研究の全体像がよりよく理解できるのではないかと思います。

第1章
質的研究と臨床・社会心理学

能智正博

■1 「質的研究」とはどういうものか

　本章では、社会心理学や臨床心理学の領域において質的研究の視点がどのような形で現れどのような役割を果たしているのかを概観して、第Ⅱ部以降の章の導入としたいと思います。ここで押さえておきたいのは、社会心理学においても臨床心理学においても、研究対象である人間とその内面、あるいは彼らが生きる環境のイメージが現在変化しつつあるということです。そしてその変化に対応する形で、対象を理解するための方法も修正や工夫を余儀なくされています。質的研究がこれらの領域で注目されるようになったことの背景にはそういった事情があるのです。

　そうした人間や環境のイメージの変化は、社会心理学や臨床心理学という学問領域の内部だけで生み出されたものではなく、心理学や、もっと言えば人文社会科学全体の変化の一部です。さらにその背後には、「ポストモダン」などとも言われる社会的な変化が控えています[*1]。でもここでは、あまりそういった

[*1] ポストモダンとは、近代主義を超えようとする文化や思想の運動や傾向のこと。心理学との関連は、クヴァル（1992/2002）に詳しい。

ころまで解説していく余裕はありません。本章では、社会心理学や臨床心理学という領域内部の変化を中心にして、話を進めていきたいと思います。

●質的研究——その古さ・新しさ

社会心理学や臨床心理学の話に入る前に、「質的研究」ということばがなにを意味しているのかについて見ておきましょう。非常におおざっぱに言ってしまうと、「質的研究」とは、データの収集、分析、結果の提示のために、数値的表現[*2]ではなく、言語的表現を使用する研究法の総称ということになります。例えば、ここに石ころがあったとして、それを「1個」「45 g」「263 cm^3」などと記述するのが数値的な表現であり、「石ころ」「堆積岩」「つぶて」などと記述するのが言語的表現になります。1とか45とか263とかいった数値は、ある意味で非常に抽象的であり、対象の他の属性とは独立に操作したり計算したりできます。一方、言語的表現を使うときには、対象は概念として呈示されており、数値よりも具体的な形でそのあり方が伝えられます[*3]。

このように質的研究を対象の言語的な扱いという点で特徴づけるとき、これまで人文科学や社会科学においてなされてきた幅広い研究成果を、質的研究として捉えることができるでしょう。心理学に関連するところで言えば、臨床心理学の源流の1つであるフロイト（Freud, S.）の仕事も質的研究ということになるでしょうし、発達心理学の泰斗であるピアジェ（Piaget, J.）の研究[*4]もその多くが質的ということになります。対象への質的なアプローチは決して新しいものではなく、これまでの人文社会科学の歴史のなかでも古くから重要な役割を果たしてきま

*2 数値的表現：測定尺度としては、順序尺度、間隔尺度、比率尺度を含む。

*3 概念：物事の共通性質をまとめて作り上げられた表現形式。例えば、「イヌ」の概念はそのカテゴリーに共通の特性からなり、それ以外の個別的特性（例えば、プチがあるなど）は捨象される。

*4 ピアジェ, J.は、自分の子どもを対象にして実験場面を設定しつつ、その行動を詳細に記述した。その記述は多くの場合数量的というよりも言語的である。

した。

　たしかに、人文社会科学がこれまで蓄積してきた偉大な研究に、質的な側面を見つけ出すことは可能ですし、そこから学ぶべきところも数多くあります。しかし、あまりに質的研究の枠を拡げすぎてしまうと、現代の質的研究をたんに「古き技の復活」と誤解する人も出てくるかもしれません。現在行われている質的研究は、たんに以前の考え方や技法を復活させ模倣しているわけではありません。質的研究は、この100年、200年における多くの研究者たちの思索の跡を繰り込みつつ、新たに発展を遂げようとする分野です。

● 現代の質的研究の諸特徴

　それでは、現在行われている質的研究は、研究対象を言語的に扱うこと以外にどのような特徴をもつのでしょうか。教育学者であるボグダンとビクレン（Bogdan & Biklen, 2006）は、アメリカで版を重ねている質的研究のテキストのなかで、質的研究の特徴をその他にも4つ挙げています。簡単に紹介しておきます。

　1つは、自然主義的（naturalistic）であることです。これは言いかえると、実験室のような人工的環境を設定してデータ収集を行うのではなく、日常的で自然な場面において観察を行ったり、構造化の程度[*5]が低く日常会話にも近い形で面接を行ったりして、データ収集を行うことが多いといった意味です。そこで得られたデータは、その場に存在する環境条件、社会的条件など、さまざまなレベルの文脈（コンテクスト）も考慮して分析されます。

　2つめは、プロセスの重視です。実験的な心理学などでは、

[*5] 構造化：質問の仕方も答え方の形式も前もって決められている面接を構造化面接と呼ぶ。

特定の刺激と反応の関係に焦点を絞って仮説を作り、それを実験的に検証することが多いのですが、自然な日常場面においては1つの刺激—反応の関係が独立して生じることはありません。質的研究ではある事象を理解するさいに、事象をその生起条件との繋がりのなかで捉えようとするだけでなく、事象の結果としてどのような影響が生じ、その影響がさらにどのような事象に結びつくかといった、長期的プロセスにも注意を払います。

3つめは、帰納的（inductive）ということ、つまり、具体的事例に基づいて一般的なことを明らかにしようとすることです。実験的な研究ではふつう、先行研究などをもとにして演繹的（deductive）[*6]に仮説を導き出し、その仮説をデータによって検証します。このやり方を仮説演繹法と呼ぶことがあります。質的研究では、明確な仮説に基づいて研究を行うことはあまりありません。漠然とした仮説があるにしても、それはデータ収集・分析のなかで改変され、データとの対話のなかでデータに基づいてよりよい仮説を生成しようとします。

4つめは、意味（meaning）[*7]への注目です。人は物事の物理的性質よりもその人がそこに結びつける意味に基づいて行動します。例えば「お守り」は一般に、「神の力がこもっていて持ち主を守ってくれるもの」という意味をもちますので、日本人ならまずそれを踏みつけにしたりはしないでしょう。しかし外国の人であれば「お守り」に対する行動も違ってきます。質的研究が捉えようとするのは、そのように、人の視点やものの見方等によって微妙に変化する意味です。

言語的・記述的であるということの他に言及されるこれら4つの特徴は、質的研究であるための必要十分条件というわけではありませんが、現代の質的研究であれば少なくともそのいく

*6 演繹：前提を正しいと認めたうえでそこからなにが言えるかを推論する方法。「帰納」と対比的に使われる。

*7 意味：直接体験される現象の向こう側にある、より重要ななにか。一般には、現象XをYとみなすさいのYを意味と呼ぶことが多い。右の例を単純化して言うと、「お守りの形状」がXで、「神聖性」がYになる。

つかを共有しています。では、なぜこのような特徴が出てくるのでしょうか。以下では、社会心理学と臨床心理学の流れをごく簡単にたどりながら、背景となる考え方の変化について理解し、そのうえでもう一度この4つの特徴に戻ってみたいと思います。

■2 社会心理学の流れと社会のイメージの変化

　心理学の教科書を見ると、社会心理学は、「人々が社会的世界についてどのように考え、感じているか、人々が互いにどのようにかかわり、影響を与え合っているかに関する学問である」と述べられています（Smith et al., 2002/2005）。もっと単純に言ってしまえば、人々の集まりである社会と、そのなかで行動する個人の心理過程の関係を考えようとするのが、社会心理学です。ここで「社会」とは、1対1の相互作用から始まって、家族、社会組織、さらには共同体や国家までも含みうるものですが、実際にはせいぜい社会組織くらいまでが研究対象とされてきました。図1-1は、そこで想定される常識的な「社会」と個人の関係を図示したもので、個人が社会と向かい合って影響を

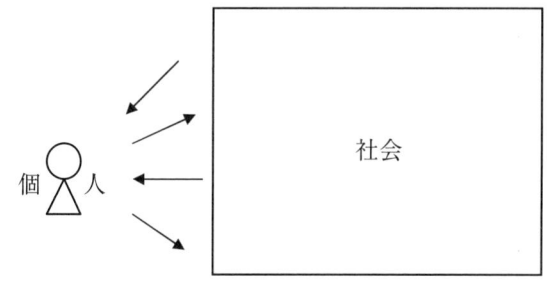

図1-1　「社会」に関する常識的・直観的なイメージ：社会は個人から独立しており、その間に相互作用が生じる

与えたり与えられたりするというイメージになります。

　近年このイメージに変化が生じており、それを背景にして社会心理学のなかで質的研究が注目されるようになってきたように思われます。それはどういう変化なのかという点を、まとめておきましょう*8。

●主流の社会心理学の方向性

　社会心理学のなかでも主流と考えられることが多い欧米流の実証的な社会心理学*9は、今回の議論のために枝葉を取り払ってばっさりと単純化してしまうと、大きな流れとしてはマクロな研究からミクロな方向へとシフトしていると言えるかもしれません（廣田、1994）。一般に社会心理学の起源とされているのはヨーロッパにおける社会学の研究であり、どちらかと言えばマクロな研究が中心です。例えば19世紀末にフランスのル・ボン（Le Bon, G.）は「群衆心」といった個人よりも広いレベルの社会心理的現象を検討しましたし、アメリカでも20世紀初頭には、マクドゥーガル（McDougall, W.）が「集団心」といったかならずしも個人に還元できない心理プロセスを提案しました。

　しかし、ワトソン（Watson, J. B.）らに主導された行動主義の心理学が広まってきたこともあって、しだいに社会心理の研究も、実験室で研究できる題材が選ばれるようになり、個人心理としての社会心理が検討の対象になっていきました。オールポート（Allport, F. H.）は、「あるのは個人心理学だけで集団心理学などはありえない」と、マクドゥーガルらの考え方を批判しています。以後アメリカでは、ゲシュタルト心理学者レヴィン（Lewin, K.）の影響でグループ・ダイナミックス*10など小

*8　心理学史全体のなかでの社会心理学・臨床心理学の展開を理解するためには、サトウ・高砂（2003）が役に立つ。同書は以下の記述も参考にさせてもらっている。

*9　主流の社会心理学：なにを主流とするかには議論も多いだろうが、ここでは、主に北米の社会心理学の流れを概観している。なお、現代の社会心理学は、フランスやドイツの研究の流れ、進化心理学の影響、脳科学への接近など、多様化の方向にあるとも捉えられる。

*10　グループ・ダイナミックス：集団力学とも訳され、集団という場における個人や他の集団との関係を検討する分野。実験的方法を重視するが、方法として質的研究にも繋がる自然場面での観察を採用することもある。

集団の研究が盛んに行われた時代もありましたが、これもアメリカでは1960年代以降勢いがなくなっていきます。

　その代わりに中心的位置を占めるようになってきたのは、認知社会心理学と呼ばれるミクロな社会心理学です。その背景には、心理学全体が行動主義の考え方から認知的な視点へと転換してきたという事情があります。認知的な視点というのは、人間の内的な知的活動や構造が、その人の行動を媒介することを重視する立場です。代表的なのは社会的認知の研究で、知覚などの認知過程に社会的な要因がどのように影響するかとか、他者や対人関係を個人がどのように認知しその認知がどのように行動に影響するかといった問題が、さまざまな側面から検討されました（唐澤ら、2001）。

　認知の強調はここ4半世紀の心理学全体の傾向ではありますが、こうした方向をとることで社会心理学は「社会」を見失いつつあるのではないかという違和感や危惧をも生み出しています。例えば、実験社会心理学の立場に立つ廣田（1994）も、認知社会心理学の広がりを「個体内過程への過度の沈潜」と呼びました。その背景にあるのは、認知だけでは現実の社会のなかの人間行動の理解や、社会的場面で人々がぶつかる問題の解決には結びつかないのではないかという直観です。

● **個人のなかの社会像**

　そうした社会的認知研究のなかで、マクロな社会への視線がまったく消失してしまったかと言えばそうとも限りません。個人は、認知を通じてその人にとっての社会、あるいは社会像を作り上げていきます。例えば1950年代に提唱されたケリー（Kelly, G.）のパーソナル・コンストラクト理論[*11]は、個人の

*11　パーソナル・コンストラクト：「個人的構成体」と訳される。構成体とは、現実を眺めるための眼鏡のようなものと考えればよい。人はその眼鏡に合わせて現実を切り取る。そしてその構成体の内容や構造には、個人差がある。

認知と社会像の関係を理解する1つの糸口を提供しました。その理論によれば、個人は認知構造のなかに多くのカテゴリー（コンストラクト）をもっており、それをとおして自分の経験した出来事を解釈したりあるいは予期したりします（Ashworth, 2000）。カテゴリーのシステムは人によって微妙に異なっており、その違いを調べていくことで、その人のパーソナリティを理解することが可能なのだとケリーは考えました。

　そうしたカテゴリーと経験の相互作用のなかで、人は自分にとっての世界のイメージを作り上げていきます。例えば、ある人は自分が愛情に満ちた人々の間で生きていることを示すようなコンストラクトをもっており、人に裏切られるような経験をしても、"なんらかの事情でしかたなくそうしたのだ"と解釈するかもしれません。もちろん、裏切られる経験が続くとコンストラクトは修正を余儀なくされ、悪意に満ちた社会像が生み出される場合もあるでしょう。

　社会像や世界像を作り上げる基礎としてのコンストラクトは、個人的なものばかりではありません。ヨーロッパの社会心理学は、認知を問題にする場合でもマクロな社会との繋がりを意識していることが多いのですが、フランスのモスコビッシ（Moscovici, 2000）は「社会的表象（social representation）」[12]ということばで、個人が社会の他のメンバーと共有するカテゴリーにあたるものに言及しています。例えば、一昔前のアメリカであれば白人のなかには"黒人は劣等である"という考えをもつ人が少なからずいました。これも社会的表象の一種であり、その表象をもとに世界像は白人と黒人に価値的に二分され、それに基づく行動がなされていました。

　常識的には、社会は個人の外にあって個人と相互作用すると

*12 社会的表象：社会や集団のメンバーに共有され信じられている価値や観念と考えればわかりやすい。「ステレオタイプ」「偏見」「イデオロギー」という形で問題として現れることもあるが、もっと広い意味で使われている。

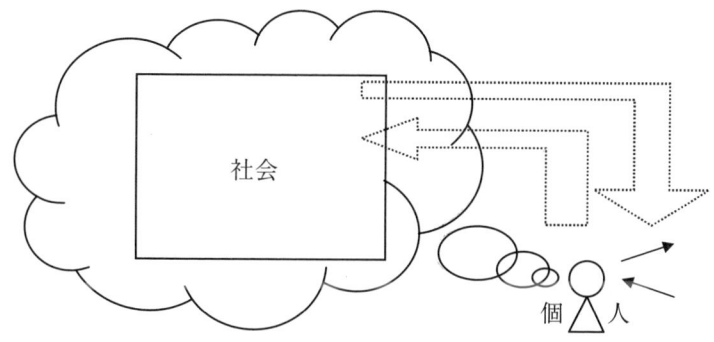

図1-2　個人の認知において構築される社会：個人は経験から社会像を内面化し、それをもとに経験を意味づける

いうイメージで捉えられることが多いのですが、よく考えると、私たちは社会そのものを直接見たり手で触ったりすることはできません。社会とは、私たちが日常生活のなかで具体的な他者とやりとりをしたり、いろいろなメディアから情報を得たりしながら編み上げたイメージであるとも言えるのです。人はそうしたイメージを用いて、自分の経験を解釈し、それを基礎にして日常生活を送っています。図1-2は、個人の認知において社会（像）が構成され、その社会（像）が個人の行動に影響するといった側面を図にしたものです。

●個人の社会像を支える社会や文化

　もちろん、個人がそれぞれ社会のイメージをもつにしても、勝手気ままにそうすることはできません。ケリーもパーソナル・コンストラクトが、周りの人とのやりとりのなかで生み出されることを示唆していますし、モスコビッシの言う社会的表象は、そもそも個人がそれを内面化する以前に、社会において用意されています。個人の認知において社会のイメージが作られるとは言っても、その構築は社会という条件のもとでなされるとい

う側面も否定できないでしょう。社会の成員が共有する価値観や行動を文化と呼ぶとしたら、文化が社会像の背景にあるという言い方も可能です。

社会のなかで共有されている物事の意味がどのように個人に影響し、個人の認知において定着するようになるのかを理論化したのが、時代は遡りますが20世紀初頭に活躍したミード（Mead, G. H.）です（Ashworth, 2000）。ミードの立場はシンボリック相互作用論として知られており、社会学的な社会心理学[*13]における基本的な考え方の1つとして現在でも重視されています。この理論では、人の行動の基礎となる意味が人と人の相互作用のなかで生み出されることが強調されるのですが、特に意味の生成において強調されるのが、他者の立場に立って物事を理解するという「役割とり（role taking）」です。

役割とりは、個人の成長過程のなかで次第に発達します。子どもはまず、目の前にいる他者——例えば母親——の立場に立つことで、他者が物事に与える意味や価値を体験していきます。ことばの意味を覚えるのも、いわば、そうした役割とりの過程と関係していると言えるでしょう（浜田、1995）。そのうち子どもは、目の前にいない他者の立場に立って、例えば"お母さんならどう思うだろう"などという形で、物事の意味を判断できるようになり、さらには、具体的な誰かを想定しなくても、"こう考えるのがふつうだ"と思うようになります[*14]。このように、他者とのやりとりが内面化するとともに、社会のもつ意味の体系、さらには一般的な社会像もまた知識の一部に組み込まれていくのです。

最近、心理学の多くの分野で主張されるようになってきた社会文化的アプローチも、こうしたミードの理論と響き合うもの

[*13] 社会学的な社会心理学：本文ここまでは、主に心理学的な社会心理学について述べたが、社会学においても社会心理学的研究が行われている。社会学的な社会心理学は、どちらかと言えばマクロな視点を考慮した社会心理の研究に特徴がある。

[*14] 特定の他者のものではないこのような視点のことを、「一般化された他者」と言う。発達過程のなかで個人はしだいに社会化されていくが、その重要な側面はこの「一般化された他者」の態度を内面化することである。

です。ヴィゴツキー（Vygotsky, L. S.）の影響のもとで発展したこのアプローチでは、発達や学習をはじめとして人間の多様な営みが、社会や文化、さらには歴史的な条件のなかで生じるとい

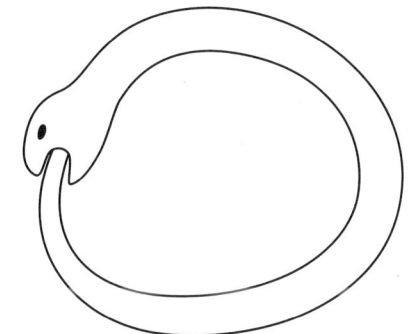

図1-3　ウロボロス的に社会と繋がる個人：個は尻尾の部分に位置し、社会である頭部に囲まれ、掴まれているように見えるが、実際には、尾と頭は繋がっている

う点が強調されます（Wertsch, 1991/1995）。この社会文化的アプローチは、図1-1に示されたような、社会が個人に影響するという常識的な考え方に一見似ていますが、そこには本質的な違いがあるということに注意してください。それは、図1-1では個人が独立した存在として社会と向かい合っていて、社会を除いても個人が存在するかのようにイメージされているという点です[*15]。バー（Burr, 2002/2005）によれば、個人と社会を二分法的に理解し、個人を独立した主体としてイメージするのは、西洋近代に特殊なものにすぎないということです。

　図1-3は、社会文化的アプローチが仮定する個人と社会の関係のイメージをあえて図に示したものです。これは自らの尾を口にくわえた蛇で、「ウロボロス」と呼ばれています。個人がしっぽの部分に対応して、社会は頭に対応すると考えてみてください。頭の部分で切り取る限り、個は社会に包まれているように見えます。しかし実際のところは両者は繋がっていて、個人のなかに浸透した社会を個から単純に引き算することができません。こうした社会と個人の関係のイメージは、質的研究の理

*15　異文化心理学という分野もあるが、こちらはむしろ、図1-1のような図式のなかで、外的要因としての文化とそのなかでの人間行動の関係を検討しようとしたものである。

論や方法を考えていくうえでも重要なものです。

■3 臨床心理学の展開と「問題」のイメージ

つぎに、臨床心理学の話に移ります。臨床心理学は、人の「心」や「行動」に生じる問題について、その原因を探ったりその解決・解消を援助したりする心理学の1分野です。臨床心理学というと、1対1のカウンセリングのイメージが強いかもしれませんが、それは臨床心理学の一部にすぎません。近年では臨床の幅も広がっており、地域に根付いたさまざまな現場における実践を行うことが期待されています。また、心理臨床の専門家の責任として、研究という形での知識の生成と情報の発信もまた意識されるようになってきました（下山、2001）。質的研究法はとりわけ、臨床実践をとおしての研究[*16]を行ううえでの方法論として注目を集めており、臨床心理学に特化したような質的研究の教科書も増えています（例えば、McLeod, 2001）。

そうした質的研究への注目と呼応するように、臨床心理学における問題の捉え方や臨床実践の方法にも変化が見られます。それは、社会心理学における社会のイメージの転換とも対応しているように見えます。以下では、臨床心理学、特に心理臨床実践の流れをごく簡単に追いながら、質的研究の対象となるべき心や行動、およびそこに生じているように見える「問題」の捉え方の変化をたどっていきたいと思います。

●精神分析における「問題」のありか

臨床心理学の理論や実践への影響として忘れてはならないものに、オーストリアでフロイトが19世紀末に創始した精神分析

[*16] 実践をとおしての研究：下山（2001）は、臨床心理学における研究活動を「実践を通しての研究」によるモデルの生成と、「実践に関する研究」によるモデル検討のサイクルとしてイメージしている。

学があります。フロイト以後いくつかに分岐・発展していった精神分析は英米圏にも広がり、臨床心理学に基礎的な枠組みの1つを提供するようになったのは周知のとおりです。精神分析学は、初めて明確に「心」という領域を臨床活動の対象としたわけですが、そこでの問題の立て方には特徴がありました。

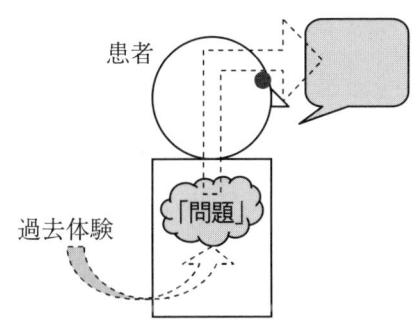

図1-4 精神分析における「問題」の在処：幼少期の体験が無意識の力動において抑圧され、それがことばや行動に反映・影響する。臨床家はことばや行動から「問題」を読みとっていく

　ヒステリーなどの神経症を主に相手にしつつ、フロイトがその症状の原因と考えたのが、幼児期の体験——実際のものであれ空想上のものであれ——とそれを抑圧する無意識の力動でした。そして、心理臨床家（精神分析家）との対話のなかで幼児体験が意識化されることにより、症状は解消していくと考えられました。そこで治療の対象となったのは、患者の内側にある「心」であり、心理臨床家はその表現である患者のことばや行動からそこにアプローチしていくことになります（Freud, 1977/1917）。これを図式化したのが図1-4です。実際のフロイトの考えはもっとずっと複雑なのですが、ここではあえて教科書的に単純化した形で示しておきます*17。

　こうして広まったフロイト的な考え方は、精神分析療法の内外からさまざまな違和感や批判を呼び起こしました。特に槍玉に挙げられたのは、「問題」を孕んだ心が、個体内部に自然科学的な物的対象のような形で存在するというイメージです。あ

*17 初期のフロイトは、自由連想法を通じての患者のことばから抑圧された無意識を明らかにしようとしたが、しだいに患者が臨床家に向けてくる感情や態度を分析対象として重視するようになった。そうした「今・ここ」への視線は、現代の質的分析に対しても示唆するところが大きいように思われる。

るタイプの批判は、フロイトがあまりに個人の幼少期の性的体験を重視しすぎているという点に向けられました。人の生は遠い過去の体験だけではなく比較的最近の体験によっても影響されるし、親密な他者との関係だけではなくより広い社会との関係にも規定される部分があるはずだ、というわけです。例えばネオ・フロイディアン（新フロイト派）と呼ばれたサリバン（Sullivan, H. S.）やフロム（Fromm, E.）は、個人の心理・行動面の問題を理解するには、その人の生きている現在の対人関係や、経済構造や政治体制も含めたマクロな条件を考慮する必要があると主張しています（Fromm, 1965/1941）。

　また、フロイトが患者にとってままならない無意識的部分にもっぱら焦点をあてたことへの批判も多く見られます。例えば、精神分析から一線を画した非指示的カウンセリングで有名なロジャーズ（Rogers, C.）は、過去よりも現在を志向した臨床実践を行うなかで、クライエント（患者）がもつ理想的な自己像と実際に生きられている自己像のずれに注目しています。そうした自己像のずれは、臨床家の解釈や指示よりもむしろ共感的理解や傾聴などの態度によってクライエント自身の気づくところとなり、クライエントは自ら成長の方向へと歩み始めるといいます。ロジャーズにおいては、「心」は今・ここにおけるクライエント自身に認知され、変化しうるものという側面が強調されます（Rogers, 1989/1961）。

●実証的な心理学に基づく臨床実践

　フロイト的な精神分析に対比される臨床心理実践としては、他にも実験的・実証的な心理学をもとにしたものがあります。それは、ある面で精神分析学内部の批判とも対応するものです

が、ただそれ以上に、心や行動の「問題」を実体的に捉える傾向があります。すなわち、それは臨床家が見いだす以前からそこに存在しているものとみなされます。臨床家の役割は、第三者的立場に立って「問題」とその原因

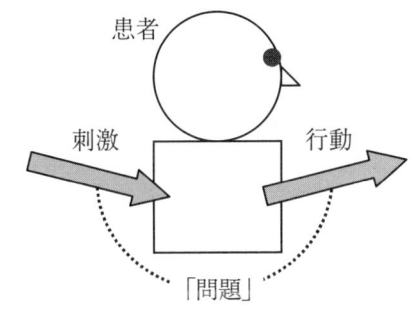

図1-5　行動療法における「問題」の所在：刺激と行動の連合の仕方に「問題」をみる。刺激には環境条件が関与することになるだろう。認知行動療法になると、刺激と行動の間に認知という項目が挿入される

を対象化し、原因を除去することで「問題」を解消させる、いわば医者や自然科学者のような役割です。

　実証的研究に基づく心理療法の代表とも言えるのが、行動主義の影響の下で1950年代より発展した行動療法です（高山、1997）。客観的な観察ができない「心」、特に精神分析で問題とされた無意識は、そこでは臨床実践の対象からはずされて、もっぱら目に見える行動が注目されました[*18]。「問題」の原因と考えられたのは、乳幼児期など遠い過去の対人関係よりも、刺激と行動との関係でした。問題行動は環境（刺激）に反応するなかで条件づけられた一種の習慣であると仮定されたのです。図1-5は、それを図式的に示したものです。この図式のもとで、新たな学習を通じて行動と環境刺激の関係を変化させることが臨床実践の目標になりました。

　一方、20世紀後半に心理学全体が認知に注目するようになったのに連動する形で、ブラックボックスとしての「心」を「認知」という形で復活させたのが認知行動療法です（高山、1997）。

*18　行動療法では、「心」は対象にしないが、それは心が公共的に観察できないからであって、「心」が個体内に存在しないと言っているわけではない。ここでも「心」はブラックボックスとして個体内部に閉じ込められているとも言える。實川（2004）も参照。

そこではやはり環境（刺激）と行動の関係が重視されるのですが、その2項の間に独立項としての「認知」が挿入されており、主体が環境をどのように捉えるかという点が強調されます。ベック（Beck, A.）のうつ病の治療に典型的に表れているように、認知行動療法では、患者の物事の捉え方の歪みが病理的な行動や感情の原因とされます。したがって、環境と行動の関係を変化させる場合も、認知を変化させることがその前提になってきました。

　行動療法では、比較的身近な環境刺激が問題にされることが多いのですが、心の問題を社会的・文化的な文脈のなかで捉えようとしたのがコミュニティ心理学です。この立場は1965年に地域精神保健の会議において定義されており、そこでは、個人の行動と社会体系の相互作用を「理論的かつ実験的に」明確化することが目的とされています（Scileppi, Torres, & Teed, 2005/1999）。コミュニティ心理学では、臨床実践もそうした広い視野から考え直され、たんに問題が起こった後に個人にアプローチするだけではなく、環境に対して予防的なアプローチをすることも視野に入れた実践が行われています。

　こうしたさまざまな動きを繰り込む形で臨床心理実践を特徴づけて、「生理・心理・社会的モデル（bio-psycho-social model）」ということばが使われることがあります。これは、心や行動の問題を見るさいに生理的側面、心理的側面、社会的側面を統合して総合的に理解していこうという立場です。生理については上ではあまり述べませんでしたが、心理・行動面の障害を脳や神経系を代表とする生理学的構造や機能の異常に還元して理解しようとする方向になります。いうまでもなくこれは、神経生理学や脳薬理学、神経心理学などの知見の蓄積とともに、行動

と生理的指標の対応関係*19 がある程度理解されるようになってきたことを反映しています。現在では、この生理・心理・社会的アプローチが心理・行動上の問題を理解するための主要な枠組みとして、専門家の間で認知されつつあります（丹野、2002）。

● 新たな心理臨床実践の試み

　生理・心理・社会的アプローチは半ば常識的でわかりやすく、臨床実践の枠組みとしてもそれなりの有効性をもっています。しかし、社会心理学の項から読み進めてきた読者には、疑問もいくつかわいてくるのではないでしょうか。1つは、「問題」を独立した個体に見いだそうとしている点です。社会や環境はたしかに考慮されているのですが、それは個人の外部に独立して存在する要因とみなされています。もう1つは、そうした「問題」が臨床実践の外部に客観的に存在するかのように扱っている点です。近年発展してきた新しい臨床実践の試みは、こうした疑問に対処しようとしている面があります。

　「問題」の原因としてそれほど簡単に社会を個人の外に仮定できないことを示唆しているのが、家族療法の考え方です。家族療法では、家族は小さな社会を形づくる1つのシステム*20 とみなされます（亀口、1997）。そこでは常にお互いが影響を与えあっていて、なにが原因でなにが結果かはっきりさせることは困難です。例えば、ギャンブル狂の夫といらいらして怒りっぽい妻がいたとして、夫は「自分は妻のいらいらが原因でギャンブルに行くんだ」と主張し、妻は「夫のギャンブルが原因でいらいらする」と言います。実際には、どちらの言い分も連続的に生じているプロセスの一部にすぎないかもしれません。こ

*19　行動と生理的指標の対応関係：脳と心の関係については、古来から心身問題として議論されてきたところだが、一般に考えられているような「因果関係」はなかなか立証できない。現在のところわかっているのは、多くの場合それらの間の「対応関係」である。

*20　システム：関連しあい相互作用しあう諸部分からなる全体のことで、単純な要素の集合ではない。家族は内部においても部分が作用しあい、また、外部とも相互作用しあう、オープンなシステムである。なお、対象をこのようなシステムとして捉えて全体的・関係的に捉えようとする学問の方向を、システム論的アプローチという。

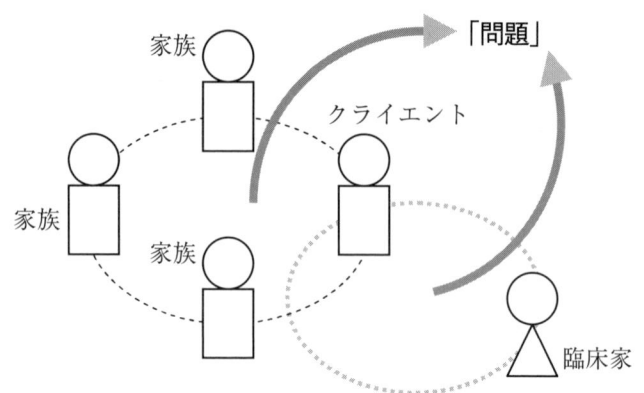

図1-6　家族療法やナラティヴ・セラピーにおける「問題」の所在：クライエントや患者とされる人の内部に「問題」を見いだすのではなく、家族システム全体の失調を仮定する。また、臨床家との関わりのなかで「問題」が定義されていくという側面も考慮される

れを、一般的な「X→Y」といった直線的な因果律と区別して、円環的な因果律と呼びます。そこでクライエント（あるいは「患者」とみなされる人）に見られる「問題」は、その個人に内在すると考えられるのではなく、その円環的に関与する全員、つまりシステム全体の「問題」として再定義されます（図1-6参照）。

　家族療法の影響を受けながら発展した心理療法に、ナラティヴ・セラピーがあります（野口、2002）。ナラティヴというのは「語り」ですが、これは"語られたもの"を示すと同時に"語るという行為"を示すことばです。ふつう"語られたもの"は、その向こう側に意味として語り手の悩みや経験や自己などを指示していると考えられていますが、"語るという行為"は特定の状況下で特定の人に対してなされた働きかけでもあります（能智、2006）。例えば、人は過去を語るときにも、聞き手に受けとってほしい部分をなるべく効率的に話そうとします[21]。その意味では、心理療法やカウンセリングの場で語られる「問題」

---

[21] 語りがその時・その場の状況への働きかけであるという観点は、例えば、哲学者のオースティン（Austin, J. L.）の発話行為論などにも示されている。

には、聞き手である臨床家もまた不可避的に関与せざるをえません。上で述べた患者がそこに含まれる社会のなかに、臨床家も組み込まれていると言えます（図1-6）。

　ナラティヴ・セラピーを代表とする新たな心理療法では、心理臨床家も含めたさまざまな関係のなかで作られる語りを対象に実践を行うという試みがなされています。語ることは現実に対して一種の解釈を与える行為なのですが、それがうまく機能していない場合には、臨床家も積極的に関与しながらその語りの語り直しが推し進められます。例えば、マクレオッド（McLeod, 2004）の紹介する例では、医学的には「うつ病者」として語られる患者について、心理療法のなかでその患者の別の自己定義――"ガーデニング好き"など――を見いだし、それに関わるようなその患者の側面を、手紙などを通じて周囲の人々に語ってもらうなどの働きかけを行っています。こうしたなかで、医学的な語りとは異なるストーリーの構築に臨床家もまた関わっていくのです。

■4　質的研究の再定義

　ここまでのところで社会心理学および臨床心理学の流れをざっと見てきました。特に心理臨床実践の説明が続いたところでは、"質的研究の話はどこに行ったのだ？"と感じられた方もいるかもしれません。ただ、研究対象をどのようなものと見るかという問題は、研究の方法を考えるためにぜひとも頭に入れておかなければならないことの1つです。対象をどういうふうに捉えるかによって、データを収集する方法も収集するデータの性格も違ってきます。

この節では、これらの流れの共通点を押さえたうえで、本章の冒頭に述べた質的研究の特徴がその共通点にどのように関わっているのかをまとめつつ、さらに説明を加えておきたいと思います。

●「構築する」・「構成される」という視点

　社会心理学と臨床心理学の歴史に共通しているのは、私たちがふつう常識としていることを自明の前提とせず、むしろそれを問い直す方向が芽生えてきているという点です。従来の数量的な研究では、初めから個人や社会や個人の抱える問題があって、既存のことばや数量などを使ってその性質を言い当てたり特徴づけたりしようとしていました。この構えは、自然科学が伝統的にとってきたスタンスと共通しています。もちろん、そうしたスタンスでの研究や実践が廃れてしまったわけでも有効性を失ったわけでもありません。しかし、社会心理学でも臨床心理学でも、その前提となっている仮定を問い直すことも含めた、新たな研究の方向が打ち出されてきているのも確かで、そこに質的研究が関わってきている部分が大きいです。

　その問い直しの作業の中心にあるのは、研究や臨床の対象をもともと「ある」ものとして実体的に捉えるのではなく、さまざまな条件の下で「なる」ものとして、さらに言えば「作られる」ものとして捉えることです。対象は、一人ひとりの個体が意味を志向するなかで、同時に文化や社会といった条件のもとで作られます。「作られる」ことを、少し難しく言えば「構築」ないし「構成」ということになるでしょう。そして、この考え方を基礎に対象を検討する立場は、「構築主義（constructivism）」とか「構成主義（constructionism）」とか呼ばれています。こ

の2つの用語／訳語は、同じような意味で用いられたり、やや違った意味で使われることもありますので、注意が必要です（千田、2001）。ここでは便宜的に違った意味として使わせてもらい、最近の考え方の2側面を特徴づけておきます。

　構築主義は、個人・個体の認知において物事の意味が、ひいてはその個体なりの世界が作り上げられるという面を強調します。この考え方は、生物学者のユクスキュル（von Uexküll & Kriszat, 1995/1970）が提唱した「環世界（Umwelt）」*22 の考え方にも響き合うものです。それぞれの生物は種に特有の感覚器官と運動器官をもち、それに則して特定の環境刺激に意味が与えられます。結果的にダニにはダニに、カモメにはカモメに独自の意味の世界（＝環世界）が構築され、生物はその世界のなかで生活していきます。人間の場合はもう少し複雑で、人類全てに共通の部分もありますが、ことばという道具を使う点で個人差が生じます。例えばある植物を「雑草」と捉えるか「草花」と捉えるかで、それに対する行動は違ってきます*23。さらに、ことばは組み合わさって、複雑な物語の形で世界像や自己像を作り上げることになります（Bruner, 1999/1990）。

　それに対して構成主義は、個体における構築の背後に、広い意味での社会の影響に注目します。その点で、「社会構成主義（social constructionism）」と呼ばれることも多いようです（Gergen, 1999/2004）。個体において構築がなされるにしても、完全に自由な構築はありえません。そもそも構築の材料ともなることばは、社会や文化によって提供されたものであり、個人が身近な他者――多くの場合は親――とのやりとりのなかで学び取ったものです。また、個体における意味の構築がなされるのも、社会とは無関係な自己の意識においてではなく、あくま

*22　環世界：従来は「環境世界」と訳されているが、それだと客観的な環境がまず存在するかのような誤解を生みやすいので、日高（2003）はこのように訳している。

*23　ことばが実体に貼り付けられたラベルではなく、ことばを使う人にとっての現実を作るという面は、言語学者のF.ソシュールによって切り拓かれた観点でもある。丸山（1983）などを参照。

で具体的な社会関係のなかにおいてです。自分1人でものを考えたり書いたりする瞬間においてすら、人は他者の目を意識しています（Wertch, 1991/1995）。そうした意味で、個体における構築とは、「構築する」という能動態で表現されるというよりも、「構成される」という受動態で表現したほうがよい面ももっています。

　このように説明すると、社会構成主義が構築主義よりも深い、あるいはすぐれているように誤解する人もいるかもしれません。しかし、主体による構築と社会のなかでの構成は、図1-3に示されたウロボロスのように、どちらが先でどちらが後であるとか、どちらが浅くどちらが深いというような区別ができにくいものです。それは同じ1つの過程を見る2つの切り口と考えたほうがいいのではないかと思います。

●構築・構成の視点と質的研究

　最近の社会心理学、臨床心理学の流れには、構築主義と社会構成主義という2つの視点を見て取ることができるように思います。「主義」を特に前面に押し出していない場合でも、それらに繋がるようなアイデアはどこかに見いだすことができるでしょう。質的研究は、多かれ少なかれ、そうした特徴に呼応した形で新たな知を生み出すための手段として注目されてきました。そうだとしたら、構築主義的な視点や社会構成主義な視点は、現代の質的研究について第1節で述べた4つの特徴――つまり、自然主義的であること、プロセスの重視、帰納的であること、意味への注目――となんらかの関わりをもっているはずです。あるいは、そうした関わりのなかで考えると、その特徴についてよりいっそう理解が深まるのではないかと思います。

ここでは4つの特徴のそれぞれについてもう一度考えておきましょう。

意味への注目

「意味への注目」における「意味」は、構築主義においても社会構成主義においてもキーワードの1つであり、質的研究の4つの特徴においても要にあたるもののように思われます。質を問うというのは、意味を問うということと同義であると言ってもいいかもしれません。質的研究では数量的な表現ではなく、言語的・概念的な形でデータを収集・分析しますが、それは意味に焦点をあて、明確化していくための方法なのです。

構築主義的な考え方は、個人が意味づけをとおして世界や自分を理解し、それに基づいて行動しているという側面に注目します。対象となっている人（あるいはその人が属するグループの人）がどのような意味づけの特徴をもっているかは、質的研究において扱われることの多いテーマです。社会心理学や臨床心理学に則して言えば、研究対象となっている人にとって社会的な事象や臨床上の問題がどのような意味として現れているのかが検討の対象になるわけです。

ただ、意味は個人のなかに確固としたものとして存在するわけではないということにも注意が必要です。社会構成主義の考え方は、意味がその個人が属する社会や文化から取り入れたものであり、具体的な他者とのやりとりのなかで共有されて初めてリアリティを得ることを示唆しています。そうした社会・文化的な意味がどのように取り入れられるのか、あるいは社会的なやりとりのなかで意味がどのように共有されるのかもまた、社会・臨床に関わる質的研究のテーマとして重要です。

帰納的であること

次に「帰納的であること」です。構築主義や社会構成主義の考え方からすれば、対象者における意味を明らかにするために、研究者は単純に自分の知識や常識を基礎とした意味を押しつけるわけにはいきません。なぜなら、研究者がもっているのは決して公正中立な神様のような視点ではなく、偏りを含んだ視点の1つにすぎないからです[24]。例えば臨床上の問題を捉えようとする場合、研究者の視点は医学的な方向に偏っているかもしれません。社会的な問題を研究するさいに、研究者の視点にはイデオロギー的な偏向が含まれているかもしれません。

そうであるとしたら、研究者はとりあえず自分の視点をカッコに入れて、対象者の視点を学んでいくことが必要になるでしょう。自分の視点から出発するほかないにしても、対象者の言動に触れるなかで視点を相対化し組み替えていく作業を心がけなければなりません。意味の共通性、普遍性をもはや前提とすることができないとき、研究者は、対象者のことばや行動など一つひとつの具体的な事実から、対象者における意味を推測していくことになります。その点で、質的研究の手続きは大筋において帰納的なものにならざるをえないのです[25]。

プロセスの重視

帰納的に対象者の意味を探っていくさいに重要な手がかりとなるのは、時間的な過程のなかでどのような言動が観察されるかということです。「プロセスの重視」が質的研究の特徴の一部になってくるゆえんです。例えば、ある人が会議の場で行った咳払いの意味は、咳払いだけを観察することで理解できるものではありません。その咳払いの前にどういう出来事が起こっ

[24] 自然科学の分野でも、科学者が神のような視点に立っているのではなく、特定の立場から研究を進めているということは、科学哲学の分野ではいわば常識に属する。T.クーンのパラダイム論などを参照のこと。

[25] もちろん実際の研究場面では帰納的な思考だけが使われるわけではない。佐藤（2006）も言うように、仮説を作りそれに基づいて事象を見直しつつ仮説を修正するといった、演繹的な作業もそこには含まれていることも忘れるべきではない。

ていたか、咳払いに周りの人がどう反応したか、さらに周りの人の反応に対して咳払いした人がどう行動したかといったプロセスを見ていくことで、どういうつもりで咳払いがなされ、その場でどういう意味として理解されたのかが推測できます*26。逆に言えば、物事の意味はプロセスのなかで生じ、共有されたり修正されたりするということになります（Ashworth, 2000）。より複雑な対象の意味、例えば、社会問題や臨床的な問題とされることについても同様です。

　「プロセスの重視」はまた、個人における意味を推測するためばかりではなく、相互作用のなかで意味がどのように共有されるのかを理解するためにも重要になってきます。社会構成主義が示唆するように、社会的な問題や臨床的な症状は、社会的な相互のやりとりのなかで現実感をもつようになり、特定の意味として理解され共有されるようになります。その背景にあるやりとりのメカニズムもまた、質的研究で関心を向けられているテーマの1つです。

自然主義

　最後に「自然主義」という特徴ですが、ここで「自然」とは、研究者が自分の都合によって押しつけるのではない状況、対象となる現象が生じる日常的な環境のことです。上で述べたように、物事の意味はプロセスのなかで明らかになるのですが、そのプロセスは自然な文脈のなかで展開するプロセスであることが必要になります。不必要な要因を除去した環境を実験室として設定し、事象が生じるプロセスを観察することが可能なのは、なにが必要でなにが不要か明白であるときのみです。しかし質的研究の場合には、前もってそれがわかっているわけではあり

*26　観察した結果を記録するさいに、そのような前後の出来事を文脈情報として詳細に記述することは、質的データ収集において必要な配慮の1つである。そうした記述は、質的研究において重視されることが多い「厚い記述」の条件の1つになる。

ません。

　もちろん、研究者が関与するときに、完全な「自然」などありえないとも言えます。研究者がその場にいるという状況は、どれだけ研究者が場になじんでいても、特殊なものには違いありません。したがって、研究のさいに重要なのは完全な「自然」を達成することではなく、「自然」に近づけることを試みつつ、研究者自身がその「自然」にどのような揺らぎを引き起こしているのか常に自分に対して問いかけることです。この自分に対する問いかけを内省性（reflexivity）と言います。ウィリッグ（Willig, 2003/2001）によれば、内省は個人的側面と認識論的側面に分けられるといいます。前者は研究者個人の経験、価値観、信念などが研究の過程や結果にどのような影響を与えたかについての内省であり、後者は外界のあり方や知識についてもっている自分の認識論的仮定に関係します[*27]。こうした内省のなかで、選択した方法が適切であったのか、解釈は妥当であったのか、といった問いを投げかけていくことが可能になるのです。

5　社会・臨床と質的研究

　最近の質的研究では、たんに質的なデータを扱うというだけではなく、以上で述べたような構築主義的・社会構成主義的な視点——これらをまとめて、「質的研究的な視点」と言ってもいいような気がするのですが——がしだいに強く意識されるようになってきました。この視点は、心理学や関連領域の研究活動にいくつかの影響をもたらしているように思います。

　その1つとして挙げられるのは、第2章でも指摘されているように、これまでは別々のものとして研究されていた社会心理

[*27] 認識論的仮定：ここでは、「知るべき対象がどのようにあるのか」「知る側と知られる側はどのような関係にあるのか」というような問いに対する答えである。例えば、自然科学的な研究にはふつう、知るべき対象はもとから実体として存在しており、人間はそれを客観的に捉えることができるという仮定をもっている。

学的なテーマと臨床心理学的なテーマが近づいてきているということです。さらに言えば、社会学と心理学の垣根すら怪しくなっているところもあります。本書で紹介されている具体的な研究例を見ていただければわかるのですが、どの研究が社会学や社会心理学の研究であり、どの研究が臨床心理学の研究であるかがすっきりとは分かれないということが実感できるかと思います。これは一方では質的研究的な視点の反映とも言えるでしょうし、また他方では、研究領域が近づいてきたからこそ帰納的な仮説生成を重視する質的研究の方法が注目されるようになってきたという側面もあるかもしれません。

　質的研究には、このように伝統的な学問分野の区分を跳び越えて、学際的*28な研究領域を拓いているというところがあります。本章では最後に、これらの分野の接近の現状とその背景について、もう少し具体的な例を紹介しながら、解説を加えておきたいと思います。

●臨床心理学と社会心理学の接近

　近年、臨床社会心理学という名前で、社会心理学と臨床心理学の境界領域における研究が盛んになりつつあります（坂本・佐藤、2004；田中・上野、2003）。そこでは、社会心理学が理論的・実証的に掘り下げてきたテーマとして「自己」とか「対人関係」がありますが、その知見や方法が従来臨床心理学的な問題とされていたことを探求するさいに利用されています。臨床社会心理学の研究者の全てがかならずしも質的アプローチで研究を行っているとは限りませんし、また、質的研究的な視点をもっている人ばかりでもありません。伝統的な社会心理学の枠組みのなかで、社会という要因を個人の外に仮定して、その

*28　学際的：複数の伝統的な学問分野が関わること。時代的な条件や学問的課題の変化にともなって、単一の学問分野の視点と方法では十分な問題解決が難しくなっている現状を反映して、複数の分野を横断する研究が近年増加している。

影響を明らかにしようという方向で研究が進められている場合もあります。

しかしながら、「うつ」や「不安」といった臨床心理学で従来扱われていたテーマに対して伝統的な社会心理学の実証的手法をもってアプローチするだけではなく、社会心理学者が臨床の現場に入っていって、そこでの心理・社会的側面を解明しようとする方向も、臨床社会心理学には含まれています。例えば、田中・上野（2003）においては、看護師のバーンアウト（燃え尽き）や教育現場における保健室登校、がん患者と家族への支援といった研究が紹介されています。社会心理学者が実験室からとび出して、自然な日常活動が営まれている現場で研究活動を始めているわけです。

さまざまな要因が錯綜して厳密な実験的統制が困難な現場において、観察やインタビューを駆使しながらデータ収集と分析を進めていく研究のなかで、質的研究の方法に対する注目も高まっています。現場と向き合って研究する場合、アカデミックな世界で発展してきた社会心理学的な概念を現場において試し、問い直し、理解し直していくことも必要になってくるでしょう。実際、田中・上野（2003）では、今後の研究の方向として、質的なアプローチを重視していることがうかがわれます。

一方、非常に似た名称なのですが、社会臨床心理学という分野名も目にすることがあります。これは臨床心理学のなかで、社会的な要因も考慮しながら臨床的問題の検討をしていくことを志向する分野です（下山、2002）。ここでは、上で述べた生物−心理−社会の統合モデルやシステム論的な考え方を背景にして、心や行動上の問題を具体的な実践活動の現場のなかで理解していこうとします。さらに、その解決や改善の援助もまた、

教育、医療、産業領域といった現場の特殊性をいかしながら行っていくことが志向されます。

　ここで重視されるのは、実践が行われている現場からの発想を尊重する姿勢です。かつては、研究室での実証研究が理論を作りそれを現場に応用するという、上から下へという知識の流れが中心でした。普遍的な行動法則が、全ての現象に適用できるというような自然科学的視点がその背景にはあったと思われます。しかし、現実の複雑さを単純な理論に押し込めてしまうことの限界が理解されるようになり、また、変化する社会のなかで生じてくる新たな要因を見いだす必要性もあって、現場において役に立つ理論をまさにその現場から生み出していくこと、いわばグラウンデッド・セオリー*29 を作り上げていくことが求められるようになってきたわけです。そこで、下山（2002）が重視するのも、さまざまな実践の場からの帰納的な仮説生成に強いとされる質的研究の方法です。

●臨床実践と社会科学

　社会臨床心理学は、現実の社会活動の現場において臨床心理学的問題を考え直し、新たな実践を立ち上げていこうとする動きですが、こうした志向は心理学という学問の枠組みを超えて、社会学、政治学、法学、経済学、文化人類学など他の社会科学分野への接近をも意味しています。しかし、臨床心理実践に社会科学的視点が導入されるのは、実は今に始まったことではありません。

　例えば、1960年代に始まった反精神医学の運動は、精神的な障害を身体の病気のようなものとして捉える従来の精神医学を批判し、正常・異常という区分を社会・政治的な影響のもとで

*29　グラウンデッド・セオリー：広義には、データに基づいてボトムアップで生成された理論を指す。全てを包括する抽象的な理論であるグランド・セオリーと対比的に使われる。グラウンデッド・セオリーの多くは特定の領域に密着したものである。社会学で使われ始めた概念だが、近年は心理学でも頻繁に聞かれるようになった。

仮構されたものとして捉え直していこうとする運動でした（Laing, 1973/1967）。その影響もあって、臨床心理学においても、心の問題を個人の問題としてではなく社会の問題として再定義する動きも出てきました。1970年代から80年代にかけて日本臨床心理学会が編集した『心理テスト：その虚構と現実』や『心理治療を問う』といった本は、心理的問題とされるものが社会・政治的な文脈のなかで生じること、従来の心理臨床実践が問題を個人の内部に囲い込むことでそうした文脈を覆い隠してしまうおそれがあることなどを鋭く指摘しています[30]。現代の質的研究でも、社会的な現場における臨床実践を一種の制度として捉えようとする場合には、こうした政治的な視点を無視することはできません。

ただ、こうした政治的な要因は臨床実践をめぐる文脈の一部であり、全てではないということも頭に留めておくべきではないかと思います。批判のための概念枠組みがあまりに前面に出てしまうと、それがむしろ現実を見るための固定的な枠組みになってしまって、「帰納的であること」を特徴の1つとする現代の質的研究とはやや方向がずれてしまうでしょう。個人の内部だけに向かう臨床実践が問題を孕んでいるのは確かですが、にもかかわらずなお個人を相手にした臨床実践が求められているのも事実です。質的研究では、実践の現場を批判する場合でも、その批判の視点は自然な活動が行われている日常的な現場に見いだされなくてはならないというのが1つの原則ではないかと思います[31]。

臨床実践を見る視点に社会科学が援用される一方、従来からマクロな社会を研究対象としていた学問領域においても、「臨床」が1つのキーワードのように使われるようになってきまし

*30　日本臨床心理学会：1964年設立。臨床心理士の資格認定に関わっている日本心理臨床学会（1982年設立）と混同されることがあるが、異なる学術団体である。

*31　全ての質的研究者がこの原則に立っているわけではない。現代の質的研究でも、フェミニズムや批判理論の立場に立つ研究者になると、理論的な枠組みを戦略的に使っていく場合がある。

た。例えば、1980年代から欧米で「臨床社会学（clinical sociology）」の名前を冠した学術誌やハンドブックが出版されるようになり、日本でもここ数年、テキストが立て続けに出版されています。社会の研究に「臨床的」な視点を盛り込んでいく試みは実際にはかなり古くからあったようですが、現在その方向がいっそう注目されているのです（藤澤、2000）。

なお、ここで「臨床的」ということばで意味されていることは単一ではありません。野口（2001）によれば、それは「現実に密着した」という意味で使われていたり、「臨床現場に関係する」という意味だったり、「診断と処方を行う」という意味だったりするということです。ですから、かならずしも狭義の心理臨床実践だけがそこで想定されているわけではありません。野口・大村（2001）の編んだテキストを見ても、精神看護、ホスピス、死別、子ども虐待などといったテーマが並んでいます。ただ、いずれにしても人々が日々の営みのなかで出会う具体的な問題とその解決になんらかの形でコミットしていくという点では、心理臨床実践に繋がる側面をもっています。野口（2001）は臨床社会学の代表的な方法として、フィールドワークや参与観察を挙げていますが、それらは、上でも述べたように、質的研究で用いられる中心的な方法でもあります。

●おわりに

本章では、主に社会心理学、臨床心理学におけるものの見方がどのように変化してきたかを概説し、近年の共通する枠組みとして「構築主義」「社会構成主義」というキーワードを取り出しました。その枠組みの下で、社会の研究と臨床の研究は互いに接近しつつあり、融合的な研究テーマも盛んに扱われるよ

うになっています。現代の質的研究はこうした動きと関連しながら、人文・社会科学のなかで広がりを見せているのです。したがって、現代の質的研究を理解したり、自分の研究を組み立てていったりするためには、これらのキーワードが示す考え方をいちどは通り抜けておくことが必要なのではないかと思います。

　ただ、"通り抜ける"ことは"居座る"ことではありません。そこに居座ってその場所から全てが理解できるような気分になるのは、それこそ質的研究の態度とは言えないのではないでしょうか。質的研究の基本的な特徴の一部として、自然な場面から帰納的に知見を積み上げていくということがありましたが、研究の方法や手続きについても同じことが言えます。実際、構築主義や社会構成主義といった枠組みに対する態度も、研究者によって一定ではありません。研究者のなかには、それらに懐疑的な人も批判的な人もいます。あるいは、そうした考え方がなじみやすい対象となじみにくい（あるいはそれほど有効ではない）対象があるということかもしれません。

　大事なのは、ある特定の立場や方法を無批判に鵜呑みにしたり、テキストに書かれている研究法をそのまま自分の研究に適用したりしないことです。質的研究の本当の出発点は、多様な現実に立ち向かう方法がマニュアル的な形にはなりえないことを自覚したところにあります。研究の方法は、個々の研究者がその研究対象と研究設問に応じて、個別に作り上げるべきものです。質的研究のテキストに載っている研究手順は、その意味で、1つの参考であり叩き台にすぎないものと言えます。私たちはそれを、実際の研究過程のなかで自分なりに修正・改訂していくことによってしか、質的研究を進めていくことはできな

いでしょう。

　本書が、研究手順をステップ・バイ・ステップで詳しく述べるのではなく、具体的な研究とその背景にある研究者の思いを含めて紹介しようとしたのは、そうした理由によります。第II部以降の各章においては、研究事例に則した研究手続きや分析法を紹介していきます。そこに現れているのは、各執筆者がさまざまな立場の質的研究法を試みた結果であるばかりではなく、自分の研究の対象と研究の設問に応じて研究法を修正し、工夫を加えた結果です。私たちは、そういう個々具体的な研究のなかから、初めて質的研究のエッセンスを捉えることができる、あるいは少なくとも、感じることができるのではないかと思います。

引用文献

Ashworth, P.（2000）．*Psychology and 'human nature'*. Hove, UK: Psychology Press.

Bogdan, R. C., & Biklen, S. K.（2006）．*Qualitative research for education: An introduction to theory and methods*（5th ed.）．Boston: Allyn and Bacon.

Bruner, J. S.（1999）．意味の復権──フォークサイコロジーに向けて（岡本夏木・仲渡一美・吉村啓子訳）．東京：ミネルヴァ書房．（Bruner, J. S.（1990）．*Acts of meaning.* Cambridge: Harvard University Press.）

Burr, V.（2005）．社会心理学がえがく人間の姿（堀田美保訳）．東京：ブレーン出版．（Burr, V.（2002）．*The person in social psychology.* Hove: Psychology Press.）

Freud, S.（1977）．精神分析入門（高橋義孝・下坂幸三訳）．東京：新潮社．（原著1917年）

Fromm, E.（1965）．自由からの逃走（日高六郎訳）．東京：東京創元社．（Fromm, E.（1941）．*Escape from freedom.* New York: Rinehart.）

藤澤三佳（2000）．医療と臨床社会学のパースペクティブ．大村英昭（編）臨床社会学を学ぶ人のために（pp.47-70）．京都：世界思想社．

Gergen, K. J.（2004）．あなたへの社会構成主義（東村知子訳）．ナカニシヤ出版．（Gergen, K. J.（1999）．*Invitation to social constructionism.* London: Sage.）

浜田寿美男（1995）．意味から言葉へ．京都：ミネルヴァ書房．

日髙敏隆（2003）．動物と人間の世界認識──イリュージョンなしに世界は見えない．東京：筑摩書房

廣田君美（1994）．社会心理学．梅本堯夫・大山正（編）心理学史への招待──現代心理学の背景（pp.269-294）．東京：サイエンス社．

實川幹朗（2004）．思想史のなかの臨床心理学──心を囲い込む近代．東京：講談社．

亀口憲治（1997）．現代家族への臨床的接近．京都：ミネルヴァ書房．

唐澤穣・池上知子・唐沢かおり・大平秀樹（2001）．社会的認知の心理学．京都：ナカニシヤ出版．

川喜田二郎（1967）．発想法──創造性開発のために．東京：中央公論社．

Kuhn, T. S.（1971）．科学革命の構造（中山茂訳）．東京：みすず書房．（Kuhn, T. S.（1962）．*The structure of scientific revolutions.* Chicago: University of Chicago Press.）

Kvale, S.（Ed.）（2001）．心理学とポストモダニズム──社会構成主義とナラティヴ・セラピーの研究（永井務監訳）．東京：こうち書房．（Kvale, S.（Ed.）．（1992）．*Psychology and postmodernism.* London: Sage.）

Laing, R. D.（1973）．経験の政治学（笠原嘉・塚本嘉壽訳）．東京：みすず書房．（Laing, R. D.（1967）．*The politics of experience and the bird of paradise.* New York: Pantheon Books.）

丸山圭三郎（1983）．ソシュールを読む．東京：岩波書店．
McLeod, J.（2001）．*Qualitative research in counseling and psychotherapy.* London: Sage.
McLeod, J.（2004）．The significance of narrative and storytelling in postpsychological counseling and psychotherapy. In A. Lieblich, D. P. McAdams, & R. Josselson. *Healing plots: The narrative basis of psychotherapy.*（pp.11-27）．Washington, DC: APA.
Moscovici, S.（2000）．*Social representation: Studies in social psychology.* Cambridge, UK: Polity Press.
日本臨床心理学会（編）（1985）．心理治療を問う．現代書館．
日本臨床心理学会（編）（1979）．心理テスト―その虚構と現実．現代書館．
能智正博（2006）．"語り"と"ナラティヴ"のあいだ．能智正博（編）〈語り〉と出会う―質的研究の新たな展開に向けて．(pp.12-72)．京都：ミネルヴァ書房．
野口裕二（2002）．物語としてのケア―ナラティヴ・アプローチの世界へ．医学書院．
野口裕二（2001）．はじめに．野口裕二・大村英昭（編）臨床社会学の実践．（pp.i-iv）．東京：有斐閣．
野口裕二・大村英昭（編）（2001）．臨床社会学の実践．東京：有斐閣．
Rogers, C. R.（1989）．ロジャーズが語る自己実現の道（諸富祥彦・末武康弘・保坂亨訳）．東京：岩崎学術出版社．(Rogers, C. R.（1961）．*On becoming a person: A therapist's view of psychotherapy.* Boston: Houghton Mifflin.)
佐藤郁哉（2006）．フィールドワーク（改訂版）．東京：新曜社．
サトウタツヤ・高砂美樹（2003）．流れを読む心理学史―世界と日本の心理学．東京：有斐閣．
Scileppi, J. A., Torres, R. D., & Teed, E. L.（2005）．コミュニティ心理学（植村勝彦訳）．京都：ミネルヴァ書房．(Scileppi, J. A., Torres, R. D., & Teed, E. L.（1999）．*Community psychology: A common sense approach to mental health.* NJ: Prentice Hall.)
千田有紀（2001）．構築主義の系譜学．上野千鶴子（編）構築主義とは何か．（pp.1-41）．東京：勁草書房．
坂本真士・佐藤健二（2004）．はじめての臨床社会心理学―自己と対人関係から読み解く臨床心理学．東京：有斐閣．
下山晴彦（2000）．心理臨床の発想と実践．岩波書店．
下山晴彦（2002）．社会臨床心理学の発想．下山晴彦・丹野義彦（編）講座臨床心理学6：社会臨床心理学．(pp.3-24)．東京：東京大学出版会．
Smith, E. E., Fredrickson, B. L., Noren-Hoeksema, S., & Loftus, G. R.（2005）．ヒルガードの心理学（内

田一成監訳）．東京：ブレーン出版．（Smith, E. E., Fredrickson, B. L., Noren-Hoeksema, S., & Loftus, G. R.（2002）*Atkinson and Hilgard's introduction to psychology with infotrac*，14th ed.）

高山巖（1997）．行動療法と認知行動療法．岩本隆茂・大野裕・坂野雄二（編）認知行動療法の理論と実際（pp. 21-28）．東京：培風館．

田中共子・上野徳美（編）（2003）．臨床社会心理学──その実践的展開をめぐって．京都：ナカニシヤ出版．

丹野義彦（2002）．異常心理学の成立に向けて．下山晴彦・丹野義彦（編）講座臨床心理学3：異常心理学（pp.3-20）．東京：東京大学出版会．

von Uexküll, J. & Kriszat, G.（1995）．生物から見た世界（日高敏隆・野田保之訳）．東京：新思索社．

Wertsch, J. V.（1995）．心の声──媒介された行為への社会文化的アプローチ（田島信元・佐藤公治・茂呂雄二・上村佳世子訳）．東京：福村出版．（Wertsch, J. V.（1991）．*Voices of the mind: A sociocultural approach to mediated action.* Cambridge, MA: Harvard University Press.）

Willig, C.（2003）．心理学のための質的研究法入門（上淵寿・大家まゆみ・小松孝至訳）．東京：培風館．（Willig, C.（2002）．*Introducing qualitative research in psychology : Adventures in theory and method.* Buckingham: Open University Press.）

書籍紹介

『スティグマの社会学──烙印を押されたアイデンティティ』

アーヴィング・ゴッフマン 著／石黒毅 訳／せりか書房／2001年

蘆野晃子

　本書は、ある少女の手紙で始まる。両親に愛され、スタイルもいいしダンスも上手な16歳の少女は、けれど誰からもデートに誘ってもらえない。それは、生まれつき顔の真ん中に大きな穴があるためだ。鼻のない自分の顔を鏡で見るたび、彼女は泣き、自殺すべきかと悩む。

■スティグマとは

　スティグマということばは、もともとはギリシア語で「奴隷や犯罪者、謀反人の肉体上につけられた烙印や刻印」を意味していたが、現在ではもっと広い意味で用いられている。そして、スティグマをもたない人々を常人（the normals）と呼ぶ。

　スティグマとなりうる属性には、肉体的な醜さ、個人の性格上の問題、人種・民族・宗教などの集団という3つのタイプがあり、これらは欠点や短所、ハンディキャップとも呼ばれる。しかし、属性は異なっていても、スティグマをもつ人はみな同じような状況に置かれ、同じような反応をする傾向がある。そうしたスティグマをもつ人に同一の特徴は、ネガティブなレッテルのせいで他の好ましい属性が無視されがちだという点にある。冒頭の少女は鼻がないという特徴、すなわち肉体的な奇形というスティグマをもつために、不利益を被っているのだ。

　重要なのは、著者であるゴッフマンが「本当に必要なのは、属性ではなくて関係を表現する言葉なのだ」としている点である。スティグマが属性を表すことばなのであれば、鼻のない少女はいつでもどこでも「1人の醜い少女」でしかない。しかし父親にとってこの少女は、1人の愛しい娘なのである。つまり、常人だとかスティグマをもつ人だというのは、社会的場面で「他人が自分をどう見ているか」、「自分は自分をどう見ているか」というなんらかの認識をとおして付与される役割にすぎないのだ。

■描き出される世界

　本書に登場する人々の属性を一部挙げてみよう。

　肢体不自由、創傷のある者、吃音者、知的障害者、黒人、精神病院に入院歴のある者、売春婦、文盲、非行少年、犯罪者、同性愛者、失業者、アルコール依存症、性同一性障害、オールド・ミス、未婚の母、絞首刑執行人、ユダヤ教徒、俳優、著名人、革命家、浮浪者、不妊症、糖尿病、乳房切除をした女性

さらにはピア、施設職員、医療者、家族や友人など周辺にいる人々も登場する。ゴッフマンは、こうした人々の関係性、それぞれが置かれている状況、行われている相互交渉の方法など「現実に起きていること」に分析の目を向けていく。

ちなみに本書では、副題に示されているように、上述の人々がいかに「烙印を押されたアイデンティティ」の調整や管理（スティグマ処理）を行っているのかが中心に描かれている。例えば、スティグマのある人は敏感に状況を観察するようになり、常人の視点を学び、その視点から見て自分が常人としては失格であることを学び、他人の処遇に適応することを学び、常人の世界に入り込むことを学ぶ、といった学習過程を踏むのである。

■ゴッフマンの意図

ゴッフマンの語り口は冷淡で、自分が当事者ではないかのような表現が多く見られる。ときにそうした表現にドキリとさせられることもあるが、おそらくゴッフマンはシニカルな表現をしているのであって、そこには彼の怒りが秘められているように感じる。

人はなぜスティグマを創り出したのか。常人はスティグマを理由に自らの差別や偏見を正当化しようとする。さらにスティグマをもつ人自身が、それを無自覚に受け容れてしまうことがある。その結果、スティグマを付与された個人や集団はさまざまなチャンスが奪われてしまう。冷静な分析には、そんなスティグマというものを創り出してしまう社会への怒りが込められているのではないだろうか。

それでも彼は、「常人の中の常人でも、半ば隠れた欠点を持つのがふつう」であって、スティグマをもつ人も常人も「一方が傷つきやすいことがわかれば、他方もまた傷つきやすいことが証明されるはず」だと述べている。ここに、両者は基本的には同じなのだという彼の主張があり、スティグマという枠組みにとらわれない関係性への希望が託されている。

■『スティグマの社会学』

本書は、スティグマをキーワードに、人間の普遍的な関係性のありようを描き出している。また、マクロな視点による社会問題の分析を実践し、スティグマをもつ人が記した文章や新聞への投稿、スティグマをもつ人々の世界について記述した研究、医師などの専門家による説明、スティグマをもつ人が登場する文学作品などの多数の引用と彼自身の経験をもとに理論を展開している。

正直なところ、この本をスラスラと読み進めることは難しいかもしれない。ゴッフマンの冗長な語り口は饒舌体と指摘されることもある。しかしこうしたスタイルや、豊富な引用と具体的な例示が理解を助けてくれた。本書に詰め込まれている多くの洞察は、私たちが人間や社会について知りたいと思うとき、多くのヒントを与えてくれるだろう。

第2章
臨床・社会心理学における質的研究の留意点

川野健治

■1 心理学における質的研究の特徴とは

●なぜ質的研究を選ぶのか

　この章で取り上げるのは、臨床心理学、社会心理学の領域で、実際に質的研究を進める場合の留意点です[*1]。

　皆さんが卒業研究などで質的研究に取り組もうとする場合、最初に考えるべき留意点は、まさにそのことです。つまり質的研究を行うか、それとも量的研究を行うかという判断をしなければなりません。当たり前ですね。問題はどんな基準でその判断をするのか、ということだと思いますが、その人にとっての向き不向きで質的研究に取り組むかどうかを決めるというのは、たぶんあまり適切な基準ではないと思います。

　質的研究に向いているかどうかについて、もちろんなにか言うことはできるでしょう。私が尊敬するあるフィールドワーカーは、以前（酒の席でですが）「イシイ君は、皆でフィールドに入ると、いちばんたくさんのお土産をもらってくる。こいつは素質があると思ったよ」とおっしゃっていました[*2]。経験豊か

[*1] ここで議論することは、実際には広義の臨床領域（医療、介護、福祉等）、また社会領域（社会学等）での質的研究にもあてはまる点は多くなる。筆者は心理学者であり、経験のある心理学の領域にしぼって書き進めるが、他の領域が専門の方も、ぜひそのズレを意識しながら、読み進めてみてほしい。

[*2] 大橋英寿．『沖縄シャーマニズムの社会心理学的研究』（1998年）は、社会心理学領域の質的研究における、金字塔の1つではないだろうか。

なフィールドワーカーの、ユーモアのある、そして鋭い見識によることばだと感じます。そのイシイ君は、まさにすばらしいフィールドワーカーとして、本書にとても魅力的な論考を寄せてくださっています。

ただし、他者との出会いで生き生きと輝く者だけがすばらしい参与観察やインタビューをできる、ということではありません。やすやすとフィールドに入り込み、初めて会う人と打ち解けつつ話を聞きだし、仲良くなってお土産をたくさんもらう。それもフィールド研究での1つのあり方でしょうが、むしろ、調査協力を依頼することに重荷を感じたり、聞き出したことに圧倒されたり、フィールドで途方にくれたり、山とたまった面接データに混乱していくことも、質的研究を進める重要な手がかりになるのです。つまり、そこに、研究者という係留点からみた限りにおいての、その対象の特徴が潜んでいる可能性があるからです。人間センサー「研究者」に反応があったわけです。それに人は、決して得意のものではなくてもチャレンジすることがありますよね。

ですから、質的研究を選択する場合、より良い基準は「質的研究を面白いと感じるかどうか」だと思います。これから皆さんが質的研究に取り組むかどうかは、本書の後の章などから質的研究の作品を読んでみて面白がれるかどうか、そこで判断してはどうでしょう。

私がこのように書き始めたのは、実は『フィールドワークへの挑戦』(菅原、2006) という本を読んで、その余韻覚めやらぬままにパソコンに向かったからでもあります。この本は、フィールドワークの授業に参加した学生が、自ら調査しまとめたレポートに、人類学者である講師の菅原先生が、(時にかなり厳

しい）コメントをつけている第1部と、その授業の元受講生が後に研究をさらに進めて結晶させた6つの論文を収めた第2部からなっています。豆腐屋、ドヤ街、宗教団体、農家、摂食障害の自助グループ、銭湯、韓国、エチオピアetc.……。ありとあらゆるフィールドに関わり、データを集め、あるいは思い悩む学生たち。それは単純に読み物としてみても、面白いかもしれません。私は、読んでいて「おいおい」と突っ込んでみたり、共感したり、腹が立ったり。いわば頭のなかで対話が始まりました。こんな人は、一度ぐらい質的研究をやってみるべき人なのでしょう、と自分では思うわけです。皆さんも、実際に研究に取りかかる前に、ぜひいろいろな論文を読んでみてください。

ところで、その本のなかで興味深い1節を見つけました。授業の受講生の1人、石井さんは、知的障害者支援のボランティア活動に飛び込み、青年期の〈子どもたち〉と日曜日の午前中にソフトボールをしています。行きの電車のなかでは気が重く、活動中は楽しく、そして帰りの電車のなかでは、このコミュニケーションとはなんだろうと思い悩む。彼女のフィールドワークは、当初その繰り返しだったそうです。

さて、ここがポイントです。彼女の専攻分野は人類学ではなく認知心理学なのですが、その分野の高名な研究者にこの戸惑いのことを相談したところ、「だめだね、そんなのでは」と言われたそうです。「冷静な目で観察しなければ」とも。しかし彼女は、冷静な目を向けた途端にそれまで子どもたちと築き上げてきた関係は崩れ、自分が感じてきた戸惑いに対して借りてきたことばをあてはめるだけの研究になってしまうのではないかと思い悩んだ、というのです。

人類学では認められる観察が、心理学では「ダメ」とはどう

いうことなのでしょうか。あるいは「冷静な目で観察する」とはどういうことなのでしょう。このことは考えておかねばなりません。言うまでもなく、たとえあなたが質的研究を面白いと感じていても、それが自分の専門領域として「ダメ」では、卒論として取り組むわけにはいきません[*3]。

●測ることと質的研究

ある種の観察・フィールドワークが心理学においては「ダメ」といわれる可能性は、この学問が「心を測る学問だった」ということと関係するように思います。

今日まで、正確な手続きで心のあり様をデータ化（特に数値化）する、という方法論は心理学の中心的なアプローチです。わが国に欧米の心理学が導入された経緯を、元良勇次郎や松本亦太郎まで遡ってみても（佐藤・溝口，1997）、精神物理学や実験心理学[*4]が重要な出発点だったことがわかります。「心」を物質に還元することは簡単ではありませんでした。つまり容易に「それ自体」にたどり着けない以上、心という対象を科学として共有して研究を進めていくためには、「測定した結果」として示す必要があったのです。つまり測定手続きとデータを常にセットにして明確に提示すること、それが心の「カタチ」を研究者間で共有する方法でした。

少し脱線します。マサチューセッツ工科大学のそばにあるハーバード橋。この橋はどのくらいの長さがあるかという誰でも調べられそうな簡単な問題について、スムートという学生とその仲間は、彼の身体を単位として実測した、という話があります。測定の結果、ハーバード橋は364.4 Smoots+1 Ear（スムート364.4人プラス耳1個）の長さだったそうです。実際にそのよ

[*3] では、人類学的な観察、あるいはフィールドワークとはなにか、が気になるところだが、筆者にはこれを正確に説明する力はない。ただ、いわゆる「客観的な手法によって集められた経験的データ」として、観察結果を扱うことについては反省的であった経緯が人類学にはある。研究者の他者性を組み込んだ試みがなされているように思う。専門書をご覧いただきたい。

[*4] いずれも、心理学的な変数が、物理的・客観的に観察可能な要因に影響されて、（比較的）規則性をもって増減することを、モデル化しようとする方法論を用いる。詳しくは専門書をご覧いただきたい。

うな手続きを取ったのならその努力は認めますが（笑）、この測定結果をまじめに共有できないのはおわかりですね。誰もがスムートという単位で測定できる状況にないし、なぜスムートで測らなければならないのか、その納得できる説明も、もちろんありえない。そこがこの知的な（ご苦労な）ジョークの肝です。

　いずれにせよ、心理学者ほど心の存在に慎重な立場をとる者はありません。いいかげんな定義や測定方法に対して、厳しい自己批判をしながら、この学問は発展してきたのです。信頼性と妥当性*5とは、まさに測定の適切さを評価する基準のことです。つまり、正確に捉えようとする工夫もなく、個人的なつながり、感情的な思い入れをともなうような観察は、あまりに不安定で（伝統的な）心理学の議論の俎上には載せられない、そういう指摘なのだと思います。

　もちろん、質的研究は、伝統的な心理学の測定パラダイムに沿って展開できるものではありません。むしろ、第1章で述べられているように、今日の質的研究が「意味」への注目や「自然主義」を採用していることを考えると、フィールドや研究協力者との個人的な関わりのなかでこそ研究は進むとも考えられるでしょう。ですから、実は先の高名な研究者のコメントは少し不適切なところもあったのではないかな、と想像します。

　しかし、心理学の枠組みのなかで研究を進めるには、やはり心理学のこれまでの知見と重ね合わせ、あるいは相互に議論できてこそ、意味があるのです*6。質的研究だから量的研究の研究者にわからなくても構わない、ということではありません。例えば、臨床心理学には心理テストがあります。安定した支援をクライエントに提供し、重要な知見を積み重ねていく手がかりとして、臨床像を点数化することはきわめて重要な場合があ

*5　ダーツのように、的にあてるゲームの場合で例えてみよう。「妥当性の高さ」は、点数の高いところに当てること、「信頼性の高さ」は、何本でも同じところに当てることに相当する。そうすると、的の外にある「壁のしみ」に確実に命中させる人は、信頼性が高く、妥当性の低い投げ手ということになる。

*6　この議論は、心理学だけにあてはまるものではない。どの学問領域においても、その方法論は常に変化し続けている。そして、相互の方法論の批判的検討もまた重要なことである。しかし、それが単純に相互の意見交換の断絶に繋がるのなら不幸なことだろう。学問領域の全体を省察する目をもつための1つの方法として、各領域の「学史」を学んだり、関連領域のレビュー論文を読んだりすることが考えられる。あなたの専門領域での「不可欠な要素」を考えてみよう。

ります。一方、社会心理学には尺度構成という研究手続きがあります。多数者の傾向を把握することが「社会」という単位を扱う場合に重要になることは明らかです。さらに、独立変数としての社会が個人の行為に与える影響を評価するためには実験手続きをとることもあります。つまり、これらの領域には「明確な手続きで心を測定する」ことが必要な場合もあるのです。この領域で行われる質的研究が、先の人類学のそれとは少し違う特徴を帯びているのは当然なのではないでしょうか。

　質的心理学研究に掲載されている論文を眺めてみると、扱う対象の明確な概念化、データを収集したプロセスのできる限りの記述、そういった手続きについて、他の領域と比べてより丁寧に記載されているように思われます。質的心理学において、心を量的に測るということはありません。しかし、質的に捉えるとしても、研究手続きを明確にすることは重要なポイントです。

　フィールドやインタビューの協力者に深く関わること、あるいはそのことについて思い悩むこと。そのきわめて個人的な経験を手がかりに、そこで捉えた「心」については、概念化や見いだし方の手続きを明確化し、他の研究者と共有可能な「カタチ」を整える。個の事例から出発し、その特徴を示すためには分厚く記述を続け、ある程度の抽象化を試みる。特殊と一般、独自と共有をぐるぐると巡りながら、最終的にはその間にあるちょうど良い（！）地点を目指して質的研究は進められるのです。

Point 1　質的研究の論文を読んで、面白いと思うものを見つけよう

Point 2　社会心理学・臨床心理学での質的研究は、研究手続きを明確にして進めよう

2 臨床・社会心理学における質的研究のフィールドを決める

● 「関心」をもち、依頼する

　さて、質的研究に取り組むことを決めたなら、つぎは、入るフィールド、あるいは研究協力者を決めなければなりません。
　その前に研究の目的を検討しないのか？　という疑問もあるかと思います。たしかに、フィールド、研究協力者を決めるいちばんのポイントは、やはり研究者の知りたいこと・研究テーマはなにかということです。ただし、多くの場合、質的研究の「目的」は研究者がフィールドに入り、データ分析がかなり進んで初めて明確になります。
　その過程を模式図にしてみました（図2-1）。最初は、あても

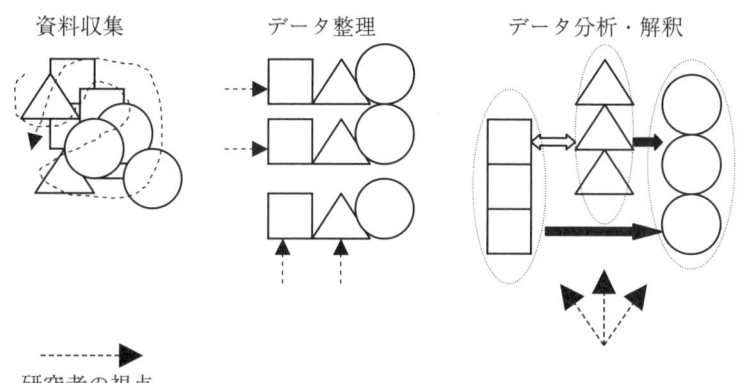

資料収集　　　　データ整理　　　　データ分析・解釈

- - - - - ▶
研究者の視点

資料がデータ化し、分析が進むにつれて、研究者の視点も絞りこまれていく。「ある視点から見ると、この現象は一定の見方で、これこれとして理解できる」というカタチになったとき、その視点は「目的」、理解は「結果」の部分で明確に述べることが可能になる

図2-1　質的研究のプロセスと研究の目的

なくフィールドに参加し、研究協力者に話を聞いているうちに、材料が集まってくる。気になるエピソードや出来事を手がかりに、さらに意図的に観察・インタビューを進めることで、扱っている現象が整理して把握できるようになる。全体を特定の見方で関係づけることができるようになるときには、研究者の視点もまた、安定したものになっている。この時点で、研究の目的（研究者の視点）は、現場の出来事をよく見通すものとなったのです。

　換言すると、フィールドを選ぶさいには、研究の「目的」といった論理的で研究の方向性を導くようなものではなく、フィールドや研究協力者への「関心」程度の曖昧さを残した状態で判断をしなければならないということです。そこで、関心を深めるために資料に当たってみる、よく知っている人に話を聞いてみるといった準備は役に立ちます。あるいは、まずはそのフィールドに見学に行ってみるのもおすすめです。それからもっとも容易なフィールドへのアプローチは、すでに関わりのある場所・組織をフィールドとして考えてみる、ということでしょう。

　さて、「このフィールドで質的研究をしたい」とあなたの気持ちが固まったら、今度は関係者に十分な説明をして、研究協力をお願いする必要があります。依頼状を作って、できるだけ具体的な話をします。1つの例として、私たちのグループが作成した依頼状を示します（図2-2）。私たちは、話を進めるためには研究計画をよく練り、倫理的な問題を考え、書面にする作業が必要だと考えました*7。いくら慣れ親しんだフィールドでも「研究させて」「いいですよ」といったやりとりだけで始められないと考えたほうがよいでしょう。なぜなら、どんなフィールドにも日常のルールがあり、多様な関係者が関わっていますか

---

*7　この依頼状は、以下の内容をまず箇条書きにしておいて、文章化した。(1)研究の目的と実施方法、(2)面接内容、(3)この研究によって期待される効果、(4)面接調査への参加によってもたらされうる悪影響、(5)面接調査協力への自由意志、(6)面接調査の途中の中断によっても不利益がないこと、(7)調査結果の概要の配付および交通費・謝礼の支払いについて、(8)個人に関する情報やデータ、研究結果についてプライバシーの保護が十分になされること

> 自殺者の遺族としての体験に関する面接調査　説明書
>
> 　近年自殺者が増加し、遺族の方の数も増えています。自殺者の遺族となることは、心や体に非常に強い影響をあたえる体験ですので、人によっては専門的な働きかけや、また周囲の人々からの適切な配慮が必要です。ところが実際には、そのような心の変化の有り様や、専門的な働きかけや配慮についての学問的な検討はほとんどすすんでいません。
>
> 　今回、○○○大学△△研究室では、自殺者の遺族の方の心の状態が整理されていく道筋、そしてそこで必要とされる専門的な働きかけや配慮について検討することにしました。この調査を通して、遺族の方の心や体の状態についての科学的な見方が改善されることで、診断や専門的な働きかけに役立つプログラムを準備し、多くの遺族の方々の回復の過程に役立てることができると期待されます。　この面接調査では、自殺者の遺族の方に、当時から今日までのご自身やご家族の生活、心に感じていたこと、周囲の人々や様々な専門機関等との関わり、などについて、自由に語っていただくことをお願いしています。面接は心理学あるいは精神医学の専門家が担当しますが、治療的なものではなく、研究のためのものです。
>
> 　なお、親しい人を失った経験を語っていただくことは、非常に強い苦しみや不快をともなうことがあります。万が一あなたにそのようなことが生じた場合、
> (1) 話したくないことがあれば、そのようにおっしゃっていただき、話題をかえることができます
> (2) 面接はいつでもやめることができます
> (3) 面接後に上記のようなことが生じた場合、クリニックで適切なケアをいたします。
> 　ここで話されたことはテープに録音されます。それを一度文章にかきおこしたうえで（一次資料）、次に、個人が特定される情報を削除したり、変更したりして、プライバシーが完全に保護される形式の文章をあらためて作成します（二次資料）。この二次資料だけが、研究に用いられ、研究結果として報告されます。録音テープおよび一次資料は、一切治療用の情報としては利用されません。そして、研究担当者以外にその内容が知られないように厳重に3年間保管されたのち、破棄されます。
>
> 　この面接調査への協力は全くあなたの自由意思です。この調査にご協力いただくかどうかで、今後これまでの治療的サービスが変わることはありません。この面接調査はおおよそ1時間かかりますが、人によって多少の差があることをご承知おきください。交通費・謝礼として■円をお支払いいたします。また、ご希望の方には後日研究結果の概要を差し上げますのでお申し出ください。
>
> 　以上の点をご理解いただき、協力のほどよろしくお願いいたします。

図2-2　計画書の要素を盛り込んだ依頼状の例（清水他（2002）より一部変更して引用）

ら、よく練った手順で進めていかなければ思わぬ迷惑をかけてしまうこともあるのです。面倒くさいと感じるかもしれませんが、私の経験としては、一度きちんと文章にしてみることで自分の頭のなかも整理されるので、この作業はおすすめです。

　さて、研究をお願いする相手は、その組織の長やキーパーソン、その他の当事者などが考えられます。必要ならそれぞれに対して（書類を作り）交渉しなければなりません。

　例えば、病院の産婦人科をフィールドとして「妊婦さんが自らの体験を意味構築していくプロセス」に関心をもっているとします。すでに関わりのあるフィールドなら、キーパーソンである産婦人科の医長、看護婦長さんあたりから相談を始めて、まず味方になってもらいます。そのアドバイスを参考にしながら、組織のトップと話し合いをもつように進んでいくことが想像できます。また、研究協力者である妊婦さん個人との交渉も、最後の段階では必要です。一方、これから産婦人科での活動を始めよう、という段階なら、まずは組織の長との話し合いから始めたほうがよいかもしれません。いずれにせよ、これを全て卒論生が独力で行うのは難しいので（不可能ではありませんが）、研究依頼を始める前に、あるいは進める過程で指導教員や先輩のアドバイスは助けになります。

　交渉の最終段階で研究協力者（上記の例では妊婦）の同意を得ることを、インフォームドコンセントといいます。今のところ、日本の大学の教員・学生が行う研究では、インフォームドコンセントを含めた研究計画の倫理的検討が、十分になされていないところもあるようですが、近年成立した個人情報保護法の運用が安定してくるにつれ、今後より大切になっていくでしょう*8。

*8　インフォームドコンセントの作業の場合、簡単なチェックリストを作り、協力者に見ていただいて最終的な確認をすることが一般的である。私たちの場合、脚注7で示した(1)〜(8)は、そのままインフォームドコンセントの確認項目でもあった。

ただ、時々誤解があるのですが、インフォームドコンセントの本質は、Informed（十分な説明を受けての）consent（同意）を「調査協力者がする」ということです。調査者が全てを網羅した詳しい文章を呈示して、調査協力者から書面にサインをもらうことに重点があるのではありません。つまり主役は調査協力者で、研究者は調査協力者の感情、知識、状態に「応じた適切な説明」を行い、彼／彼女が十分に判断でき、自らの心身の安全を図れるようにすることが大切なのです。その意味では、すでに関わりが始まっているフィールドでの交渉は、コミュニケーションが取りやすいため意外にスムーズに進む場合もあります。しかし、逆に関係ができあがっているが故に、研究対象・フィールドとして考えることが難しくなることもあります。いずれにせよ、研究の交渉は適当に「なあなあ」ですませるのではなく、きちんと整理して了解を得ること、それは研究者である私たちが担うべき最低限の責任だと思います。

　と、ここまで読んですっきりしない人がいるかもしれません。「自分が入れるフィールドが具体的にどこにあるのかもわからない」のだから、交渉もなにも、それ以前の問題だ！　と。

●フィールドエントリー、そのさらに手がかり

　そう、入ることのできるフィールドをどうやって見つけるのか。一時代前のフィールドワークでは、すでに知っているフィールドを選ぶのでなければ、師匠や先輩から紹介してもらうか、でなければ思い切って飛び込むかぐらいの選択枝しかない、気の重い問題でした。しかし、最近はチャンスが増えてきました。

　まずは、地域の行政機関です。一昔前の地方行政とは異なり、今は住民が自ら活動し、情報やサービスを得る時代です。個人

情報保護の観点から、行政情報そのものへのアクセスはむしろ難しくなったのですが、地域住民への情報提供、つまり生活、教育、福祉に繋がるものはどこも充実しており、それを利用することができます。例えば、子育てに関するNPOや、障害者支援活動でボランティアを募集している組織はあるのか。老人会、病院、デイサービスをやっている老人ホームの一覧と電話番号だって冊子になって置いてあります。担当窓口で詳しい話を聞いてみることもできるし、検索端末を置いてあるところもあるでしょう。教育、福祉関連の施設では見学や体験ボランティアの機会が増えていますし、行政機関が主催する講演会やワークショップを手がかりに、地域企業との接点を探すこともできます。行政機関は情報の宝庫なのです*9。

　さらにインターネットを使えば、地域が限定されない分、行政機関での情報収集より可能性は広がります。それは複数の地域を検討できる、というだけではありません。Webの検索機能をうまく使えば、その領域ですでに研究を始めている研究者、実践家やキーパーソン、あるいは関心のあるフィールドそのもののHPや連絡するアドレスを知ることができます。研究会や見学会の情報があるかもしれませんし、BBSなどで意見交換をしている場合もあります。積極的に参加してみるとよいでしょう。

　ただし、ここで大切なアドバイスをさせてください。行政機関やインターネットで得た情報はあくまで入り口です。ちょっとメールを出せばOK、即フィールド確保というわけではありません。そこから先が先述の依頼のプロセスになります。その鍵は、やはり研究計画を書いておくことだと思います。よく調べ、自分の考え方を文章にして整理すれば、それが必ずあなたの交

*9　もちろん、調査したい学生を、必ず歓迎してくれるとは限らない。でも、それもまた、「経験」となる。怯まないで！

渉を助けます。内容が定まっていれば、face to faceで話すときに、誠意をもって気持ちを伝えることができますよ。

●臨床心理学／社会心理学における質的研究のフィールドとは

では、具体的に社会心理学、臨床心理学において質的研究を行うフィールドを考えてみましょう。その特徴を表2-1にまとめました。

社会心理学は、多様な理論的立場・方法論をもった研究者が関わっていますが、ここでは「人（の心）を図、社会を地とした1枚の構図において両者の関係性を考え、あるいは関連する理論を用いて、人もしくは社会への理解を深める学問」と表現しておきましょう。例えば量的研究では、社会的変数が人の行動（心）にどのような影響を与えるかを問うことになります。ある場面では、援助行動が普段以上に促進されるかどうか、といっ

表2-1 社会心理学と臨床心理学における質的研究の従来のフィールド

	社会心理学	臨床心理学
質的研究への系譜	社会学的社会心理学のフィールド研究（シカゴ学派など）	ケース研究
研究の特徴	人を図、社会を地としてその関係性を問う	人を図、心理的問題（⇔健康）を地としてその関係性を問う
研究の実践性	前提としないこともある	前提としていることが多い
研究者のポジション	参与観察が多い	有資格のケア関係が多い
従来のフィールド	人々が相互作用する空間・組織・集合（ex.コミュニティ、学校、会社）	共通の精神的困難を抱える人・関係者（ex.病者、障害者）
（背景の変化）	情報環境、ナラティヴターン、社会構成主義	

た問いですね。もちろん研究としては、多くの人の行動を観察して社会を理解しようとする動機もあります。多くの人が援助行動をする社会とはどのようなものかといった問いですね[*10]。いずれにせよ質的研究を行う場合、その「社会」をフィールドと考えることができるでしょう。

　人々が相互作用する空間、組織、集合を「社会」と考えてみると、コミュニティ、学校、会社などさまざまな単位でのフィールドを考えることができます。公園の人々、イベント会場、福袋を買うための行列、被災地の避難所のように1次的な集まり、家族、友人のような構成員が少数のものも対象になります。これらのフィールドでは構成員がすでに相互作用をしており、研究者はそこに新規の参加者、いわばよそ者として関わることになります。そして、現場から拒絶・無視される可能性から、ほとんどフィールドの構成員のように扱われる可能性まであります。しかし先に述べたように、研究者が感じるこのフィールドでの違和感が、逆に研究を位置づけていく視点にもなります。本書では伊藤や石井の研究から感じ取れることと思います（次ページ図2-3の左）。

　私たちのグループも、ある古い町の祭り組織を研究し、グループのメンバー2人が若衆として実際に祭りの準備・本番に参加したことがあります。彼らが受け入れられていくプロセスのなかで、他の若衆が祭りをとおして町のメンバーとして位置づいていく多様なバリエーションに気付き、検討することができました（梅崎・余語、2004）。

　一方、臨床心理学もまた多様なアプローチの混交する領域ですが、同様に「人を図、心理的問題（⇔健康）を地とした1枚の構図において両者の関係性を考え、あるいは関連する理論を

*10　社会の構造やルールに興味がある場合である。より社会学的な関心のもち方、といえるかもしれない。

用いて、人もしくは心理的問題への理解を深める学問」と表現できるでしょう。実践的な見立て、心理テスト、それらを含めたケース研究などは、心理的問題によって当該のクライエントはどのような状態にあるのかを理解しようとする試みです。もちろん、人のデータを集めて「心理的問題」の特徴を検討する研究も理屈のうえでは考えることができますが[*11]、それらはあくまでクライエントの精神的健康の回復に役立つためになされるべきです。つまりこの領域の研究では、実践性が求められていると思います。

ですから質的研究を行う場合、「心理的問題をもっている人」がまずは研究協力者です。そのような人と接することのできる病院や施設がフィールドといえなくもありませんが、あくまで人と心理的問題を考えるうえでの2次的な情報と位置づけられることが多いでしょう。

乱暴な言い方をすれば、この領域の研究者は、「登校拒否、発

*11 脚注10と同様に、図と地、どちらを探究するかの違いである。

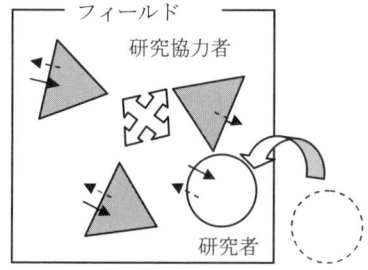

社会心理学のフィールド	臨床心理学のフィールド
研究者はフィールドに新規に参与し、そのフィールドと人の関係を問う	研究者は治療関係を介してフィールドにいて、心理的問題と人の関係を問う

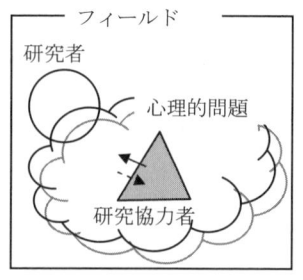

図2-3 従来型の社会心理学・臨床心理学での質的研究フィールド

達障害、非行」といった診断名・ラベルが該当する研究協力者を紹介してもらうためにフィールドと関わるのです。ですから、彼らと関係する医療的、福祉的施設、および民間団体などについて、「複数の施設にわたって、調査協力者を募る」という研究計画がなされることもあります。また、研究者自身が治療者・支援者であることも多く、それは研究に方向性を与えます。つまり「クライエントのために」という動機、それに専門家としての実践性を要請されながらの研究になると思います。本書では、例えば遠藤や出口の研究のなかに、クライエントへ向かう「志」を感じることができるのではないでしょうか。（図2-3の右）。

　ところが、近年、社会構成主義やナラティブを前提とした研究が多く報告されるようになり、それにインターネットをはじめとする情報環境の整備にともなって、社会心理学と臨床心理学のフィールドは変化してきたようです。例えば本書の矢守の研究は、テーマとしては社会心理学になりますが、研究を語りの視点で組み立て、他のフィールド、あるいは世代間の伝達までが視野に入っています。つまり、特定のフィールドでおさまらないことがむしろ前提になっていると言えるでしょう。また、インターネットや電話で構成されるフィールドを研究する場合も、従来の空間的なフィールドという考え方は通用しないでしょう。一方、臨床心理学者である松嶋の研究は、非行という、従来は個人の特性として帰属される心理的問題を、そのフィールドの参加者によって「構成されている」とみなします。この考え方は、従来の臨床心理学研究のフィールドを「紹介してもらうためのもの」から研究者も「関わっているもの」へと変貌させます。これらのフィールドでの研究の様子を図2-4に模式

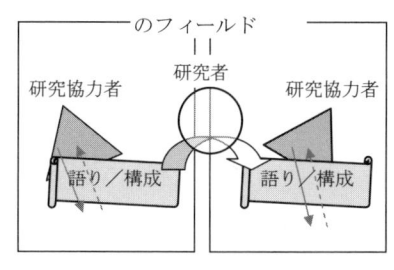

```
     新たな社会心理学              新たな臨床心理学
    ┌─────のフィールド─────┐   ┌────のフィールド────┐
    │        ‖         │   │  研究者           │
    │       研究者       │   │         心理的問題   │
    │ 研究協力者   研究協力者 │   │                │
    │                  │   │      研究協力者      │
    │  語り/構成  語り/構成 │   │         研究協力者   │
    └──────────────────┘   └────────────────┘
    あるフィールドの知見を、語      心理的問題を個人に帰属させ
    りやその構成を媒介として、      ず、フィールドで構成された
    別のフィールドと関連づける      ものとして問う
```

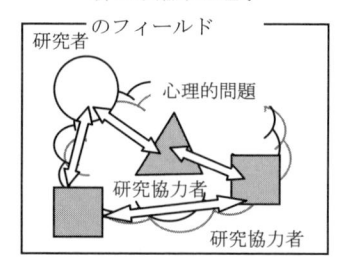

図2-4　社会心理学・臨床心理学の質的研究フィールドと構成の視点

図として示しました。

　こうしてみると、社会心理学からでも臨床心理学からでも、同じフィールドを対象として質的研究ができることは、想像に難くありません。本書の高橋の研究などは、これにあたります[*12]。ただし、本稿での定義を思い出すなら、社会と心の健康の関係が対立的であるような現象、例えば適応障害の場合には双方の記述が対立する可能性があるでしょう。ストレスを感じている人は、会社に行けるようになるべきなのか、あるいは、そんな辛いところに適応する必要はないのか。あるいは、社会的ジレンマのように、個人ががまんすることで社会がうまく成立するような問題では、どちらが優先されるべきなのか。

　フィールドに問題が見いだされるとき、社会構成主義やナラティヴの「正解は1つではない」「関係者の相互作用のなかで生み出される」という前提が複数の可能性を導くかもしれません。そのとき、その研究が示す結論が適切であるかどうかは保証されていません。「前よりもまし」と強弁するのではなく、さらに

*12　コミュニティ心理学の視点をもつ高橋は、むしろ積極的に臨床と社会の間に位置づこうと試みているものかもしれない。

フィールド参加者の価値の問題に参与しているという意識が、今日の質的研究には求められているのではないでしょうか。本書の山本の研究から、このことを考えさせられるかもしれません[*13]。

*13 「供述の向こうに「事実」を確定しようとする」この研究では、研究者が恣意的に「私にはこう見えた」というだけですますことのできない事態がある。実践性とは、研究者の独りよがりであってはならない。そのことを考えてみてほしい。本書「「あとがき」にかえて」も参照のこと。

> Point 3　質的研究をしっかり行うために、研究依頼書を書いてみよう
> Point 4　研究フィールドに入るために、行政機関やWebの情報を活用しよう
> Point 5　社会心理学の質的研究は、フィールドでの経験をいかそう
> Point 6　臨床心理学の質的研究は、フィールドの実践性をいかそう

■3　質的研究を見通す──データ収集と分析

●データ収集から「質的研究」を見通す

　フィールドに入ることができたなら、ここからの課題は大きくまとめると2つです。調査協力者との関係を継続することと、それをいかして研究成果=論文を仕上げることです。そして、この2つに関わる研究上の最大の留意点は、データ収集の仕方だと思います。なぜなら、データを収集するという行為は、研究者がフィールドでどのようにふるまい、調査協力者とどのように関わるかという問題と直結しています。一方、データの内容は、もちろん研究成果に反映します。

　質的研究でのデータ収集の方法には、観察、面接、その他の資料収集があります。ここでは前の2つを検討することで、調

査協力者との関係を考えてみましょう。ただし、本章では観察、面接の具体的な技法やそのトレーニングについては触れません。それには優れた類書がありますので参考にしてください。

　観察は「観察の仕方」「場面の操作」の2つの方向で工夫できます。例えば、会社のコピー機が社員の活動にどのように影響を与えるのか、をテーマにしていると仮定しましょう[*14]。観察の仕方としては、例えば毎日10時と14時にそれぞれ1分間だけ観察する「時間見本法」という工夫ができます。あるいは、観察する出来事を「コピーをとる」「そこにいる人と話をする」に絞り込み、それを必ず観察するという「事象見本法」も考えられます。また、とにかくそこにいて、興味深い出来事だけを観察する「逸話記録法」という手もあるでしょう。全ての時間、全ての出来事を観察し続けることなど人間にはできないので、観察する研究者が自らにルールを課して観察するわけですね。

　一方、場面の操作としては、例えば、フロアでのコピー機を1箇所に集めることで観察効率を上げたり、特定の部署の人だけが利用できる位置におくことで観察対象を絞るといった工夫ができます。あるいは、場所Aにある場合とBにある場合とを比較する、といった工夫もできるでしょう。前者は剰余要因のコントロール、後者は関心のある要因の操作をしていることになるので、このような観察を「実験的観察」と呼びます。その対極は、「自然的観察」ということになるでしょう。

　それぞれを組み合わせることもできるので、さらに多様な観察法が存在します。しかし、実際に図書館などでコピーをしている人々を観察する練習をしてみるとわかりますが、いずれの方法も困った状況が起こります。見られている人が、視線を気にし始めるのです。そこで、3つめの工夫の方向として、研究

[*14] もちろん、コピー機の利用法については、状況論からのあまりに有名な研究がある。Suchman, L.A., 1987. Plans and situated action: The problem of human-machine communication. Cambridge: Cambridge University Press. ただし、ここではそれを紹介しているわけではない。

者と場面の関わりを調整することが考えられます。研究者がその場面に参加する「参加観察法」では、離れたところでじっと見つめる代わりに、一緒にコピーをとってみよう、というわけです。参加観察なら、その場での会話も聞き取れますし、並んでみてわかることもあるでしょう。例えばその場が暑い、コピー機がうるさいといった理由で、実際には会話ははずまないのかもしれません。なによりフィールドの人たちも不自然には感じません。もちろん逆に、できるだけ気にならないように、「壁のハエ」のごとく観察するという「非参加観察法」の考え方もあります。

　このように観察という手法は、実はフィールドでの研究者のふるまいと密着した関係にあります。もっともよい方法というのがあるわけではありませんが、長期間フィールドにいられるのなら、最初は「自然観察法」「逸話記録法」から始め、時期をみて「参加観察法」に切り替えてフィールドに馴染み、そこでの考え方・ルールなどを把握したうえで、最後に「実験的観察」「事象見本法」で研究に必要なデータを補っていくというように、研究状況に応じて切り替えるのも1つの考え方です。また、調査協力者との関係性によっては、参加観察法が適切でなかったり、実験的観察が許可されなかったりするでしょう。研究の都合でコピー機の位置を変えようとすることが適切なふるまいかどうか。それは、それぞれのフィールドで判断するしかありません*15。

　一方、面接は、通常は実際のフィールドでの活動から離れた時空間、例えば面接室で話を聞くという方法です。したがって、フィールドに影響を与えるわけではありませんが、調査協力者には、より直接的に関わることになります。つまり、観察は

*15　研究者倫理と固く考える前に、常識的な判断、気配りが必要なのはいうまでもないが、そのフィールドに馴染んでいないとき、研究に熱を入れているときには、失敗することもある。文化人類学者の友人から聞いたエピソード（苦情）。バリの神聖な儀式中に、無遠慮にフラッシュを焚いて写真撮影をしている心理学者を諌めたが「ちゃんと受け止めてくれなかったみたい」だそうだ。

「普段の活動」を見ているわけですが、面接は「普段の活動」を「説明すること」を求めるという意味で、より積極的な協力が必要となるのです。平たく言うと、観察は嫌われていてもできますが、面接をするのはお互い気が重いですよね。こうして、多くの研究法のテキストでは、面接調査をするには研究者と調査協力者の信頼関係「ラポール」が大事だ、と指摘されるのです[*16]。

しかし、そのような指摘は、面接での関係を「聞き手役割／語り手役割」というように、やや固定的に捉えている可能性があり、かならずしも正しくはないと思います。

面接にも工夫があります。よく知られているのは、あらかじめ質問項目の内容や順番を決めておき、シナリオどおりに実施する「構造化面接」とその対極にある「非構造化面接」ですが、これが先に述べた観察の実験的／自然的の対比と対応するのはおわかりでしょう。それならば、観察でしているその他の工夫、例えば「参加観察法」と対応した「参加面接法」も考えてみることができるでしょう。つまり、研究者が語りに与える影響を最小限にして聞き手に徹する（いわば非参加面接法の）代わりに、語りに参加して「会話をしているのだ」と考えられるわけです。会話なら、信頼関係がなくてもできるでしょう。競争関係、対立関係、指導的関係のなかでも、それぞれの「会話」は成立し、それはデータとして考えることができます。面接もまた、研究者とフィールド、特に調査協力者との関係に直接関わっているのです。

このように、データを収集する方法は、研究者がフィールドや調査協力者とどのように関わるのか、という問題とコインの裏表の関係です。質的研究は、両者をよく見比べながら、現状

[*16] "「焼酎を酌み交わすことを通じて、この気難しい漁師とのあいだに確実なラポールを育んでいった」？　おえっ。わたしと磯崎さんとの関わりは、このような取りすました文に置き換えられるようなものではなかった。"（菅原、2006）

を把握して進めていくことが大切です。

●データ分析から「質的研究」を見通す

　さて、収集されたデータの内容は論文に影響すると上で述べましたが、それはデータ収集方法（観察、面接）⇔データの内容（データの記録形式）⇔データ分析⇔結果の4項が相互に深く関わっているからです。今度は、どのようにデータを分析するのかという視点から、研究結果へ向けて見通しを考えてみましょう。

　質的研究において、データはどのように記録されるでしょうか。図2-3、2-4で示したように社会心理学系の多くと臨床心理学系の一部は、よりフィールドを意識した研究、要するにフィールドワークを行いますが、そこではまずフィールドノーツと呼ばれるものに、観察した出来事が文字やイラストを使って記録されます。通常、フィールドで詳細な記録をつけることはできません。忙しいし、調査協力者に違和感をもたれるでしょう。ですから、その場で記憶しておいて、隙をみてすばやく書き込むことが多いようです。たいていの場合、それは走り書きになりますので、フィールドを出てから、できるだけ早く清書をすることになります。遅くとも寝るまでに「清書フィールドノーツ」が完成していないと、記憶はどんどん薄れていくので、後々大変なことになってしまいます。一方、面接した場合もよく似た作業になりますが、それを「フィールドワーク」「フィールドノーツ」と呼ぶかどうかは議論があるかもしれません[*17]。

　もう1つ、フィールドから許可を得られている場合、AV機器による記録形式があります。面接なら録音機器、観察なら写真やビデオを使うわけです。こちらは、適切なメディアに保存し

*17　この辺りは、伊藤哲司・能智正博・田中共子（2005）に詳しい。

ておけば、記憶が徐々に薄れることもなく、安心だと感じるかもしれません。ただし、録音だけでは、例えば直接面接したときの印象に影響していたしぐさ、表情、服装などが残りませんから、直後に聞く場合と1年後に聞き直してみる場合とでは違う結果になるかもしれません。ビデオならそれらも映しこめますが、しかしやはり人間の目にはかないません。例えばアングルの外の出来事はビデオに映しこめませんが、人は振り返ることができます。再生したビデオのなかで調査協力者がカメラのほうを向いているとき、それはカメラを見ているのか、真後ろを通り過ぎた人に目をやったのか判断が難しいことがあります。結局、AV機器を使いながらもフィールドノーツも作っている研究者もいるようです。

　さて、これらの記録は、多くの場合、分析のためにさらに加工されていきます。大まかに言って、カテゴリ分析とシークエンス分析では加工の仕方が異なります。

　ここでカテゴリ分析とは、得られた記録をいったん小さな単位にまで分解し、それらにカテゴリ名をつけて整理し、全体像を構成していくような分析作業を総称しています。例えば逸話記録法で得たフィールドノーツからエスノグラフィーを書く場合は、個々の逸話、あるいはそれをさらに意味がわかる程度に分解した部分を相互に比較しながら、ラベル（カテゴリ名、表題といったもの）をつけていきます。本書では石井の作業をみるとイメージがわくでしょう。また、KJ法、グラウンデッド・セオリー法と呼ばれる分析方法は、このラベルをつける作業をカード化したり手順を決めたりして、よりシステマティックに行おうとする方法です。KJ法は本書では高橋が用いています。

　このようなカテゴリ分析ができるための条件は、実はデータ

の量です。例えば、目の前にノートと鉛筆があるとします。ラベルをつけてくださいと言われても困りますよね。では、ノートと本と鉛筆とボールペンではどうでしょう。「筆記用具」と「読み物」でしょうか？　このような人間の活動を基準にしたラベルづけは、店舗などのフィールドワークでは当然かもしれません。あるいは「紙」「木」「プラスチック」でしょうか？　これは素材を基準にしたラベルづけ、例えばゴミ捨て場をフィールドとするときに有効な分類です。このような作業によって、そのフィールドの全体の構造を、見取り図のように把握するのがカテゴリ分析の狙いです。ですから、データの質も大切なのですが、検討するテーマを十分にカバーするだけのデータがなければ適切な成果をあげることができません[*18]。

一方、シークエンス分析とは、フィールドでの出来事の起こり方自体を扱おうとするものです。「図書館で、ボールペンでマークをつけながら本を読み、気づいたことをノートに鉛筆で書き写している。隣の友人らしき人から『書くものを貸してくれ』といわれて、一瞬迷った後に鉛筆を手渡した」というような時間的な流れを重視します。ですから、この分析を進める条件は、出来事の流れを記録していることです。録音されている面接の場合は、一字一句書き起こす、という作業が必要になります。ビデオテープの場合は、その前に出来事のまとまりごとに、編集する作業をしてから、やはり行為の連鎖を記述していきます。臨床心理学系の質的研究では録音・録画が許されない場合が多いので、できる限り思い起こすということになりますが、長い時間のシークエンス（出来事の連続）を扱うためには、記憶→記録の作業のトレーニングを積んでいないと難しいでしょう。ただし、臨床心理に関わっていてケース記録をつけている人は、

[*18] 適切なカテゴリを見つけられるかどうかは、分析者がどのように現場に関わったかにも依存する。ゴミの分別基準は、もちろん地域によって微妙に違う。

ある程度慣れがあるかもしれませんが。

　シークエンス分析は、フィールドで行われていることの規則を、行為のなかから見いだそうとする作業です。図書館での相互の援助行動はどのように行われ（あるいは頼みは嫌がられ、断られるのか）といったことに興味があれば、そのやりとりの流れを壊さないように「再記録」し分析する必要があります。ですから、ある程度のデータの量は必要ですが、さらに大切なのはデータの質です。やりとりが不足なく再記録されていることが第1条件です。この分析用の再記録のことをトランスクリプトと呼びます*19。第2条件は、関心のある規則がよりよく表れているやりとり部分を分析対象に選ぶ、ということです。第3条件を挙げるとしたら、規則が反映しているやりとりのバリエーションが示せるように、典型的なやりとり、規則が無視されたやりとり、それが危うくなったやりとり、などとうまく配置していくことが有効です。この分析の代表的な手法は、会話分析で本書では松嶋が用いています。山本の論考もシークエンス分析を扱っているといえるでしょう。面接データならば、ナラティヴ・アナリシスと呼ばれる手法もシークエンス分析ですが、本書では関連する章はありません。

　このように、カテゴリ分析を選ぶか、シークエンス分析を選ぶかで、論文の核となる結果の提示の仕方は大きく異なります。そして、「分析手法」の選択はもちろん研究者の「関心」（目的）に応じても異なるのですが、それぞれに適した「データの内容」があり、それを得るための「データ収集方法とフィールドでの調査協力者との関わり」が前提になっていることを忘れてはいけません。その多様なバリエーションについて、この章で網羅することはもちろん不可能ですので、これらの組み合わせに気

*19　だからといって、詳細なトランスクリプトのほうがよい、とはかならずしもいえない。声の高さ、調子、表情、手の動き、足の組み方、着ているもの、周囲の音、明るさ……なにが必要な情報かは、研究者が判断する。分析対象となる世界の「限界」を、この時点で研究者が恣意的に決めているのである。

をつけながら、第3章以降を読んでいただければと思います。

> Point 7　データ収集と分析のさまざまな組み合わせを知り、質的研究のイメージを広げよう
> Point 8　AV機器の可能性と限界を知り、必要なら使い方（記録→再記録）に習熟しよう

■4　おわりに

　ここまで述べてきたことは、一言でいってしまえば「質的研究はうまく切り分けることができない」ということです。量的研究と質的研究、フィールド選びと研究目的、社会と心理的問題と人、データと分析と論文、そしてなんと言っても研究者と調査協力者、いずれも相互に影響しあっていて個別に自由になるものではありません。むしろ、質的研究の背景にあるのは、そのように絡み合った総体に関わっていく姿勢＝フィールドワークの精神、でしょう。とはいえ、常にその全体を見渡し調整しながら研究していくのはとても難しいことです。ですから、質的研究は、そもそも複数でやっているのだ、と考えてしまったほうがよいと思います。

　質的研究は、研究者だけの作業ではないのです。まず調査協力者との共同作業ですから、そこでの関係性によっては研究が進まないことも、思い悩むことも、すばらしいアイデアが出てくることもあります。1人で思い悩むことも大事ですが、多くの場合、手がかりは外にあります。ですから、社会心理学系のアプローチなら社会やその構成員と自分の関係をよく見極め、関わっていくことが大切です。依頼書や研究計画書、研究倫理

や結果のフィードバックといった機会には、誠意をもって対応するべきです。さらにフィールドでは、日常的な挨拶や礼儀正しい態度ですごすこと自体が、研究を助け推進していく力になると知るべきでしょう。加えて臨床心理系のアプローチでは、心理的問題への常識的な配慮と支援、基本的な理解と共感、また人々の苦しみの解決へ貢献していくのだという、実践性への志向を忘れるべきではありません。つまり、研究者としての事情があるから、「少しぐらい失礼なことをしたり、無理をしてもらったりしてもいい」という甘えは、結局、質的研究にはよい結果をもたらさないのではないでしょうか[20]。

*20 事情というより、研究者という特権的地位への無邪気な信頼というべきだろうか。

　また、研究仲間を得ていくことも大切だと思います。共同研究という意味だけでなく、質的研究についてアドバイスし合い、情緒的にも支え合えることで、研究は豊かになるでしょう。指導教官がいる卒論生は、相談するチャンスを逃さないように。また、関心をともにする人たちと報告会や研究会を開催することも役に立つでしょう。

　こうして考えていくと、研究の最終形である論文もまた、「人に読んでもらうために書く」ということに注意するとよいと思えます。質的研究も終盤になると、研究者も調査協力者同様に、「フィールドで起こっていることとその文脈」が気にならずに過ごせるようになるかもしれません。しかし論文にまとめるときには、あらためて、読み手を考えて伝わるように構成していく必要があるのです[21]。

*21 現場に詳しくない人、逆に詳しい人に読んでもらうことで、修正できる部分はある。ただ、全員が合意してくれるわけでも、感動してくれるわけでもない。研究者が専門雑誌に投稿する場合ですら、酷評を受けることはあるのだ（涙）。

　そして、フィールドに結果を返すときと卒論を提出するときとでは、もちろん内容も文章もメディアすら変わる可能性があります。結果のフィードバックなら、専門に偏らずに内容をまとめ、口頭や編集したビデオ上映のほうがよかったりするかも

しれません。では、卒業論文なら？　そのヒントを、ここまで書いてきたつもりです。まずは、イメージをつくるために、面白い論文探しをこの本から始めてはいかがですか？

> Ponint 9　キャッチフレーズは「人は、1人では質的研究ができない」

引用文献

菅原和孝．(2006)．フィールドワークへの挑戦．世界思想社．

佐藤達哉・溝口元．(1997)．通史日本の心理学．北大路書房．

梅崎高行・余語琢磨．(2004)．地域・祭り・個人―参加者の軋轢とアイデンティティからみた「実践共同体」の変容と再生．生活学論叢9，1-14．

伊藤哲司・能智正博・田中共子（編）．(2005)．動きながら識る、関わりながら考える．ナカニシヤ出版．

清水新二・川野健治・宮崎朋子・平山正美・加藤勇三・秋山淳子．(2002)．自殺に関する心理社会的要因の把握方法に関する研究―遺族個別面接調査と遺族支援グループ訪問調査―．厚生労働省科学研究費補助金こころの健康科学研究事業「自殺と防止対策の実態に関する研究」平成14年度総括・分担研究報告書．pp.123-136．

第Ⅱ部

ミクロ過程に焦点をあてた研究

■■■ 第Ⅱ部のための序 ■■■

　「はじめに」にも書きましたように、第Ⅱ部は、便宜的に「ミクロ過程に焦点をあてた研究」とまとめられており、どちらかと言えば個人の「内的」な過程やミクロな相互作用が研究のテーマに取り上げられています。主に1対1で行われることが多い臨床的・社会的実践と関係が深い領域であると言えるかもしれません。テーマはこのように大まかにまとめられますが、そこで使われる研究の方法や手続きは4つの研究それぞれに異なっています。

　第3章で紹介されている研究は、障碍をもつ子どもの発達が関心の対象になっています。データ収集方法としては観察ですが、対象として突き放した客観的観察ではなく、研究者が関わりながらの「参加観察」と言えるでしょう。また、研究過程全般を通じて現象学の考え方が使われています。そのきわめて厳密な自己省察への姿勢は、他の方法を使う場合にも参考になるでしょう。

　第4章では、非行少年への更正への働きかけがテーマです。ここでのデータ収集方法は、第3章とは異なり、参加観察のなかでも実践からは一歩退いた形の関与になっています。データを分析するさいには、近年質的研究のなかでも重視されている会話分析の手法が用いられます。やりとりの文脈を重視したこの分析法は、今後さまざまな研究のなかで利用できるかと思います。

　第5章では、警察での取り調べという非常に特殊な状況のなかで生み出された語りを対象にした研究が紹介されます。できあいの調書をデータとするだけではなく、シミュレーション状況での語りもデータとするというところが非常にユニークです。この章ではまた、「事実」とはなにかという、質的研究全般に関係する重要な問題提起も含んでいます。

　第6章で関心の対象になっているのは認知症をもつ高齢者の語りです。いくつかの施設をフィールドとして、そこを利用しているお年寄りからの聴き取りが行われています。研究者はそこで最初から安定した視点を保っているのではなく、研究過程を通じて考え方が変化し、対象の見え方も変わっていきます。これもまた質的研究を行う醍醐味の1つと言えるでしょう。

　これらの研究はどれも、社会のなかでの実践を研究のことばに載せようとしたすぐれたものではないかと思います。データ収集の手続きも分析の手続きも異なっており、ここで述べられた他にもさまざまな視点から特徴づけることが可能でしょう。読者の皆さんも、いろいろな視点から読んでみることで、よりいっそう多様な側面を浮かび上がらせていただければと思います。

第3章

障害児——ある障害児の世界を「空間」という視点から解明する

遠藤　司

■1　ある関わりの場面の記述から

　本章の書き手である筆者は、障害をもつ子どもとの関わりを実際に行う実践者であろうとし、また、子どもの世界を解明しようとする研究者でもあろうとしている人間です。本章では、子どもとの関わりの場面をもとに、関わりの方法を豊かなものとし、彼らの世界を深く解明することを志す人間として、1つの方法論を述べてみたいと思います。

　まずはある1人の重障児との関わりの場面を記述した文章を挙げます。これは、筆者の論文、「『身体』から『空間』へ——ある一人の重障児との関わりを通して学んだこと」(駒澤大学教育学研究論集、21、pp.47-93、2005) の一部です。この記述をもとに、本章での考察を進めていきたいと思います。

　　仰向けで寝た姿勢でいる彼女に筒抜きの教材(図3-1)[*1]を呈示した。彼女は、つかんでいる手に力をこめ、筒を抜き取ろうとする時にいつもする真剣な表情をしながら、真上方向

[*1]　筆者は子どもと関わるさい、その子どもに適した「教材」を呈示することにより関わりを行う。つまり、子どもが積極的に働きかけ、なにかを行うことにより、好きな音が鳴ったり、はまっていたものが外れたりする等の結果が生じる構造をもった教材を子どもごとに考え呈示することにより関わりを進めていくのである。「筒抜きの教材」は、この時点で、上記の意味において、彼女にとって適した教材となっていた。

に筒を棒の先端部まで動かしていくとそこで動きを止め、そこから下に下ろすということを繰り返した後、棒から筒を抜き取った。抜き取った後に彼女の手をとり、筒を渡してもらおうとすると、彼女はそれに応じて手の力をゆるめ、筒を放した。しかし、抜き取った

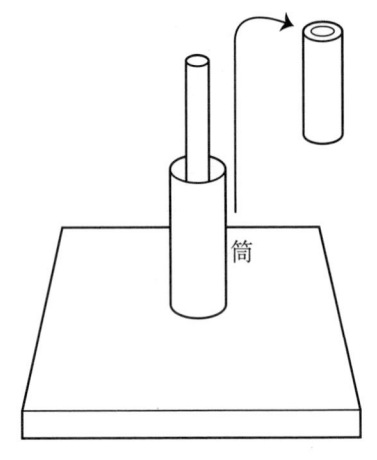

図3-1　筒抜きの教材：棒にはまっている筒を抜き取る

後も筒を放そうとせず、そのままつかみ続けたこともあった。若干の戸惑いを感じながら、私は無理に放してもらおうとせず、彼女の手をとりそのまま筒を棒にいれて、そこから再び筒を抜き取ってもらおうとした。しかし彼女はなかなか筒を抜こうとせず、筒をさらに下に押しつけようとさえした後、手の力をゆるめて筒を放した。彼女のこうした動きは、関わりの場面ではじめて示されたものであった。私は、それまでの関わりの場面で彼女が見せていた身体運動とは質の異なる身体運動が示されたことを感じつつ、体を起こした姿勢でも、この状況を呈示しようとした。

　椅子に座り体を起こした姿勢でも彼女は筒を上方向に抜き取った。この時点で、私は彼女の身体運動が一区切りしたものと思って、彼女の手をとり筒を渡してもらおうとした。しかし彼女は、そこで力をゆるめたりせず、まだ身体運動を続けようとしているかのように、力をこめ続けていた。そこで私は、彼女の手を支えながら、彼女が何をしようとしている

のかを探ろうとしていたところ、彼女は手に力をこめたまま下におろしてきた。私は、筒を抜き取った後の棒を、彼女の手が下りていく先にもっていき、筒を棒に再びさしてもらうように先端のところに筒をあてた。すると彼女は、筒を少し向こう側に傾けるようにしながらさらに下におろしていき、筒を棒にさしていき、ついにはもとの位置にまで動かしていった。そこではじめて、彼女は、手の力をゆるめ、筒から手を離したのである。筒を棒にはめるためには棒の先端に正確に筒の穴のところをあてなければならないのだが、それを彼女に全くまかせた状態で行うことは難しかったので、私は彼女が筒をつかんでいる右手の肘に手をあて、筒の穴が棒の先端にあたるまでガイドした。しかしそこからは、彼女が筒をつかんでいる手に力をこめたまま棒にそって筒を下に下ろしていった。この間私は、特に筒をつかんでいる右手の肘の部分に手を置いて、彼女の身体運動を支えていた。この時私は、彼女が抜き取ることで身体運動を終わらせるのではなく、下に下ろして棒にはめることまでで一区切りとしようとしていることを、彼女の身体に直接触れながら実感することができた。筒を棒にはめて下まで下ろしてから右手の力をゆるめて筒を放すと、彼女は私の身体に体を預けるようにしてもたれてくることが多かったのである。そこまでの身体運動を一連のまとまりとしてとらえ、始まりと終わりの状態が想定されているからこそ、身体運動を終えた時に私の身体にもたれてきたのだと、私は感じたのである。

少々長い引用になりましたが、これは筆者が実際に行った実践的事例研究論文のなかで記した、ある重障児との関わりの場

面の記述です。筆者は、ある日の関わりのある場面において起こったことをこのように記述し、これをもとに彼女の世界の解明を試みていったのです。

　筆者はなぜこの場面の記述を示したのでしょうか。文章中の「彼女」とはこの記述の場面までに約3年にわたる関わりを重ねてきています。当然のことですが、この他にも数え切れないくらいの多くの場面をともに過ごしてきています。これらの多くの場面のなかからこの場面を選んで記述することに、すでに1つの意味がこめられています。つまり、関わり手でありかつ研究者でもある筆者が、関わりを重ねる意味でも、また研究を進める意味でも、この場面がきわめて「重要である」と判断したからこそ、記述を行ったのです。

　では、この場面がきわめて「重要である」とはどういう意味なのでしょうか。2つの意味があると筆者は考えます。1つめの意味は、関わり手である筆者が「重要である」と判断したということです。関わり手であるというのは、関わりの場面における一方の当事者であり、関わりの場面を作るさいに主体的な役割を担うということを意味します。具体的には、実際の関わりの場面で彼女に会い、彼女に声をかけ、彼女の身体に触れ、彼女の身体を支え、彼女に合った教材を考え、それを作成し、彼女に呈示する等のことをします。関わり手として彼女に即した関わりの作り方を考えなければならない筆者から見て、この場面は彼女とのつぎの関わりを作るうえで重要な意味をもつ場面であるということです。この場面をもととして、筆者は彼女との関わりの具体的な場面を考えることができました。例えば、筒抜きの教材を寝た姿勢だけでなく体を起こした姿勢でも呈示し、筒を抜くだけではなく入れることまで考え、入れることを

手伝う仕方も考えながら呈示しました。さらには、筒を抜くところから呈示するのではなく、入れることだけを考えた呈示の仕方もするようになりました。この場面をもととして、つぎの関わりの場面をさまざまな形で作ることができたのです。以上、述べてきた意味において、関わり手である筆者が「重要である」と判断したということが1つの意味として挙げられます。

　いま1つの意味があります。それは、研究を行う主体であるところの筆者が、すなわち研究者としての筆者が「重要である」と判断したという意味です。研究者としての筆者は、「彼女」が現に生きている世界を、より深く解明しようとしています[*2]。つまり筆者は、彼女がどのような世界を構築し、なにを感じ、なにを考えているかを、彼女の世界に沿って具体的な記述にもたらそうとしています。そして、彼女の世界の解明を目指している筆者は、彼女が筒を抜くだけでなくもとの棒に入れようとしたことを、つまり、多くの場所のなかから1つの場所を選び、その場所に筒をもっていき、筒があるべき場所に収めようとし、実際に収めたことを、彼女のそのときに生きていた世界を如実にあらわしている行動であると判断したのです。

　子どもと実際に関わりをもち、彼らの世界を深いレベルで解明しようと志している筆者にとって、より重要な意味をもつ場面を記述するということから、実践的事例研究は始まります。それをするためには、数多くある場面からいくつかの場面を選ばなければなりません。では、場面の選択の根拠となるものはなんなのでしょうか。このことをつぎに考えてみたいと思います。

*2　筆者が子どもについて記述するさいにもつ、子どもが生きている世界を解明するという視点については、現象学的思索の影響を強く受けている。すなわち、それぞれの人により直接的に経験され充全に生きられている世界のあり方をあらためて問うことの意味を重視し、その世界のあり方を記述にもたらそうとするのである。

■2 「直観」に基づく研究方法

　どの場面が重要であり、記述として示すに値するかということについて、明確な客観的基準があるわけではなく、また、どの子どもにもあてはまるような基準が設定されているわけではありません。つまり、「この行動があらわれた場面を重要と考える」であるとか、「この行動が何回示された時点で重要と考える」ということが前もって決められているわけではないのです。つぎの関わりに繋がる場面のあらわれ方や、現に生きている世界があらわれる仕方は、個々の子どもによって異なるからです。実際に、筆者が今まで経験している事例をもとに考えてみても、重要な場面であらわれている行動の様相は、個々の子どもにより異なっています。ある場合では、「初めて体を起こした場面」がそれにあたり、他の場合では、「初めてものに手をのばした場面」が、あるいは、「つかんだものを目標に向けて動かした場面」がそれにあたります。個々の事例により場面のあらわれ方は異なるのです。

　では、個々に異なる仕方であらわれた重要な場面を、筆者はどのように選択してきたのでしょうか。関わり手である筆者がつぎの関わりを作るもととした場面を、あるいは研究者である筆者が子どもの世界を解明するもととした場面を、どのように選択し記述にもたらしてきたのでしょうか。

　ここで「直観」ということばを示したいと思います。これは、主として現象学的精神病理学の分野で用いられてきたことばです。従来の生理学的、分析的枠組みから病者を対象化して捉える捉え方ではなく、「本質直観」に基づく人間理解をもとに病者が現に生きている世界そのものを捉えようとする態度が存し

ています。木村敏（1981）は、ビンスワンガー（Binswanger, L.）*3や、ミンコフスキー（Minkowski, E.）*4などの現象学的精神病理学の著作を概観しつつ、「病者との人格的な触れ合いにおいて直接無媒介的に開かれてくる地平」に対して現象学的な関心を向けることによって、病者の世界に迫っていこうとする態度により、重要な仕事がなされていることを指摘しています（木村、1981、p.179）。そのさいに、もっとも求められるのは、「臨床的な対人関係の場における直接無媒介的な本質直観能力」（同上、p.179）であり、この「直観能力」により、「病者の人格そのもの、あるいは『人格の最深奥の琴線』に、いわば無媒介的に触れ、これとわれわれ自身の『琴線』とを共鳴させようとする」ことができるようになるのだと述べているのです（同上、pp.180-181）。この結果、病者と向き合おうとしている人間は、彼がそこで直接に他者の人格に触れ、他者の病的な事態そのものが現前してくるような場所に、つまり、「自己と他者の『あいだ』の場所」（同上、p.182）に向けられることとなるのです。

　ここでわれわれは、他者との間でより豊かな関わりの場を作り、より深く他者の世界を理解し捉えようとするさいに、他者の人格そのものに、あるいは世界そのものに、直接的に向かおうとする1つの態度を学ぶことができます。この態度が成立するには、まず、自分が他者と臨床的な場において現に向き合っていることが必要です。そうでないと「直接無媒介的な本質直観能力」*5を発揮することはできないでしょうし、「自己と他者の『あいだ』の場所」に目を向けることもできないでしょう。1つの場を実際にともに生きていることは、必要なこととして挙げなければなりません。

*3　ビンスワンガー，L.（1881-1966）精神医学者。現象学的方法論、特に、現存在分析とよばれる方法を始めた。実際に患者の治療にもあたりながら、精神病者の世界の意味構造を深く探求した。代表的著作に『現象学的人間学』等がある。

*4　ミンコフスキー，E.（1885-1972）精神医学者。現象学に影響を受けながら精神病理学に応用し、病者の世界を洞察しようと試みた。特に、病者の世界を「現実との生ける接触の喪失」と表したことは、後の精神病者の治療や理解の基礎的考え方を与えることとなった。代表的著作に、『生きられる時間』等がある。

*5　「本質直観」とは、現象学の創始者であるフッサール，E.が確立した現象学的方法・態度の根本概念の1つである。もともと「直観」とは、対象をそれ自身、記号やシンボルなどに媒介されることなく直接あるがままに把握する認識のことをいう。そして、現象学が学的な対象とするのは、意識の諸現象や諸形態など、直接的無媒介的な直観において捉えうるような「本質」をもつものであり、現象学的方法・態度に基づいて、それらの本質へと迫っていき記述にもたらすことが目指されるのである。これらのことをフッサールは、「本質直観」、「現象学的直観」と称したのである。

さらに、他者と向き合っている自己が、他者の人格そのものに出会おうとしていること、つまり、他者の世界をより深く捉えようとしていることもまた、必要なこととして挙げられます。ただ、このことについては若干の異論があることも考えなければなりません。他者の人格そのものに出会うことは、いくら出会いたいという気持ちを強くもっていてもそれだけで常になし得ることではありません。むしろ、あまり意識していなかったとしても、他者との出会いを蒙ってしまう場合も十分あるでしょう。そうだとすると、他者の人格そのものがあらわれる場面に出会えるかどうか、その結果他者の人格そのものに出会えるかどうかは、他者と向き合っている人間の意識のみで決められることではありません。他者が人格そのものをあらわしてくれるかどうかは他者次第であるとも言えるからです。しかし、先に述べた意識、すなわち、他者の世界をより深く捉えようとしているという意識がまったく必要ないとは考えられません。なぜならば、他者の人格そのものがあらわれたそのときに、自らの「直観能力」を発揮し、自らの心の「琴線」を共鳴させようとする意識、あるいは態度は必要であると考えられるからです。少なくとも、他者の世界をより深く捉えるために自らの「直観能力」を発揮し、自らの心の「琴線」を共鳴させようとする準備をしていることは、必要なこととして挙げなければならないことと考えます。

　筆者は子どもとの関わりをするなかで、なぜある場面を重要な場面として挙げることができるのかということを述べるために、本節の話を始めました。1つの説明の仕方として、つぎのような言い方が考えられます。「ある場面を重要な場面として挙げたのは、その場面において子どもの世界そのものを実感し、

そのことが筆者の心の琴線に触れるほどの事柄であったからである」。冒頭に挙げた例で言うと、彼女が筒を抜いただけでは自らの運動を終えようとせず、それを棒に入れて初めて筒をつかんでいる手の力をゆるめて運動を終えたという場面で、筆者は彼女の世界そのもののあらわれを直観したのです。だからこそこの場面において彼女が示したことを記述し、それをもとに彼女の世界を解明し、さらに彼女とのつぎの関わりを作っていこうとしたのです。そのために、この場面において彼女が示したことの意味を、つまり、彼女はなぜこのようなことをしたのかということを十分に考えることが必要になります。それを考えるからこそ彼女の世界により深く迫ることができるのであり、また、彼女とのより豊かな関わりを作ることができるのです。ある場面を重要な場面として取り上げることができたならば、つぎにはそこにおいて示されたことの意味を考えるということが必要になっていきます。

　しかしここで、実践者でありかつ研究者である筆者に、1つの不安が生じます。筆者がある場面をきわめて重要な意味をもつ場面として捉えたことは、本当に妥当なことなのでしょうか。つまり、その場面は、本当に彼女の世界があらわれている場面なのでしょうか、また、その場面をもとに彼女の世界の解明を試みることは妥当なことなのでしょうか。このことを確かめるためには、この場面で示されたことをもとにして、また、この場面で示されたことから考えた意味をもとにして、その後の関わりを作り、筆者の判断が妥当であったかどうかを彼女に訊いていかなければなりません。この捉え方が妥当であり、真に迫るものであるかどうかを判断できるのは、当の彼女でしかあり得ないからです。筆者は、この場面の後も彼女に筒抜きの教材

を呈示し続け、筒を抜くよう促し、抜いた筒を入れるよう促し続けました。彼女はその後も筒を抜き続け、それを棒に入れようとし続けました。さらに、棒に入れるさいの探し方や入れ方も、たんに筆者のガイドに従うだけでなく、自分で探そうとしたり、一度入れられなかったとしても再度入れようと試みたりということも示すようになりました。ここにおいて筆者は、彼女にとって筒抜きを呈示された状況が、筒を入れるべき場所を探すことにも大きな意味が置かれるようになったことを確信するに至ったのです。だからこそ、筆者は彼女のこの行動をもとにして関わりの場面を作り、さらには彼女の世界を具体的に解明するよう努めることができるようになるのです。実際に子どもとの関わりをもとにして関わりの方法を考え、子どもの世界を考える人間にとって、こうした、「直観」と「確かめ」の繰り返しは、必然的に起こることなのです。

■3 「直観」が発揮される場面とは

　私たちが子どもの世界に直接触れ、本質直観能力を発揮し、心の最深奥の琴線を共鳴させることのできる場面とは、どのような場面であるのかを、さらに具体的に考えてみたいと思います。筆者は、彼女が筒を棒から抜いただけではなく、筒を棒に入れようとした場面を挙げました。彼女が筒を棒から抜いただけであったならば、この場面を重要な場面として捉えることはなかったと思います。なぜならば、筒を抜くという行為だけを考えれば、彼女はこの時点までに何度もしていたのであって、筆者にとってすでに見慣れたものになっていたからです。しかしながらこのとき、彼女は筒を抜いただけで行動を終えるので

はなく、さらにそれを棒に入れようとしました。関わりの場面のなかで彼女のこの行動を見たのは、筆者にとってはこのときが初めてでした。

　「子どもがある行動を初めておこした」ことを、筆者がある場面を重要な場面として捉える1つの契機として挙げることができます。つまり、子どもがその時点までに示したことがないような行動を示したときに、あるいはその時点まで示していた方法や仕方を明らかに変えたときに、筆者の直観が働き、子どもの世界そのものがあらわれたことを感じ、重要な場面として捉えることができるようになるのです。このように考えてくると、子どもが新たな行動を示したその瞬間に、筆者にとっての重要な場面が成立するということになります。つまり、子どもがその行為をある回数を行ったから重要であると捉えるのではなく、また、何回か試みたなかのある割合で成功したから重要であると捉えるのではなく、その行為が1回生じたその瞬間にこそ、筆者の直観は働き、子どもの世界を解明するうえでも、関わりを作るうえでも、重要な場面が成立するのです。たとえ1回きりの行為であったとしても、その場で子どもと関わりの場をともにした筆者が、世界そのものを感じたならば、その直観をもとに重要であると判断し、その後の関わりを作り、妥当な判断であったかどうかを確かめ、記述にもたらすのです。

　しかしながら、子どもが新たな行動をおこした場面を筆者が全て重要な場面と捉えるとは限りません。つまり、そのような場面の全てにおいて筆者の直観が働き、子どもの現に生きている世界そのものを感じるとは限らないのです。子どもの行動を表面的に見ているだけでは、あるいは身体運動の様相を見ているだけでは、自らの直観を働かせることは難しいと言わざるを

えません。筆者は先に挙げた例で、彼女が現に生きている世界を確かに感じたからこそ、重要な場面として選択し、記述にもたらしたのです。このように筆者に感じさせたものとは一体なんだったのでしょうか。

　彼女が棒から抜いた筒を入れようとしたとき、筆者は筒を放そうとせずにつかみ続けようとした彼女の「意志」を感じていました。また、つかみ続けている筒をそのままにするのではなく、なにかの形で区切りをつけようとしている彼女の「思考」を感じていました。それは、彼女の手や身体に直に触れ、彼女の表情を見ている筆者だからこそ感じられたことかもしれません。彼女が今までならば手の力をゆるめるところで力を入れ続けていること、彼女なりの真剣な表情を示していることなどから、彼女が明らかに区切りのつけ方を考えていることを実感していたのです。つまり、彼女の「なにかをしよう」という「意志」と、「なにかを考えている」という「思考」とを、筆者は、いつもとは違うということによる「若干の戸惑い」をおぼえながらもしっかりと感じていたのです。いわば、筆者は、彼女の「精神活動」を確かなものとして感じていたのです。彼女の「意志」と「思考」が感じられるかどうかが、すなわち、彼女の「精神活動」を感じられるかどうかが、ある場面を重要なものとして捉えるかどうか判断するさいに重要なこととなります。

　このように考えてくると、ある場面を記述するさい、子どもの行動を記述することもきわめて重要ではあるものの、それだけでなく、記述の主体であるところの筆者がどのように彼女の「意志」や「思考」を感じ取っているかを記述することも重要であるということになります。だからこそ、そのときの関わり手であるところの筆者の感じていることも記述のなかに入ると

いうことになります。つぎに、「場面」を記述するということの意味をあらためて考えてみたいと思います。

■4　行動記述から場面記述へ

　実践的事例研究を行うさい、対象となる子どもの行動をできるだけ詳しく、客観的な記述にもたらすことは、非常に重要なことです。当然のことですが、そうしないと、子どもが関わりの場面のなかでなにをしたのか、なにを示したのかが伝わらないからです。しかしながら、ある場面が記述にもたらされるほど重要であるかどうかを判断する基準についてここまで考えてきた私たちは、子どもの行動のみを記述することに専心すればよいという考え方をとることはできなくなっているはずです。なぜならば、記述する主体でもある関わり手が、関わりの場面のなかで、子どもの意志と思考をいかにして感じたのか、それらをとおして子どもの世界そのものをいかにして感じ、現に生きている世界そのものをいかにして感じたのかということをも含めて、記述にもたらすことが必要であることに気づいているからです。

　しかし、子どもの意志や思考、あるいは精神活動そのものを記述することはきわめて難しい、というよりも不可能だと考えざるをえません。ある人間がどのような意志をもち、どのようなことを考え、どのような精神活動を行っているかということは、本当のところは本人にしかわからないことであり、他者が安易にわかった気になって記述することは、人間の精神活動に対してあまりにも傲慢な態度をとるということになってしまいます。しかしながら、関わりの場面のなかで、子どもの精神活

動を関わり手として確かに感じることは多々あります。冒頭に挙げた例のなかで、筆者は、彼女がしっかりと考えていることを、しっかりとやろうとしていることを、確かに感じていました。筆者が関わりのなかで彼女の意志や思考を、精神活動を感じていたことは、確かなこととして記述できるのであり、そのように感じたことが彼女の世界を解明し彼女との関わりを作るうえで大きな意味をもつこととなったからこそ記述にもたらす価値があると考えられるのです。

　例えば彼女の表情をどのように捉えたかということを記述します。冒頭の記述例のなかで、私は、「筒を抜き取ろうとするときにいつもする真剣な表情をしながら」と記述しています。「真剣な表情」というのはかなり主観的な表現ですが、関わりのなかで彼女の表情を関わり手である筆者がそのように受け取ったということがその表現には含まれています。「筒を抜き取ろうとしている真剣な表情」であるからこそ、筆者はこの教材を彼女に呈示することができるのであり、さらに、抜き取った後もこの表情が変わらないからこそ、まだなにかをやろうとしているという彼女の意志を筆者は感じたということを意味しているのです。同様に、筒を抜き取った後の彼女の様子を、「そこで力をゆるめたりせず、まだ身体運動を続けようとしているかのように、力をこめ続けていた」とも記述しています。力をこめているかどうかというのは彼女の身体に触れている筆者が感じていることですし、それをもって彼女が、「身体運動を続けようとしている」というのも筆者が感じていることにしかすぎません。しかし、筆者がそのように感じているからこそ筒を入れる状況を作ったのであり、それに応じて彼女はさらなる身体運動をおこしたのです。筆者がその場面で彼女の意志や思考をど

のように感じ、精神活動をどのように感じたかということも、記述にもたらすべき重要なことなのです。それらがあらわれる、「表情」や「身体の様子」などを記述することは、それらを筆者がどのように受け取ったかを記述することになります。筆者が彼女の表情や身体の様子をそのように受け取るからこそ、この場面が重要な場面であるという判断がなされ、この場面が先に述べたような展開になったと考えられるのです。

　このように考えてくると、関わりのなかでの子どもの行動を記述するのみならず、関わりの場面を記述することの重要さが浮かび上がってきます。場面を記述するということは、場面のなかで起こったことを隅々まで細かく記述するということではありません。関わり手であり研究者であるところの筆者にとって重要な事柄を記述し、特に、子どもの示したことをどのように受けとめ、どのように感じたかということも含めて記述することが、場面を場面として記述することなのだと考えられます。つまり、直観を働かせ、子どもの現に生きている世界そのものを感じ、より深く解明しようとしている人間が記述する態度として、自らがいかにして直観を働かせたかということも含めて、記述にもたらすことが必要なのです。なぜならば、何故にこの場面が記述にもたらされる必要があるのかということを示すことにもなり、さらには、この場面をもとに子どもの世界を解明することの妥当性を示すことにもなるからです。

　では、子どもの世界を解明するとはどのようなことなのでしょうか。また、子どもの世界が関わりの場面にあらわれるのはどのようなときなのでしょうか。以下、このことについて考えてみたいと思います。

■5 世界の解明に向けて

　研究者としての筆者は、彼女の世界をより深く解明しようとしています。このことは、彼女と関わりをもつことのできている筆者の義務です。具体的には、関わりの場面で示された彼女の行動をもとに、彼女が現に生きている世界を記述にもたらそうとします。しかし、彼女が現に生きている世界そのものを記述するということは、彼女の精神活動そのものを記述するのが困難であると同様、きわめて困難なことであると考えられます。そこで、彼女の世界を記述する手がかりとなることばを探すこととなります。1つの例として、「空間」[*6]ということばが挙げられます。彼女が現にどのような空間を構成し、どのような空間のなかに生きているのかということを彼女の行動に沿って考えることは、彼女が現に生きている世界を考えることにつながります。空間を説明するためのことば、例えば、「場所」であるとか、「方向」、「位置」、「面」等といったことばで、彼女の行動を意味づけ、彼女がどのような空間を構成していたかを考察し、それをとおして彼女の生きていた世界の解明に少しでも迫ろうとします。

　ではあらためて、冒頭に例として挙げた場面から、これらのことばを使って彼女の世界を解明することを試みてみましょう。この場面で彼女は、抜いた筒を初めて棒に入れようとしました。筒を入れるべき場所を探し、棒に入れて下まで下ろしていき、そこで初めて手の力をゆるめて自らの行動を終えたのです。彼女のこの行動を見た筆者は、このとき彼女が、「無数にあるあらゆる場所の中からある一点、つまり筒を入れることのできる一点を特定する」という世界として記述できるのではないかと

[*6] 「空間」については、客観的、絶対的空間があり、それをいかにして認識していくかという捉え方がある一方で、空間もそれぞれの人によって生きられるのであり、それぞれの人にとっての現時点での空間のあり方を解明することの重要性を強調する捉え方がある。空間のあり方を記述するために、「方向」「位置」等のことばを用い、どのような方向をもつ空間を生き、どのような位置をもつ空間を生きるかという視点から彼女の世界を解明し記述・表現することも可能となるのである。

考えます。つまり、空間という視点から見たとき、筒を入れるべき場所を他とは異なる意味をもつ場所として認識したうえで、その場所を中心とした空間構成をしながら自らの行動を組み立てたというように解釈するのです。彼女の世界を「空間」という視点から解明しようとするとき、このような解釈が成り立つのではないかと筆者は考え、それに沿った記述、表現をすることによって彼女が現に生きている世界を解明することに近づいていこうとします。

　こうした記述ができることの前提、あるいは背景として、筆者が過去に関わりをもつことのできた子どもたちから学ぶことのできた事柄があります。あるいは、多くの子どもたちと真摯に関わりを重ね学びを重ねている実践者の方々から学んだことばや理論があります。例えば筆者が、「筒抜き」という教材を使うのは、このような前提や背景があるからです。だからこそ、筆者は彼女との関わりの場面を作ることができるのであると言えます。さらに、先にも述べた現象学をはじめとする理論から学んだものがあります。筆者が、「空間」という視点から彼女の世界の解明に迫ろうとできるのは、現象学者たちが人間の生世界を深く解明しようとする試みのなかで、空間構成の問題をテーマとしながら思索を積み重ねてきたことがあるからであり、筆者は彼らの思索から多くのことを学ぶことができたからです。これらの前提があるからこそ彼女との関わりの場面を作ることができ、彼女の行動を解釈しつつ彼女の現に生きている世界の解明を試み、記述にもたらすことができるのです。もちろん、この記述の仕方は彼女の世界の全てを解明したうえでなされたものではなく、ある一面から見たときに浮かび上がってきたものにすぎません。しかしながら、筆者との関わりの場面のなか

であらわれてきた彼女の世界を筆者なりにことばにしたものであることは確かなこととして言うことができます。このような前提があるからこそ、筆者は彼女との関わりを作り彼女の世界を解明し記述にもたらそうとすることができるのです。

しかし、関わりの場面における彼女の行動が、全て筆者が前提としているものにより理解できるものとは限りません。むしろ、筆者の予期せぬ行動を彼女が示すことも多くあり、そのような彼女の行動に直面したとき、筆者は当惑し戸惑いをおぼえます。さらには、自らの前提では理解できない行動に直面し、自らの前提が揺らぐのを感じ不安をおぼえもします。しかし、筆者が戸惑いをおぼえるこのような瞬間こそ、筆者の直観が働くときでもあるのです。つまり筆者は、筆者があらかじめ予期していなかった行動を彼女がおこした瞬間にこそ彼女の世界を実感することができるのです。なぜならば、このようにしておこされた行動は、筆者がガイドしたり促したりしたことに沿っておこされた行動ではなく、彼女自らの工夫や考えでおこされた行動であるからこそ、彼女の世界が確かにあらわれていると考えることができるのです。

ここで、子どもの世界の解明を志している人間として、あらためて考えなければならない視点が浮かび上がります。筆者は子どもの世界を解明するための前提となるものについて、より深く考え、ことばを吟味し、できる限り精緻なものとするよう努めつつ、子どもとの関わりの場面に臨もうとします。自分の前提をより深く考えたものにすればするほど、その前提に合わない行動に直面したときの戸惑いは大きなものとなり、自分の前提が揺らぐのを感じることとなります。このときこそが、つまり、自分の予期を超えた行動に直面したときこそが、自分の

直観が働き、子どもの世界を実感するときなのです。先に述べた自分にとっての前提は、子どもの行動を理解し、現に生きている世界を解明するためのものです。しかしそれを超えた行動に直面したときに、当惑や戸惑いをおぼえつつ自らの直観を働かせ、さらなる解明に進むためのものでもあるのです。自らの前提を十分に吟味して作っているからこそ、それが揺らぐのを感じることができ、その瞬間に直観を働かせることができるのです。

　このように考えてくると、子どもの予期せぬ行動に出会った瞬間に、自らの前提が揺らぐのを感じ、直観を働かせることができるかどうかが、子どもの世界に迫ることができるかどうかを決めることとなるとも考えられます。これは何度も繰り返されることではなく、関わりの場面のなかで1回きりのものかもしれません。1回きりのものだからこそ、戸惑いや驚きが大きなものとして感じられ、それによる直観も強く働き、子どもの世界をより深く考えることができるのです。この1回の出会いに基づく直観を、つまり、子どもの世界を感じるための直観を、具体的に世界を記述するためのことばによってあとづけていくというのが、ここまで述べてきた筆者の事例研究の本質的な部分にあたると考えることができます。

■6　おわりに

　あらかじめ設定された状況において子どもがどのような行動をおこすかを見て、彼らのパフォーマンスが上がることを目指し、そのことによって彼らの発達の状況を捉えていくという視点に立った研究方法とは異なる実践研究の考え方を述べてきました。こうした考え方が、全ての障害児に対する実践研究にあ

てはまるとは限りません。筆者は、比較的障害の重い子どもとの関わりをもとに関わりのあり方や世界の解明の仕方等を考えてきた人間なので、こうした方法が成り立ってきたとも考えられます。しかし、実践をすることと研究をすることとの関係について考えるとき、子どもと向き合う人間としていかに「直観」を働かせるか、あるいは、子どもの「1回」の行動をいかに大切にし、そこからなにを感じなにを学びとるか、自分の前提が揺らぐことを恐れずに、そのときにこそいかに子どもに沿って考えることができるか等のことは、障害の程度や種類、あるいは障害の有無にすら限らず、普遍的な事柄として考えることができるのではないかと思います。ある子どもとの関わりの場面を重ねることにより、その子どもとの関わりのさいの前提というものもできてきます。多くの関わりの場面を重ねることにより、自らの前提をより強固なものにすることができます。しかし子どもの行動によって、強固になった前提すら大きく揺らぐときがあります。このときこそ、またあらためて考え、自らの前提をより深め、より豊かなものにすることができるのです。

　障害をもつ子どもの世界に学ぶことは、自らの世界をも豊かにすることであると筆者は考えます。子どもたちの行動が自らの前提とすることを、より深くあらためて考えさせてくれるからです。子どもの世界を解明しようとすることは、自らの世界をもまたより深く捉え直すことになります。子どもを1つの対象として捉えるのではなく、関わりの場面をともに生きる相手として捉え、互いの世界を交叉させる場を生きようという意志をもって関わりの場面を作ることができれば、関わりの場面をとおして子どもに学ぶことの意味が理解できるはずですし、また、自らの直観を働かせることの意味も理解できるはずです[7]。

*7　これらの考え方については、拙著『重障児の身体と世界』(2006、風間書房)に詳述してある。

引用文献

遠藤司．(2005)．『身体』から『空間』へ―ある一人の重障児との関わりを通して学んだこと．駒澤大学教育学研究論集，21，47-93．

遠藤司．(2006)．重障児の身体と世界．風間書房．

木村敏．(1981)．自己・あいだ・時間．東京：弘文堂．

書籍紹介

『ボディ・サイレント』

ロバート・F・マーフィー 著／辻信一 訳／新宿書房（1997年）、平凡社（2006年）

宮﨑朋子

■病いという旅の報告書

　『ボディ・サイレント』は文化人類学者ロバート・F・マーフィーが自らの病いをフィールドとした「フィールドワーク」をまとめた本であり、病いと障害に関する「エスノグラフィー」である。死の5ヵ月前マーフィーに直接会っている訳者の辻氏は自らも文化人類学者であり、的確な翻訳でわれわれをマーフィーの描く世界に引き込んでくれる。

　著者の病いの始まりは、1972年のある日起こったわずかな筋肉痙攣だった。人類学者として確かな仕事を成し社会的地位も得て、中年期から初老へのある意味で人生の転換期にあった著者が、ハードな学務から「解放」され本の執筆構想を温めつぎのステップを考えていた矢先のことである。脊髄の腫瘍が神経を圧迫し、徐々に全身の麻痺が進行する病いは、14年後の執筆時には四肢の麻痺に至っているが、病いの進行にともない、身体も生活も変化していく。また、妻、息子、友人、同僚、教え子など、周囲の人々との関係も変化していく。

　人類学者である著者にとって、この「長い間私の脊髄を蝕んできた病い」は「長引いた人類学的"現地調査旅行（フィールド・トリップ）"の一種に他ならない」と、人類学の現地調査になぞらえ本書の構想をしたという。本書は著者による「旅の報告書」である。

■エスノグラフィーらしい多角的な展開

　本書を著者が自らの病いをフィールドにしたエスノグラフィーだと紹介したが、著者の身体のみがフィールドなのではない。著者をとりまく社会全体がフィールドであるとも言える。「病い」「障害」という語は、人類学、社会学などで特に、社会的・文化的に意味づけられるものとして扱われるが、本書でも周囲の人々や社会との関係は重要な側面を占める。著者は自らの病いを、「身体的な病いであったばかりでなく」、「社会的関係を冒す社会的な病気でもあった」と強調している。

　また、著者自身の「病い」「障害」の経験以外にも、身体麻痺者の間でのフィールドワークや、他の専門家の研究報告、統計資料も引用され、たんなる個人的な病い、障害の記録ではない一般化された考察が展開される。メルロ＝ポンティ、レヴィ＝ストロース、ゴッフマン、パーソンズ、ソンタグといった人類学、社会学、

現象学など諸研究者の理論も多彩に引用される。そこから、ターナーの"境界状態（リミナリティ）"を鍵概念とした、著者自身の身体障害についての見解が示されている。エスノグラフィーは参与観察法・面接法・調査法・文献収集など複数の技法を組み合わせた多角的な手法といわれるが（柴山, 2004）、対象に対する著者の多角的、多彩な切り口にその過程が見えてくる。

■質的研究への示唆

　臨床・社会の領域で質的研究に取り組む読者の皆さんにとって、質的研究の代表的著作として本書『ボディ・サイレント』の与える示唆は多いだろう。例えば著者は、「書き手であると同時に主人公」、「調査者（エスノグラファー）であると同時に被調査者（インフォーマント）」であり、その困難さに何度も挫折したという。この面などは、研究者が当事者である場合や、自分自身を研究対象とするさいの研究・発表の実例として読むことができる。また、「研究対象が社会とどのような関連をもちどのように位置づくのか。それをどのようなデータから記述していくか」という点や、「既存の理論がフィールド・ワークにおける研究の中でどのように関連づくのか」などという点についても示唆があるだろう。質的研究の方法としてだけでなく、病いや障害に関する優れた研究報告、論考として、また、具体的な事例をとおした人類学、社会学等の代表的理論の展開として、本書から学べることは大きいと思われる。

　訳者も解説で述べているように、多様な側面をもっているのが本書の特徴であり、方法も切り口も多様である。しかし、明確で一貫している点もある。著者は冒頭で、本書の目標としていちばん重要なことを、「一般の読者と世界中の身体障害者に向けて、第一に、身障者と彼が生きている社会との関係を明らかにすること、そして第二に、それを通して人間が社会に生きていくということの意味を考えること」と述べている。このように著者は、本書において明確な読み手を想定し、明確かつ全体を通して一貫した目標をおいたうえで、徐々に「沈黙」していく身体とそれを取り巻く社会に対峙して、人類学者として考え発信している。そのことで、読者は、まさに現実に「生きて」いる著者の姿をも本書から受け取ることができるように思う。私たちが研究を行うさい、特にそれを著作としてまとめるさいにも、こうした研究の読み手の想定と自己の立場の明確な意識化は大切ではないだろうか。そのことが研究成果の伝達をより豊かなものにすると思われる。

文献　柴山真琴. (2004). エスノグラフィー. 無藤隆・やまだようこ・南博文・麻生武・サトウタツヤ（編）, 質的心理学：創造的に活用するコツ. 新曜社.

第4章

「非行少年」の質的研究──なぜ彼（女）らが「問題」なのかと問うてみる

松嶋秀明

■1 はじめに

　この章では「非行少年」[*1]をテーマとした質的研究の実際について述べます。具体的な研究例としては、筆者自身による『質的心理学研究』創刊号掲載の「いかに非行少年は問題のある人物となるのか？──ある更生保護施設でのソーシャルスキルトレーニングにおける言語的相互行為の分析──」（松嶋、2002）を取り上げて説明していきたいと思います。これは非行少年の立ち直りを支援する施設である「更生保護施設」[*2]での調査から、指導員との間でどのようなやりとりがなされ、どのようにして少年が内面に「問題」をもつ人物としてみられるに至るのかを分析したものです。

　さて、どのようなテーマで質的研究をするにせよ、それはあくまでも研究法であり、研究目的に従属するものだということを認識する必要があると思います。つまり、自分がなにを明らかにしたいのかということが大切だと思うのです。もちろん、どのような分析をするかは大事なことですが、研究は質的研究

[*1] 非行少年とは、狭義には、少年法で「虞犯少年」「触法少年」「犯罪少年」とされるものを指す。ただし、一般のイメージにある「非行少年」はさらに多様である。研究に際しては、どこまでを「非行少年」として扱うのかを明確にする必要がある。

[*2] 更生保護施設とは、犯罪をおかして保護観察・試験観察となった少年が、社会復帰を目指して生活をする場所である。入所期間は最大で6ヵ月程度。おおよそ20人程度の少年が在籍している。

でなくてもできるのも事実です。どのように分析を進めるかということもさることながら、それ以前に、どのような「問い」をたてるかということがとても重要だと思います。数ある研究法のなかで、他ならぬ質的研究を選択するだけの必然性をもった「問い」をたてる必要があるでしょう。

■2　非行少年にいかにアプローチするか

　筆者が「非行少年」というテーマで明らかにしたかったのはなんでしょうか。松嶋（2002）で筆者は「非行少年が「問題のある」少年として見られるために、どのような相互行為が展開されているかを記述していく」という問いをたてています（p.20）。いわゆる「非行少年」が問題になるのは、少年個人のふるまいと社会規範との間にズレがあるからで、そのズレの解消法が望ましいものではなかったからだと考えられます。こう考えたときに、これまでの研究は、非行のある少年個人の性格特性や行動上の特徴といったように、少年の内部に帰属したり、逆に、親の養育態度や生活環境といった、社会の側に帰属したりというように、どちらかに問題の原因を帰属することで研究してきました。

　これに対して筆者は、少年と社会との間の関係そのものを扱おうとしました。そこで、私たち少年を取り巻く人々が、いかにして当該の少年を、内部に「問題」をもつ人物としてみるようになるのかというように、「問題」というものの発生自体をテーマとする問いをたてたのです。

　こうした「問い」のたて方の違いは、研究手法の違いにも結びつきます。まず、従来型の問いについて見てみましょう。こ

のタイプの問いに基づけば、非行のあるなしを独立変数とし、性格特性や、行動特徴、家族の養育態度など、「非行」をおこすために作用すると一般に考えられている要因を従属変数として、変数間の相関関係をみるという手法をとることが思い浮かびます*3。これは質問紙調査法や、実験法に基づいてなされるのが望ましい手法といえるでしょう。ところが、こうしたタイプの研究は、「非行少年」とはどのような人物であるのかということや、一般的にどのようなことが少年を非行に走らせることになるのかという社会的通念が、研究を始めるに先立って前提とされています。そもそも、こうしたタイプの研究では、あらかじめ少年に問題行動をひきおこさせると考えられている要因と、非行行動との関連が議論されているわけで、非行少年自身が問題であるということを、心理学的変数によって言いかえているにすぎず、一種の循環論ともいえます。

　これに対して、松嶋（2002）では「非行少年」の問題の成立には、ある行動を「問題」としてみる他者の存在や、制度、社会といったものが本質的に関わっていると考えています。ここで「本質的に関わっている」とは、もともと少年のなかにある原因のようなものが、他者や制度、社会によって強くなったり弱くなったりするということではなく、そもそも「問題」というのは本人と他者、制度、社会といったものの間に起こることで、そうしたものと切り離して本人の要因だけを取り上げることは不可能であるという立場にたつということを意味しています。

　このように「非行少年の問題」という存在がもつ意味自体を問い直すわけですから、従来型の問いのように「非行少年」とか「問題」とはなにかということを前提にするのではなく、む

*3　独立変数とは、統計学からは独立に、調査者側が設定でき、結果を説明・制御できる変数を指す。これに対して従属変数とは、独立変数によって結果的に起こる影響をあらわす変数のことである。心理学では、例えば、被験者が所属する組織や文化などが独立変数とされ、心理特性が従属変数となったりする。

しろ、どのようにして非行のある少年が、周囲の人々から、内部に問題をもつ人物であるかのようにみられるようになるのか、時間経過のなかで徐々に変化していく現象を追っていく必要があります。

さらに、従来の研究では、研究者は、研究対象である「非行少年」に対して、なにも影響を及ぼさない位置から一方的に観察しているものだと考えられていました。しかし、この研究のように「他者の存在や、制度、社会といったものが本質的に関わっている」という考えを推し進めれば、研究者もまた、非行少年を問題とみることに一役買っているといえます。観察者の主観も含めた形で対象の記述を行っていく必要が出てきます。このような条件を鑑みれば、数量によって表現していくことは難しいといえます。そこで、非行少年と周囲の人々との関わりを詳細に記述していく、いわゆる質的なデータを用いた記述法を用いることが有効だと考えられます。

3 研究方法について

●エスノメソドロジーとエスノグラフィー

松嶋（2002）で筆者が用いたのは「エスノメソドロジー」という社会学の一分野を取り入れた「エスノグラフィー」という手法です。

まず、エスノグラフィーは人類学や社会学からひろまった方法であり、人々が生活を営むなかで、ある活動や、そのなかで使っている物にこめている「意味」を明らかにすることを目標とするものです。ここで「エスノメソドロジー」とは、人々が日常生活のなかで「常識」とか「当たり前」になっていて、意

識することもないができてしまうことについて探るものです[*4]。松嶋（2002）は「問題」の発生過程自体を問うていますが、非行少年への教育に携わる人々にとってみれば、非行少年への対応において、ある種の「問題」を見いだすことは「当たり前」になっていると考えられます。そこで、松嶋（2002）ではエスノメソドロジーの視点を参考にしているのです。エスノメソドロジーでは、「エスノグラフィー」を使った研究が多く見られますし、なかには後で詳しく解説される「会話分析」を含んだエスノグラフィーも見られます。

　さて、エスノグラフィーはフィールドに研究者自身がおもむき、そのなかで生活をともにするかたわら資料を収集する、フィールドワークという作業をとおして行われます。ここで大事なことは、フィールドワークは、人が、人との関わりを通じてするものですから、神様のようにその場についてなんでも知っているというような視点はもてないということです。時間をかければ、なんとなく全体が見渡せるように思えてきますが、それはあくまでも「仮に」そう見えているだけであり、常に見えていないところがあるということに気づいておくことが重要になります。

　また、さきほど「時間をかければ」と書きましたが、フィールドワークでは現地の人々との語りあいのなかから、現地ではなにがどのように意味づけられているのかを探るしかないわけで、そのためには、現地の人と良好な関係を、長い間、続けていかなければなりません。これがフィールドワークにおいてもっとも難しいことかもしれません。そこで、調査目的を重視することはもちろんですが、その場にふさわしいふるまい方を身につけておくことが重要になります。このことはフィールドエ

[*4] 社会学者であるガーフィンケル（Garfinkel, H.）によって創始された。人々の方法に関する学問（エスノメソッド＋メソドロジー）という意味の造語。

ントリーの箇所でも再び取り上げます。

● フィールドワークのデータとは？

　フィールドワークでのデータ収集は、質問紙調査や、実験室実験のように明確に始まりと終わりが区切れるものではありません。フィールドワークのために調査地におもむく前からすでに始まっているともいえるし、調査地を離れてからも続いているともいえます。筆者は、施設での少年と指導員のやりとりをICレコーダーやテープレコーダーで録音させてもらいました。また、施設にお邪魔した日には必ず、誰がなにを話したのか、席順はどのようか、少年の話を聞いて自分がどう思ったのかなど、なんでも思いついたことをフィールドノーツ*5につけていました。松嶋（2002）はこうした種々の記録をデータとして分析を行っています。

　とはいえ筆者は「記録」イコール「データ」ではないと考えています。佐伯（2001）は私たちが「記録」を「データ」とするときの条件の1つとして、その記録の背後にある、一般性のある「意味」に到達できることを挙げています。つまり、私たちは、なんらかのカテゴリーや理論、構造などを導き出せそうだという見通しがあるからこそ、ある記録をデータとして取り上げるというわけです。筆者にとっては少年と指導員とのやりとりの録音資料はとても重要なデータになっています。と同時に、録音資料をとっていない間になされた発話や、施設に行っていないときにふと前回のフィールドワークについて思い出して考えたこと、非行少年について知るために読んだ新聞記事の内容などもまた、筆者がフィールドワークのなかで、対象となる施設の実践について考えを深めていくさいに重要な手がかり

*5　フィールドノーツのつけ方には正解はない。リサーチの目的がしぼりこめるまで、できるだけ網羅的に記録しておくのがよいだろう。筆者は、観察対象についてはもちろんのこと、その場で自分はどう思ったのか、感じたのかといった情報も書き込んでおくようにしている。

を与えてくれました。これら全てが「データ」といえます。

　さて、このように自分の集めた「記録」が、なんらかの「意味」に到達できるという見込みをもつためには、その記録が、一体、更生保護施設という場所で起こっている現象のなかの、どんなものを切りとっているのかについて知らなければならないでしょう。筆者の集めた記録は、非行少年と指導員がどのようなやりとりをしているのかを知るためには使えますが、そのなかで少年がなにを感じ、どのような思いを抱いていたのかを知りたいのであれば、いささか不十分だと思います。非行少年の施設に行き、少年たちの会話を録音したからといって、それでなんらかの研究ができるとは限らないことは強調したいと思います。

●フィールドエントリー

　フィールドワークの初期に、対象となるフィールドに参入することをフィールドエントリーといいます。このフィールドエントリーが上手くいかなければ首尾よくエスノグラフィーを描くための資料を得ることはできません。ただし、これは質問紙調査法や実験法において、結果が得られないことと同じではありません。フィールドエントリーにおいては、まれならずフィールドの内部にいる人間から、フィールドへの参入を拒否されるか、研究活動を止められることさえあります。

　筆者の研究ではどうだったでしょうか。筆者は非行少年にアプローチするために、ある更生保護施設（A園）に調査をお願いしました。このとき、私がBBS（Big Brothers & Sisters Movement）というボランティア団体の一員であったことは有利に働いたと思います。BBSとは、会員が、少年たちのお兄さ

ん、お姉さんのような立場になったつもりで接し、非行少年の立ち直りを援助するためのさまざまな活動を行うボランティア団体です。A園とBBSとは長い交流の歴史があり、私が園の様子を見に行きたいといってもすぐに了解されたようでした。

　ただし、A園にお邪魔するようになっても、すぐに調査できたわけではありません。A園の指導員のみなさんは、調査を歓迎してくださっていたと思いますが、A園の一存だけで決めるわけにはいかなかったのです。A園は保護観察所*6という施設の監督の下に運営されていて、私の調査についても保護観察官の許可が必要になるのです。当初、保護観察官のTさんは、少年のプライバシー保護のためテープ録音は避けてほしいことや、詳しい記述を発表するのは控えてほしいことなど、筆者の研究目的からすれば、ほとんど無理だと思われるような条件を出されました。

　筆者は、このときは正直困ったと思いましたが、ともかく調査を続けられることのほうが大事だと思い、テープ録音を諦めました。代わりに、Tさんに自分のやりたいことを誠実に訴えました。これが功を奏したのか、2ヵ月後、Tさんが東京で同様の調査をした学生がいることを発見してくれたのです。そこで「前例がある」ことにより、調査が許可されることとなったのでした。

●フィールドエントリーから理解されること

　このエピソードからは、フィールドにおいて、録音（＝記録）できないことと、「データ」が収集できないことは違うことがわかるのではないでしょうか。少なくとも、この調査許可に至るまでのいきさつは、筆者が非行少年の問題について考えるうえ

*6　少年事件に関していえば、保護観察所とは、保護観察になった少年の監督・教育を行ったり、少年院に収容された少年が、退院後に立ち直りやすい環境がつくられるようにするといった仕事をもつ機関である。

で、とてもよいヒントを与えてくれました。

すなわち、施設の指導員は、A園を非行少年に関心をもつ人たちに開かれた施設にしたいと思っておられたし、少年のことをより多くの人に知ってもらいたいと思っておられました。ただし、他方では、少年たちを護るため、プライバシー保護のために少年たちについての情報を安易にもらしてはならないという気持ちももっておられました。つまり、両立し難い2つの主張を同時にもっておられたわけです。

すでに述べたように、非行少年の「問題」は、少年個人のふるまいと社会が求める規範との接点で起こるものです。その意味では、更生保護施設において、筆者の調査を受け入れるさいに起こった事態もまた、非行少年を知ってほしいという指導員個人の思いと、非行少年のプライバシーを護らなければならないという社会からの要請に応える思いの間でのかけひきという意味で、非行少年の「問題」を、象徴的に示しているとも考えられます。

●関係性に敏感になること

フィールドエントリーにかぎらず、フィールドでの対象者との関係に敏感になることは、フィールドワークのどの時期においても重要です。

第1に、研究を進めるうえで有用な情報を提供してくれます。フィールドエントリーでのエピソードが、非行少年の問題について筆者が考えるヒントになったことは先ほど述べたとおりです。これに加えて第2には、研究活動を続けるための、関門を突破するためのヒントを提供してくれます。というのも、フィールドワークは、フィールドワーカーにとっては研究ですが、

フィールドにいる対象者にとってみれば日常生活の一部にすぎません。したがって、日常生活上、非常識に思われる行為をする人は、研究者だからといって特別扱いされたりすることは稀だからです。

　フィールドワーカーは研究者であると同時に、日常生活者でもあるといえます（古賀、2001）。例えば、先ほどのフィールドエントリーのエピソードは、研究を続けられるか続けられないかのターニングポイントといってもよいと思います。私は保護観察官の要求には当惑しましたが、施設において望ましいふるまい方を考えて、研究が進まないのを覚悟のうえで記録をとりませんでした。そのことが調査の許可にも結びついたと思っています。もし、あのときそうせずに、研究目的を強く出して要求していたら、あの時点でほぼ間違いなく私の調査は終わっていたことでしょう。更生保護施設の日常を乱すものでしかないからです。

　とはいえ、フィールドとの関係性でトラブルを起こすことを恐れるべきではないし、責任を感じすぎることはないと筆者は思います。もちろん、ある程度予見しておくにこしたことはないけれど、フィールドワークでは、トラブルになってみて初めて、なにがいけなかったのかを知ることもあります。例えば、フィールドワークの最中に、ひょんなことから対象者を不快にしてしまったとします。これはフィールドに迷惑をかける行為に違いありません。常識をもつ人間として、謝罪すべきところでしょう。筆者もそうしなくてよいと言っているのではありません。ただし、自分のしたことを善悪の基準だけでみてしまったり、上手にふるまおうとするあまり、考えなしに謝罪してしまったりすることもまた、ないと思います。そんなことをして

も、肝心の、一体なにが対象者にとって不快だったのか、そのとき一体どうすればよかったのかはわかりません。対象者を不快にしたことがなんなのかを自覚することによって、さらに対象者について深く理解することができるかもしれません。

ところで、フィールドワークの進展にともなって、対象への理解は、一次元的に深まっていくわけではありません。自分のそれまでの見方が相対化されるような体験をすることもあります。例えば、筆者は今回取り上げた研究を行った後、3年間あまり同じ施設で調査を続けました。その過程では、それまでの自分の理解が不十分であったことに気づかされたことがありました（松嶋、2002）。そして、そのことへの気づきから、施設の人々のことをより共感的に理解することができるようになったということを経験しました。これは、ただたんにフィールドワークが長くなればそうなるというものでもありません。筆者の場合、自分もまた、実践のなかで非行少年と接する仕事が増えてきて、自分自身もまた少年とつきあうことの難しさを感じたことが契機になっています。このように現場の人のこころを理解することは、研究者自身の認識を反省的に振り返り、自らのあり方を問い直すことでもあるのです。

■4 データ分析・発表形式について

●会話分析という手法

　筆者はエスノグラフィーのなかで「会話分析」を多く使っており、中核的な役割を果たしていると思います。以下では、この方法について詳しく取り上げましょう。
　この方法はサックス（Sacks, 1992）という社会学者によって

開発されました。日常場面で起こっている会話のなかで、人々が当たり前にやっていることが、どのようにしてなされているのかを詳細に解釈・記述していくものです。会話分析には、それを進めていくためにいくつかの概念が考案されています。以下では、主要なものを紹介していきましょう。

　まず、全ての基礎となるのは「順番取りシステム（turn taking system）」という概念です（Sacks, Schegloff & Jefferson, 1974）。これは通常1人の人が喋り、他の人々は順番が交代するまで待たねばならないという現象をあらわしたものです。発話の順番取りについては以下のように記述されます。(1) 現在の順番における発言が最初の区切りに至ったとき、(a) もしそれまでに、現在の話し手自身がつぎの話し手を選択したならば、その選択された者が発言権をとり、またその義務を負う、(b) もしそれまでに、現在の話し手自身がつぎの話し手を選択しなければ、現在の話し手以外の者が自分で自分をつぎの話し手として選択してよい。(c) もしそれまでに、現在の話し手がつぎの話し手を選択せず、かつ現在の話し手以外の者で、自らつぎの話者となろうとする者がいなければ、現在の話し手が続けて話してよい、(2) もし、その最初の区切りにおいて、1 (a) も、1 (b) も起こらず、結局 1 (c) にしたがって現在の話し手が話し続けるならば、次の区切りで (1) の規則が適用される、というものです。会話の始まりとか終了を、私たちは、普段は気にもとめないのですが、立派に探究の対象となることがわかります。

　順番取りシステムが実行される過程では、先行する発話によって、後続する発話が方向づけられることがあります。隣接ペア（adjacency pair）あるいは、修復連鎖（repair）はこのような性質をあらわしたものです。まず、「隣接ペア」とは別々の人

物によってなされた、隣りあう2つの発話に関して適用される法則です。2つの発話は、それぞれ、最初の発話が第1成分、つぎが第2成分と呼ばれ、第1成分が決まれば、第2成分の発話の性質が限定されることがわかっています。例えば、質問と返答、依頼と受諾／拒否、非難と言い訳、もしくは正当化もしくは謝罪などはそれにあたります。また、私たちは発言をするとき、それが聞き手の関心とはズレてしまうことがしばしばあります。このようなズレが生じたときに用いられるのが「修復連鎖」というものです。

以下では、松嶋（2002）におけるトランスクリプト（抜粋2-b）[*7]を例にとってみてみましょう。

*7 ごく簡単に言えば、トランスクリプトとは、オーディオテープやビデオで録音・録画された言語的、非言語的なやりとりを、文字に書き起こして表現したものである。

1. N：うーん、と、タローどうだった？
2. タ：ヒロシ君が、親分がうまかった。
3. N：うん、うまかったね。
4. タ：はい
5. タ：うん、それと、シンゴ君が（（　　　））
6. N：うん、そってるね。
7. タ：はい
8. N：マコトどうだった？
9. タ：今から頑張るぞって
10. N：そんな感じだった？［笑］そうだなー。

上記の会話は、施設で行われたソーシャルスキル・トレーニング（SST）という訓練の場面における会話です。SSTとは、少年が社会生活で適切にふるまうスキルを、ロールプレイを交えて練習するという認知行動療法[*8]の一種です。上記の抜粋で

*8 認知行動療法とは、クライエントの不適応状態に関連する行動的、情緒的、認知的な問題をターゲットにして、不適応な反応を軽減させたり、適応的な反応を学習させたりしていく治療法である。

は、SSTのロールプレイがすんだ後に、ロールプレイをした少年がどうだと思ったか、N氏が他の少年に感想を聞いているところです。ここでの会話が、N氏が発問し、少年が答えるという構造の繰り返しがあることがわかります。このような構造を「隣接ペア」といいます。また、9行目でのタロー（タ）の発言と、それに続く10行目のN氏の発話に注目してください。タローは、8行目でN氏がマコトという少年に発言を求めているのにもかかわらず、続けて「今から頑張るぞって」と発言しています。そして、10行目でN氏は笑いながら「そうだなー」と答えています。これは9行目のタローの発言は、タローの発言がまだ終わっていなかったことを表すもので、N氏には「修復」が求められているのです。

●会話分析はどのような分析か

　さて、上記の会話分析にまつわる概念を理解するうえでは、以下の2点に特に注意が必要です。第1には、会話分析で呈示される会話の規則は、「Aをすれば必ずBが起こる」といったような規則ではなく、あくまでも「規範」であるという点です。例えば、赤信号では渡ってはいけないという規則があることを私たちは知っています。と同時に、ときどき赤信号でも横断している人がいることも知っていることでしょう。つまり、規則と実際に起こることが違うわけですが、私たちは赤信号で渡ってはいけないという規則がないのだと判断はせず、赤信号でも渡る人が規則を「無視」しているのだという解釈をするはずです。つまり、ここでいう規則とは、実際にそのようにならないことがたくさんあっても、判断のレベルではみなが共有できるような規則だということができます。

第2には、この分析の結果がもつ性質についてです。会話分析は、録音資料を用いてトランスクリプトを作成し、精緻な分析をします。だから、その結果はしばしば、その対象にとっての「真実」のようなものだと受けとられがちです。これは誤解です。そもそもトランスクリプトとは、ごく簡単にいうならば録音・録画資料の分析をとおして、分析者が導いた解釈についてわかりやすく示すための道具です。もちろん、分析者の言いたいことを信じさせるためにズルをしているのではありませんが、ある程度、分析結果のポイントが伝わりやすいように工夫するのです。いってみればトランスクリプトは分析素材というよりも、むしろ、分析の結果だといっていいくらいです。

　また、会話分析は、あくまでも、会話の参与者たちがどのような「規則」にしたがっているのかを明らかにするものです。この「規則」は、その場にいる人にはもはや意識されることはありませんが、人々がある判断を行うために使っているものだと考えられています。だからこそ、分析者もまた、その場に参与することによって、その「規則」に触れることができると考えられているのです。ですから、会話分析において分析者が見ることのできる規則は、原則としてその場にいる人々もまた見て、使える規則と考えてさしつかえありません。なにか、その場にいる人には見えないけれども、その人の行動を陰でコントロールしており、分析者だけが特別な技術を使って発見している「真実」ではありません。

●分析の進め方のポイント

　具体的に「会話分析」を進めていくさいのポイントには、つぎの2つが挙げられます。第1には、結果からさかのぼって結

論を導かないように気をつけることです。「コロンブスの卵」ということばがあるように、すでに起こってしまったことに対して、後づけ的にその理由を考えるのは容易いものです*9。会話分析で扱う会話の性質を、松嶋（2002）におけるトランスクリプト（p.29の抜粋2-a）を例にとって考えてみましょう。

*9 認知科学のなかには、「理由」とは人々の行動の原因というよりも、人々が自らの行為を説明するための道具であると考える流派もある（上野、1999）。

1. ヒ：どういうふうにやればいいんすか？
2. N：いつもおまえ、あのー、○○さんが
3. [3行省略。N氏が○○と呼ぶ人物が、実際は△△である
4. ことが指摘される]
5. N：あ、△△さんか、すいません。ね、したら、朝車で向
6. 　　かえに来てくれたから、
7. ヒ：はい
8. N：そこでやってみよう。向かえにきたんだよ。ね、それ
9. 　　でー、おまえは来てもらったんだから、
10. ヒ：車の中とかー全然話さないですよ。
11. N：いやいや、それを自分でさー。……

　上記の会話も、SSTにおいての会話です。ここでは、「仕事場で挨拶をする」というテーマでロールプレイをするため、事前にヒロシ（ヒ）という少年と、指導員のN氏が打ち合わせているのです。ヒロシという少年は、最初、どうすればいいのかわからなかったので、N氏が説明しています。
　さて、7行目でヒロシは「はい」と言っています。この時点では、ヒロシはN氏の言ったことを理解しているように見えます。ところが、8-9行目でさらにN氏が続けて説明を加えようとすると、10行目でヒロシはおもむろに「車の中とかー全然話

さないですよ」と発言しています。ここで初めて、それまでのN氏の言っていることをヒロシは完全に理解していたわけではなく、むしろリアリティを感じられなくて、疑問をもっていたことがわかります。

このように10行目まで読んでみると、それまでのN氏の発話のもつ意味も変わってきます。すなわち、10行目以前まではN氏の発話は、具体例を交えつつ、ヒロシにより深く理解させようとしていると受けとれますが、10行目を読んだ後では、ヒロシには現実味のない話を、延々と続けているだけとも解釈できるわけです。ここで重要なことは、どちらの解釈の可能性も、10行目を読むまではあり得たわけで、最初から決まっていたわけではないということです。一連の会話が成立してから前にもどって解釈することは、その場で実際に起こっていたことを捉えそこなうことにつながってしまいます。分析に際しては、1行1行、後ろにどのような会話が続くのかを隠して解釈するなどの工夫も必要です。

第2には、会話のなかでどこかしら、上手くいっていないと感じられるポイントを探すということです。日常会話において、会話がうまく流れているときには、その展開があまりにも当たり前すぎて、会話の順番取りのようなルールがあることになかなか気づけないものです。会話分析では、先ほどの「修復連鎖」のように、会話の進行過程で生じたなんらかのトラブルに注目することが多くあります。というのも、会話の自然な進行が滞る場面では、他にも多くの可能性が起こりえたにもかかわらず、1つの会話が選ばれている可能性があるからです。「笑い」や、「言い淀み」、「繰り返し」といったものは、一見するとなんの意味もない雑音ですが、実は、話者と聞き手との間で起こってい

ることを明らかにするのに重要な情報をにぎっているのです。

●分析の実際

　それでは、実際に、どのような分析がなされたのかを見てみましょう。以下に示すトランスクリプトは、同じくA園でのSSTの1コマです。「仕事場で挨拶をする」という課題の下で行われたロールプレイの後、少年と指導者が討論しているところになります（p.25の抜粋2-b）。

11. N：聞き取りやすかった。うん。声が、もう、初めてやっ
12. 　　　たわりには、ね、随分上手だったね。うん。シンゴ上
13. 　　　手かったよ。それで朝、ああやってね、例えば、おは
14. 　　　ようございますから始まってー。それでさ、きちんと
15. 　　　そういう流れで話しているとさ、今日も1日頑張ろう
16. 　　　という気持ちになるだろう。
17. シ：でも、なんか、話しても話してくれないっすよ。
18. N：えっ、それはー［笑］それはいつもおまえがうるさい
19. 　　　と思われてるんだ。
20. F：［笑］
21. シ：違いますよ。［笑］本当、［笑］言っても全然はなして
22. 　　　くれないすよ。
23. N：つらいなー［笑］
24. シ：しごっ、仕事の時だけ逆にうるさいっすよ。
25. N：あ、そうかー。（保護観察管にむきなおり）先生どうで
26. 　　　した？

　ロールプレイでは、社長と従業員との間での挨拶が課題とさ

れていました。シンゴ（シ）は、SSTは初体験であったが、従業員の役で上手に挨拶できていました。13-16行目で指導員（N）は、そのことを褒めた後、「朝に大きな声で挨拶する」ことが人間関係をよくするコツだと述べています。ところが、シンゴは「課題」にあるような状況は、自分たちの実生活での体験とは異なると主張しました（17行）。これに対してN氏は一瞬「えっ」と驚いているのですが、すぐに笑い始めます。そして、親方がしゃべってくれないということを、シンゴの態度の悪さのせいにしています（18-19行）。そして、なおも食い下がるシンゴにはあまり取りあわず、むしろ、はやく会話を打ち切ろうとしています（25-26行）。

　この一連のやりとりからは、なにがわかるのでしょうか。一見すると、「SSTの課題」と「実生活」との食い違いを指摘するシンゴの発言は、このような訓練の場面における発言としてはふさわしくないようです。SSTの課題が、あくまでも、実際のシンゴの状況ではなく、抽象的な「ふさわしい挨拶」の練習だということも見えてきます[10]。もちろん、この場面がSSTなのだというように見れば、ここでのシンゴの発話は、当然、「課題の意味が飲み込めていない」という意味をもつことでしょう。しかし、この場面がもしかしてSSTではなく、「少年の愚痴をきいて励ます会」だったらどうでしょうか。指導者がシンゴの訴えを、まともに取り上げず、話題をそらせているように見えることのほうが、不思議に思えてくるのではないでしょうか。そうすれば、当然シンゴの発言がもっている意味も変わってきます。

　つまり、少年個人が困っていること（日々の仕事でどう親方とつきあってよいかわからない）と、社会に出るにあたって求

*10　SSTとは、あくまでも社会で適切にふるまうための一般的ルールを学ぶことを目的としており、具体的な問題解決を目指しているのではない。

められること（適切な挨拶をするというスキルを身につけること）との間にズレが生じているわけです。これらは指導者と少年とが発話を続けていく過程で、徐々に明らかになります。

●分析における比較の重要性

　松嶋（2002）では、同じくSSTのなかでも「仕事場で挨拶をする」という課題と、「悪い誘いを断る」という2つの課題における、少年と指導員のやりとりを比較しています。そのことによって、(1)両方の課題ともに、指導者が主導権をにぎってすすめられることは同じであること、(2)ただし後者の課題では、少年のほうが知識を豊富にもつために、しばしば指導者も主導権をにぎれないことがわかり、非行少年のなかに見いだされる「問題」が、実際には指導者と少年とのやりとりのなかで作られているということが確認されています。

　質的研究法は、質問紙調査や実験室実験とは異なると冒頭に述べましたが、本質的な差とは、データを縮約する作業を「数字」で行うか、日本語や絵といった、質的な表現で行うかということです。数量的研究においては、数字と数字との間は論理的に整理されています。例えば、Aという人が行ったある尺度の得点と、Bという人が同じ尺度に答えて得られた得点を比較して、どちらが高いかによってその尺度があらわす心理的傾向はA、Bどちらが高いのかを導くといった具合です。質的研究では、数字は使いませんが、互いにSSTという課題をやっているという点では「同じ」とみなせる2つの課題を比較することで、そこで観察される特徴をあらいだそうとしています。しばしば、質的研究にとって難しい点は、大量にあるデータをどのように1つの論文にまとめるかという点にあります。このとき

「比較」の基準となるものが、データをまとめる基準の1つにもなりえます。

■5　結果の記述について

●トランスクリプトを示すことの意味

　松嶋（2002）では、多くの分析について会話分析的手法が用いられていますが、そのさい、SSTを録音したものが文字化されたトランスクリプトや、フィールドノーツの文字を清書したものが載せられています。こうしたトランスクリプトや資料は一見すると、客観的に現象を捉えるもので、このトランスクリプトや資料をもとにして分析が進められているように感じられます。

　しかし、前述のように、トランスクリプトは分析の素材というよりも、分析過程をわかりやすく提示するために用いるものです。トランスクリプトの作り方には、絶対にこうしなければならないという型があるわけではありません。分析のなかで、話者がしゃべっていることの内容は重要だが、聞き手はあいづち以外にはなにも言わないので、相互作用を表現する必要がないときには、1行1行分けて書かずに、まとめてしまってもよいかもしれません（例えば、p.23の抜粋1-a, b）。

　反対に、なにを話しているのかわかりにくくなっても、本人がどれだけ苦労しながら話したのかという、話し方のほうが重要な場合には、「えーと」「あのー」といった発話や、語尾のあいまいな切れ方、沈黙などは省略してはならないでしょう。また、ことばではほとんどなにもいっていないのだけれど、話者は聞き手のほうをじっと見ながら話したのか、それとも目を伏

せながら話したのかといった非言語的な情報が、分析のなかで重要な意味をもつ場合であれば、こうした非言語的な情報を組み込んでいく必要があると思います[*11]。このように、一見、現実を正確に切り取っているように見えるトランスクリプトでも、実は、分析者の主観を交えているのです。

　もちろん、そうであってもトランスクリプトを提示することには意義があります。例えば、抜粋2-bにある、少年の「でも、なんか、話しても話してくれないっすよ」という発言を取り上げてみましょう。これを筆者は、少年が指導員のNさんの意見に反対するための発言だと解釈していました。読み手のなかには、この解釈は納得できないという人もいることでしょう。

　しかし、少なくともシンゴという少年はそのように言っているということは伝わるでしょうし、そのうえで私なりの解釈をしたのだということがわかるはずです。だから、もし解釈に納得できなくても、筆者と「解釈」について議論できるわけです。ところが、こうしたトランスクリプトなしに、分析者の記憶に基づいて記述したとすると、読み手にとっては、そこに書かれている内容について、もしかすると分析者が強い思い込みをもって現象を見ていたために、ありもしないものを見たと勘違いしてしまったり、自分に都合よく相手のことばを（無意識のうちに）改変してしまったのかもしれないという疑念をもってしまうことがあります。こうなると、筆者との議論はもはや立脚点を失って不毛な言い争いになってしまいます。トランスクリプトを提示するのは、ですから、読み手に、現象の再解釈の余地を残すことにつとめるためといえます（南、1992）。

[*11] このような非言語的な情報を取り扱うため、近年では「会話分析」のことを「相互行為分析」と呼ぶこともある（西阪、1997）。

●自分の見えを相対化して捉えること

　結果を記述するうえでは、どうしても筆者が作り上げたストーリーにしたがって読み手を誘導してしまう危険性をもつということがあります。このことには十分注意しておくべきだと思います。例えば、松嶋（2002）のp.24の左段1行目では「抜粋2-aは、ロールプレイに先立って、少年とスタッフが打ち合わせている場面である」と、トランスクリプトについて説明しています。ここで「打ち合わせている場面」と私は書きましたが、本当にそうだといえるのかどうかは、その場にいた人の間でも議論が分かれるかもしれません。たしかにスタッフの側からすれば、打ち合わせなのかもしれません。しかし、少年の側からすれば、「先生から命令されたから、よくわからないけど話そうとしている」と言ったほうが適切かもしれません。実際、この後、少年たちは指導員の意図からすれば、ちょっと外れたふるまいをしてしまうわけですから、「打ち合わせ」というほど、明確に趣旨を理解して話し合っていたとはいえないかもしれません。「打ち合わせ」というふうに見えたのは、一体どのような行動のまとまりが、筆者にとってそう見えたのかを記述することが求められます。「見えたから、見えた」といってしまったのでは、議論になりません。

　もっとも、どれだけ丁寧に書いても誤解が生じる場合はあります。論文の字数には限りがあるので、分析者の見方を押しつけざるをえない場面もあるでしょう。それでも、分析者にとっては「余分」と思えるような情報を残すなどすることで、読み手が分析者の意図どおりに読んでしまわないように、「それは別のようにも考えられるのではないか」と考えつくような記述をしてあるのがよい論文記述だと、筆者は考えます。

■6 おわりに

　最後になりました。初学者、とりわけ臨床心理学分野で質的研究を志すみなさんへメッセージを残したいと思います。それは、とにかく「書く」ことが大事だということです。

　筆者自身の例を述べましょう。どうして筆者は、今回のような問いをたてたのか。筆者自身の個人史があります（松嶋、2005）。筆者は大学時代、つまり、まだ専門家ではなかった頃、ある福祉施設でアルバイトをしていて、いわゆる「非行少年」と呼ばれる人々と会う機会が多くありました。ところが、その頃に抱いていた「非行少年」のイメージと、大学院に入って臨床心理士の専門的訓練を受けるうえで見えてきた少年の姿との間にはギャップがありました。

　例えば、専門的な訓練を受けるなかでは、少年の発達課題[*12]や、性格のように、少年自身の内部にあるものが「非行」問題をひきおこすと考えられているようでした。これは私がそれまで感じていた少年のイメージとは違っていました。少年は私たちよりもあるところではズーッと世間に関する知識をもっており、社会の仕組みについても（極端な形ではあっても）知っている人々というイメージです。彼らの抱える問題は、社会の仕組みのせいだといったように思っていたかもしれません。

　当然、こうした非行少年に対するイメージのギャップは埋められず、当初、筆者のなかでバラバラになっていました。なんとなく違和感はあるけれど、それを相手にわかるようなことばにできずにいる状態です。これでは論文を書くことはできません。当時は、自分の問題意識が臨床実践にどんな意味があるのかもさっぱりわからずにいました。

[*12] 発達課題とは、幼児期、児童期、青年期といったような人生の各時期において、適応的に生きていくために達成しておかなければならない課題とされる。例えば、人との間に基本的な信頼感をもてるようになったり、自分とはなにかというアイデンティティを確立したりすることがこれにあたる。

それがわかるようになったのは、自分の考えを他者にわかるようにことばにしていくことをとおして、筆者のなかでの非行少年のイメージのギャップが統合されていってからです。冒頭から繰り返し述べているように、「不登校」にしても「非行」にしても、問題が生じるのは、個人と社会との接点においてです。そして、彼（女）らがなぜ不適応に陥るのかといえば、個人と社会との接点に生じる葛藤をうまく処理できないからだとも思います。これらの対象に関わる研究者が、対象と関わるなかで得た自分の問題意識（＝個人）を、読者（＝社会）に通じることばにしていけること（＝葛藤を処理できること）が、援助への第一歩にもなると筆者は感じています。

引用文献

古賀正義．(2001)．＜教えること＞のエスノグラフィー：「教育困難校」の構築過程．田島信元・無藤隆（編），認識と文化，12．東京：金子書房．

松嶋秀明．(2002)．いかに非行少年は問題のある人物となるのか？：ある更生保護施設でのソーシャルスキルトレーニングにおける言語的相互行為の分析．質的心理学研究，1, 17-35.

松嶋秀明．(2002)．観察者の「私」の物語り的構成：自身のフィールドワーク過程の再検討．名古屋大学教育発達科学研究科紀要，49, 17-29.

松嶋秀明．(2005)．関係性のなかの非行少年．新曜社．

南博文．(1992)．事例研究における厳密性と妥当性：触岡論文（1991）を受けて．発達心理学研究，2, 46-47.

西阪仰．(1997)．相互行為分析という視点：文化と心の社会学的記述．無藤隆・田島信元（編），シリーズ認識と文化13．東京：金子書房．

Sacks, H.（1992）. *Lectures on conversation*, 2 vols. Jefferson,G., & Schegloff,（Eds）. Oxford: Basil Blackwell.

Sacks, H., Schegloff, E., & Jefferson, G.（1974）. A simplest systematics for the organization of turn-taking in conversation. *Language*, 50, 696-735.

佐伯胖．(2001)．データを読む―相関分析、主成分分析、因子分析の意味をさぐる．佐伯胖・松原望（編），実践としての統計学（pp.67-107）．東京：東京大学出版会．

上野直樹．(1999)．仕事の中での学習：シリーズ人間の発達，9．東京：東京大学出版会．

第5章 供述の分析──構造的ディスコミュニケーション分析を例に

山本登志哉

■1 供述調書という「証拠」

　裁判の過程でとても重要な役割をするものの1つが証拠です。その証拠のなかにはいわゆる物証のほかに、人が記憶に頼って過去の体験を言語的に再現したものがあります。刑事事件で取り調べのなかでの被疑者や目撃証人などが、取調官（警察官や検察官）の尋問に対して供述したものや、民事裁判で質問に答えて証言したものなどはそれにあたり、供述証拠と呼ばれます。

　ある事件の被疑者が検察での取り調べに対して犯行を自白し、それが検察官によって書類にまとめられ、本人の署名がされたとしましょう。この書類が供述調書（供述録取書）で、物証などと同様、証拠の1つとして提出され、裁判でその証拠としての価値（証明力）が争われます。また、第三者（参考人）の目撃に関する供述も同様です。簡単に言えば「その自白は本物か」とか、「その証言者（参考人）が言うことは事実か」ということが問題になるわけです。

例えば愛媛県で99年に発生した窃盗事件では、被疑者のＡさんは逮捕後わずか4時間後に自白をしました（宇和島事件）。そこでＡさんはどのように盗みをしたかを具体的に供述しています。資料5-1はその最初の自白調書に書かれていることです。この後、Ａさんは公判で全面否認に転じますが、検察はもちろんその新しい否認の供述が嘘であると考えます。常識的に言っても自白をするということは自分にとって不利なことですから、やってもいないことを嘘をついてやったと言うのは考えにくいことでしょう。さらにお金を引き出したことについては、農協の防犯ビデオにその人物が映っており、それに関してＡさんの

資料5-1　宇和島事件の最初の自白調書から

　私は昨年、つまり平成10年12月下旬頃の午後7時頃に、友達であるＢ子さんの家から印鑑1本を盗んでおり、そのことについては事実間違いありません。盗んだ印鑑については、それ以前にＢ子さんの家から盗んでいた農協の預金通帳から預金を引き出すために盗んだものです。

　そして印鑑を盗んだ後、現実に、本年1月8日にＳ港のロータリー交差点の近くの農協に行って、さもＢ子さんの代理人のように装って、50万円を引き出し、自分のものにして騙し取っています。

　引き出し、騙し取った現金50万円のうち20万円については、引き出した1月8日頃に借金先の私の勤務先であるＸ産業に支払いました。なお20万円を直接支払った相手は、事務員のＹさんです。

　残り30万円のうち10万円は、自分の自動車（白のトヨタクラウン）の後部座席の足元のマットの下に敷いて隠していましたが、つい先程、刑事さんに提出しております。

　また残りの20万円については、引き出した後、パチンコなどの遊ぶ金、生活費等に使い、もう残っていません。

出典：浜田寿美男『自白の心理学』（岩波新書、2001年）

友人であったＢ子さんによる資料5-2のような供述もあります。

　ところが判決も近づいた00年1月、隣の高知県で他の窃盗事件で逮捕された犯人が余罪を追及されて、この事件についても自ら詳しく自白をし、そのＡさんの無実が証明されてしまったのです。

　なぜやってもいないことを、自分が犯罪者とされて著しく不利益を受けるにもかかわらず、「自白」してしまうのか。常識的にはちょっと想像しにくいことだと思いますが、しかし現実に「自白は本物ではない」ということは常に起こりうることなのです。また、第三者の目撃に関する供述や、被告自身の供述などでも、意図して嘘をついているのでなくとも、思い違いをしていることもあります。防犯カメラの写真に写った人物を「Ａさんによく似ているので大変驚いた」と供述したＢ子さんも、後には「最初見せてもらったときは、白黒で、はっきりわかるような写真ではありませんでした。もう虫眼鏡で見てもわからないようなものでしたから、似ているとも似ていないとも言えませんでした」と述べており、警察の捜査方法にも問題を感じさせますが（浜田、2001）、いずれにせよＢ子さん自身がＡさんを意図的に陥れようと嘘の供述をした、とまでは考えに

資料5-2　被害者の供述調書から

> 　私としても、家の戸締り状況や、鍵は私と長男とＡさんしか持っていない状況から、ひょっとしてＡさんが盗んだのだろうかと疑った時もありましたが、長い付き合いですし、そんなことをするような人には見えなかったので、Ａさんを信じていたのです。
> 　でも、農協の防犯カメラの写真を見て、私方の預金通帳から現金を引き出している男はＡさんによく似ているので大変驚いたのです。
> 　　　　　　出典：浜田寿美男『自白の心理学』（岩波新書、2001年）

くいでしょう。

　人の供述はそれが本人によるものであれ、他人によるものであれ、いろいろな意味で危ういものです。ですから証拠として提出された供述が被告の犯罪事実を証明できるかどうかについては、一般に考えられるよりずっと慎重な吟味が必要になるのです。そのような吟味の作業を、心理学の立場から行うのが供述の分析ということになります。

■2　供述の分析という作業の性格

　さて、最初に裁判における供述証拠の位置についてやや煩雑にも思える話をあえて説明したのには訳があります。それは心理学における質的な方法を用いたさまざまな研究のなかで、供述の分析という作業が占める位置や特徴を少し明確にしておくためです。

　供述は人の強烈な体験を自ら語る作業ですから、語られた内容は一種のナラティヴと考えることもできます。そこにどのような語り手の思いや語りの個性的なありようが浮かび上がってくるか、ということを分析することも可能でしょう。またそれは取調官などとの会話のなかで語られていくものですから、供述をそのような相互作用のなかに生成する産物として見ることもできます。そこにどのような権力関係が存在し、供述を構築していくかを分析することもできるでしょう。

　けれども供述の分析、という作業は、けっしてそれだけの枠に収まりきるものではありません。なぜならば、あくまで供述者の「主観的」な語りの外部にある「事実」という「客観的」なものを絶対的な参照点として、供述は評価される運命にある

からです。もっと簡単に言えば、「本人が主観的（または間主観的）にどういう思いを持っているのか」とか「どうやってその語りが構築されたか」といったこと自体が問題なのではありません。問題はその語りがどの程度正確に「事実」を反映していると評価されるか、被疑者の「私はやっていない」というその語りが「本当」なのかどうかという、ただそのことだけなのです。「（間）主観的な思い」や「構築のされ方」が問題になるのは、あくまでもその評価に役立つ限りにおいてであり、その「思い」や「され方」の分析は手段にすぎません[*1]。

　『人生を物語る』という本のなかでやまだ（2000）が展開している議論を参考にしながら、ライフストーリー研究との対比でこのことをあらためて説明してみましょう。人が自らの人生の出来事を語るとき、そこには物理的に展開した出来事が、機械的に並べられて語られるわけではありません。どのような出来事を単位として取り出し、どのように繋げていくのかは、語り手にゆだねられています。もちろんそこには語りを聞く相手（聞き手）との関係も作用しますが、そのことも含め、語り手がいくつかの出来事を自ら結びあわせていくことになります。このような結びあわせの作用をやまだは「意味」と名付けています。いろいろな出来事をどのように切り取るか、なにとなにを結びあわせて語るのかによって意味はその形を変えていきます。したがって当然その構成要素である出来事の位置づけも、その意味の全体的な構造に対応して変化することになります。

　ですからライフストーリーは語り手の主体的な構成作用のなかに生成する意味であり、構成の仕方（主観の作用の仕方）が変われば、その意味もまたどんどん変容していくものであり、いわば無限の運動のなかにあるものです。したがってそれはい

[*1] ここで「＜事実＞という言説それ自体が社会的に構築されるものでしかないのではないか」といった問題が早速に現れる。山本（2003a）はいわゆる客観的「事実」を「認識の構成作用の彼岸に現れるものとして、したがって構成作用そのものを自己否定しつつ構成される『認識の外部』の参照点」という形で押さえ、「事実」の世界を「共同主観的に成立する外在的な参照世界」として理解する視点から論じている。図5-1の「客観」世界や「事実」についても、同様の視点で理解されている。

わゆる「客観的な出来事の連鎖」とは異なるものなのです。ライフストーリー研究とは、そのような結びあわせとしての意味が生成していく過程や、生成された意味（結びあわせられ方）を分析するもの、ということになります。

　供述という語りも、さまざまな出来事の連鎖を語ったもの、という意味ではライフストーリーの一部と言うことも可能でしょう。けれども供述を分析するということは、そのような語りの「意味」を明らかにすることではありません。供述者によって意味づけられ、語られた物語の先に、その物語の起点になったはずの、客観的な存在として想定された唯一の「事実」を見通し、その「事実」を動かぬ参照点として逆に語りを評価する作業なのです。以上を対比的に表示してみたのが図5-1です（脚注1をあわせて参照）。

　供述の分析という作業がこういった特徴をもつのは、もちろんそれが「事実を確定する」という目標によって組織化された、

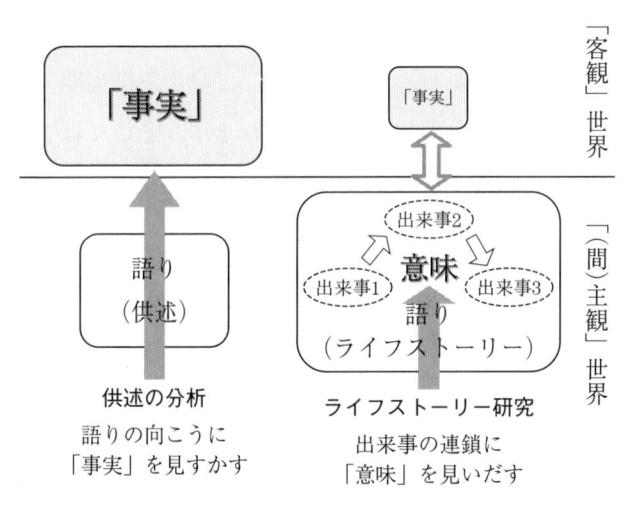

図5-1　供述の分析とライフストーリー研究の課題差

裁判という社会的な枠組みのなかで行われる作業だからです。被疑者や被害者、目撃者の供述も、あくまでも裁判の枠組みのなかで成立するものです。その枠組みのなかで人の語りは「供述証拠」という社会的な性格を与えられ、そのことによって法廷で厳しい反対尋問に晒(さら)されるなど、日常生活での通常の人の語りとはまったく異なる扱いを受けます。またその供述が証拠となって人の有罪無罪や処罰の程度を決めるというように、その語りが関係者に及ぼす影響も特別です。供述の分析という作業は、その枠組みから決して逃れることができないのです。

■3 供述と「事実」と分析者の立ち位置

　このように供述の分析は「客観的な事実」とそれに関する「主観的な語り」（供述）の関係を問うものであるわけですが、このように「客観」と「主観」の関係を実証的に明らかにしようとするという姿勢は、もともとは質的な心理学とは対極的な位置に立つ客観主義的な実験心理学の王道と言えるものです。例えば供述に直接関わるものの例としては、記憶に関するオーソドックスな実験心理学的研究があります。そこでは客観的な刺激を被験者に呈示して、それがどのように記銘・保持・再生されるか、そこにどのような心理的（主観的）変容が起こるのかが問題とされます。このような客観的条件と主観的反応の関係についての実験的研究をとおして、人間の記憶についての一般的なメカニズムや、あるいはその個人差などが明らかにされることになります。

　けれども供述の分析という作業は、このようなシンプルな実験的研究によっては決して届くことのない課題を与えられてい

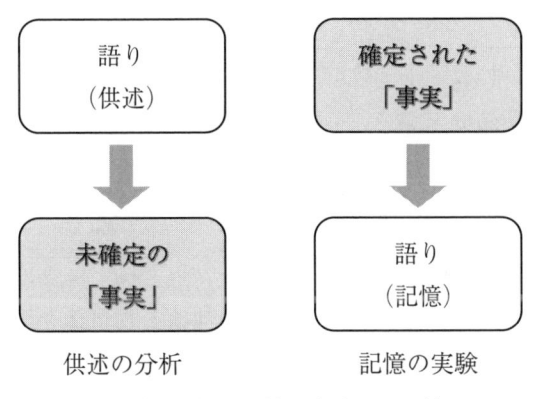

```
┌─────────┐       ┌─────────┐
│  語り    │       │ 確定された │
│ (供述)   │       │  「事実」  │
└────┬────┘       └────┬────┘
     ↓                 ↓
┌─────────┐       ┌─────────┐
│ 未確定の  │       │  語り    │
│ 「事実」  │       │ (記憶)   │
└─────────┘       └─────────┘
  供述の分析        記憶の実験
```

図5-2　供述の分析と記憶の実験の課題差

ます。そのことは図5-2に端的に表されます。記憶の実験では被験者に呈示される刺激について、実験者は完全に把握しているということが前提です。その「すでに確定されている事実」としての刺激によって、記憶という反応がどう生成するかを確認するわけです。「事実」から「語り」へ。それが課題です。

　ところが裁判の場では、そもそも「事実」を知っているのは基本的に当事者だけです。その当事者の語りにしても、数々の記憶の実験が明らかにするように、それがそのまま「事実」を反映すると即断はできず、明らかに間違った記憶を「本当の記憶」と信じ込んでいることもある。ましてや裁判の主な構成員である裁判官、検察、弁護士といった人々や、あるいは依頼されて供述の鑑定を行う心理学者などは、完全に非当事者なのですから、「事実」がなにであったのかを直接には知りようがないのです。そこで求められているのは、それ自体が疑わしい「語り」から、「未確定の事実」を確定していくことです。「語り」から「事実」へ。それが課題です。

　さらにそれぞれの作業で得られる知見の質もまったく異なり

ます。記憶の実験の場合、明らかになるのは「人はどのように記憶するか」という一般的なメカニズムです。あるいはある人の個性的な傾向という、その人についての一般的な性格です。そこで得られた知見は同じ条件の下であれば、基本的にいつでもどこでも安定して再現される普遍性をもったものとして考えられています。これに対して供述の分析では、そういう一般的なメカニズムや、その人の一般的な性格それ自体を明らかにすることが求められているのではありません。すでに過去のある特定の時点、特定の場所でたった1回だけ発生した、具体的な出来事を確定することです。それは原理的に再現不可能なものであり、その意味で一回性をもった歴史的な事象なのです。

　少し考えただけでも、これがいかに困難な課題であるかは明らかでしょう。ではこれまで裁判の現場に関わる心理学者は、この課題にどのように応えようとしてきたのでしょうか。つぎにこの問題に対する心理学者の取り組み方を説明していきます。

■4　『証言の心理学』の4つのアプローチ

　実験的研究では事実も語りもその両方を確実なデータとして手にしながら、その関係を探ることができる。しかし供述の分析では分析者がアクセスできるのは、不確実な語りだけです。その不確実な語りをどう評価して「事実」との対応関係を探ることができるのでしょうか。

　高木光太郎は『証言の心理学』という本のなかでこの問題について、4つのアプローチを区別しています（高木、2006）。まず第1に、関連する要因を可能な限り単純化してその効果を確定するという、従来の実験的研究方法から得られた一般的知見

を応用して、供述された内容がどの程度信用しうるかを評価するアプローチの仕方です。その代表的な例は『目撃証言』(Loftus, 1991) という本のなかでも紹介されているロフタスらの研究です。例えば犯人が凶器を持っている場合には犯人の顔を識別するのが困難になる（凶器注目）という知見に基づき、目撃者の犯人同定が間違いである可能性を検討することができるようになります。第2に『生み出された物語』という本にまとめられている山本らの研究（山本、2003）に典型的な「シミュレーション実験」で、第1の方法とは異なり、実際の事件に可能な限り近づけた状況で実験を行い、得られた結果との対比で供述を評価するものです。いずれの方法も供述それ自体を内在的に分析しているわけではなく、供述の外側で実験的に得られた知見を供述の評価に応用するものです。

　第3のアプローチは浜田寿美男がほぼ独力で開発した「供述分析」です。日本の供述調書は実は供述者本人のことばをそのまま記録したものではありません。供述者と取調官のやりとりの内容を取調官が要約し、資料5-1にあるように、あたかも本人が1人語りをしたかのように文章化したうえで、供述者に署名させて作られます[*2]。そのことが心理学的な分析にとっては大きな足かせになっているのですが、浜田はそのような制約下で、複数の供述調書の内容を時系列的に分析し、そこで語られている内容とその変遷が、実際の体験者の記憶やその自然な変容によると理解できるかどうかを検討します。そしてそこに不自然さが残る場合、それが体験に基づかずに取調官から与えられた情報や誘導などによって構成された供述（虚偽の自白）である可能性を指摘するのです。

　第4のアプローチは大橋や高木らが開発したスキーマアプロ

[*2] 日本の供述調書の作成の仕方やその問題点については映画「それでもボクはやってない」（周防正行監督、2007）にとてもわかりやすく描かれている。

ーチで、『心理学者裁判と出会う』という本（大橋ら、2002）に説明されていますし、先に挙げた『証言の心理学』ではその開発の苦労話なども読むことができます。これは供述調書ではなく、法廷などでの供述者の実際の発話をデータとし、その人の個性的な語り方のパターンをスキーマ*3として取り出します。そしてそのパターンが不自然に変動する様子などから、供述の内容が「事実」との対応関係を失っている可能性を指摘します。第3と第4のアプローチは供述内容そのものを対象とし、その内部構造を明らかにすることから供述の評価を行う、という点で共通しています。しかしながら高木はそこで浜田のアプローチが「誰でもこのような場に立てば、このように体験する（しない）はずだ」といった、具体的な場の体験の普遍性（または普遍化された人間の「見え」）を基準に供述の不自然さを主張している点に注目し、その点で供述そのもののなかに行為者に特有な個性を見いだして分析する大橋や高木らのアプローチとは異なるとして、両者の違いを強調しています。これらをまとめると図5-3のように整理できるでしょう。

すなわち高木は、①人間の行動（記憶など）を規定する一般

> *3 スキーマはいろいろな意味に使われるが、ここでは記憶を成立させる枠組みを指しており、バートレットによって初めて心理学に導入されたものである (Bartlett, 1932 / 1983)。

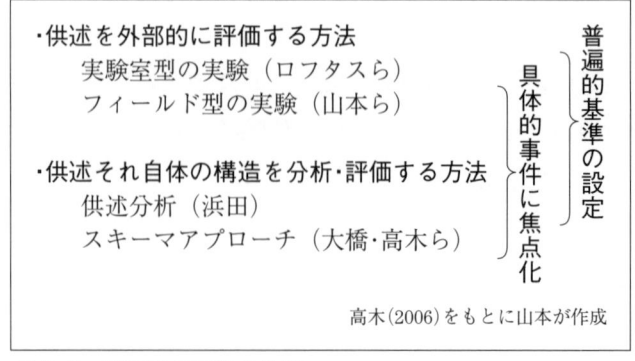

```
・供述を外部的に評価する方法        ┐ 普
    実験室型の実験（ロフタスら）   ├ 遍
    フィールド型の実験（山本ら）   ┘ 的
                                    基
・供述それ自体の構造を分析・評価する方法 ┐ 準
    供述分析（浜田）                  ├ の
    スキーマアプローチ（大橋・高木ら）  ┘ 設定
                                    具体的事件に焦点化
```

高木(2006)をもとに山本が作成

図5-3　証言の心理学の分類

的な要因やメカニズムをオーソドックスな実験的手法で明らかにして供述を分析するのか（実験室型の実験）、複雑な事件それ自体の構造を重視してそれにあった分析方法を用いるのか（フィールド型の実験や供述分析、スキーマアプローチ）②供述の外側に立って供述を評価するのか（実験的手法）、供述の内側からその内部構造を分析して評価するのか（供述分析やスキーマアプローチ）、さらに③供述評価の基準がなんらかの意味でその供述データを越えた普遍的なもの（実験結果の一般的な妥当性や、供述分析における人間の「見え」の普遍性）に求められているか、あるいは供述それ自体の内部に個性的に反復される一般性に求められているか（スキーマアプローチ）といった差異に注目してそれらを分類しています。

　いずれも心理学の裁判という現場への関わり方を整理するにはきわめて重要な観点ですが、では、これらを質的な分析方法か量的な分析方法か、といったもう1つの視点から見た場合、どうなるでしょうか。つぎに山本らの一連の研究（山本ほか、1997；脇中ほか、1997；山本、2001；Takaoka,et.al. 2002；山本、2003b）のなかで用いられた構造的ディスコミュニケーション分析を例として、この問題を考えてみます。

■5　甲山事件のシミュレーション実験

　ここでは25年をかけて冤罪として確定した甲山事件に基づいて山本らが行ったシミュレーション実験を取り上げます。甲山事件とは、1974年に兵庫県のある知的障害児施設（甲山学園）で起こった園児の「殺人事件」です。女児と男児が相次いで失踪し、ともに浄化槽から溺死体となって発見され、捜査の結果

1人の若い保母が逮捕されました。決定的な証拠もないまま釈放され、二転三転する混迷の展開の後、本人の「自白」と、実に「事件」後3年たって初めて出てきた複数の園児の目撃証言等を根拠として、再逮捕、起訴となったというものです。裁判も一審無罪、二審で差し戻し[*4]、差し戻し一審無罪、再びの二審でやはり無罪という異例の展開をみせ、3度の無罪判決を経て1999年にようやく冤罪事件として確定しました。この差し戻し一審に際して、弁護団の依頼を受けて山本らが行ったのが上記のシミュレーション実験で、『生み出された物語』という本（山本、2003）にその内容がまとめられています。

　実験は甲山学園の園児たちと知的な発達水準がほぼ同じと考えられる、幼稚園の年長児たちをある「事件」の目撃者とし、取調官役の大学生6人（2人1組）が繰り返し聴取を行う、という形で行われました。図5-4に示すように実験はまず3つのステップで行われ、さらに3年後、園児たちが小学校3、4年生の時点でもう一度、今度は実験者たちによって聴取が行われました。この実験の工夫のポイントは、詳細を知らない学生（取調官）が園児一人ひとりに繰り返し聴取を行うという点です。つまり、だれも園児を騙して嘘を言わせようとしなかったし、園児も嘘をつく必要もなかった。ただ真実を明らかにするという目的だけで聴取が繰り返されたということです。

　園児たちの証言は二転三転し、園児間でも矛盾だらけで、学生たちは大変に苦労しましたが、それでも5回の聴取の繰り返しでなんとか大筋を把握し、かなりの自信をもって報告書を提出しました。にもかかわらず、報告された内容は実に多くの点で実際とはかけ離れたものとなりました。例えば、第2ステップの日、タカちゃんは園児たちがゴウ君と遊んで部屋に戻った

[*4] 上級の裁判所によってもとの判決に不備があると認定された場合、その判決を取り消してもとの裁判所で裁判をやり直す場合がある。これを差し戻しという。

> ＜1年目＞
> **第1ステップ　タカちゃんが園に通う**･････････････････
> 　「折り紙お姉さん」というふれこみで、実験者の1人が5日間朝から園に通い、子どもたちと折り紙などをして遊ぶ。
> **第2ステップ　ゴウ君が遊びに来て失踪する**･･････････････
> 　前園長が3歳の孫を連れて園に来て、初対面の園児たち10人と別室で遊ぶ。そのゴウ君がみんなでビデオを見ている内に失踪（実際は前園長がそっと連れ出す）。大騒ぎになるが、後に見つかったと先生から報告される。園児が部屋に戻った後にタカちゃんが現れる。
> **第3ステップ　大学生による聴取の繰り返し**･･････････････
> 　事態の詳細を知らない聴取者役の学生が「事実を明らかにするように」という指示を与えられ、2人1組で、一人ひとりの園児に個別に3ヵ月間に5回ずつ聴取を行い、その結果を報告書として提出する。
> ＜3年後＞
> 　小学3年生になっている元園児7人に対し、実験者たちが2度聴取を行う。

図5-4　実験の流れ

後、ようやく園児たちの前に姿を現したのですが、報告書では朝から来て園児たちと一緒に遊び、園児たちが別室でビデオを見ていたときはタカちゃんは園児たちのクラスに残っていた、という話になっていました。

　学生がいい加減に質問していたのではありません。最初の2回の聴取では園児たちはタカちゃんが朝からいたと言ったり、いなかったと言ったり、その意見が分かれました。そこで「なにが事実なんだろう」という正当な疑問をもって3回目の聴取に臨んだところ、一人ひとり個別に聞いているにもかかわらず、

園児の答えはいっせいに「朝からいた」と解釈できるものに揃ってしまったのです。1人の園児の記憶なら思い違いもあり得るでしょう。しかしなんの誘導もなく、独立した複数の園児の証言が一致したわけです。当然学生はそれが客観的な事実だと思いました。さらに朝以降のタカちゃんの行動も説明されることで、もはやその「事実」を疑うものはいなくなりました。ところがそれが事実ではなかったのです。後に当日の様子を撮影したビデオを見せられた学生たちは、あまりのショックに自己が変容するほどの経験だったという趣旨の感想を述べています[*5]。

　なぜ園児たちの証言が揃ったのか。それはスクリプト[*6]の概念を使うことでうまく説明がつきます。タカちゃんは連日朝から来て園児たちと遊んでいました。それはすでに園児たちにとって園生活のスクリプトの一部を構成していました。やがて第2ステップの出来事を体験したのですが、その日に限ってタカちゃんは朝は来ていませんでした。そこで直後の聴取では「朝は来ていなかった」と答えた園児もいました。ところが聴取が繰り返され、日がたって記憶が曖昧になっていった頃、再びタカちゃんのことを聞かれ、園児たちはいっせいに曖昧な記憶を日常のスクリプトによって埋め合わせたと考えられるのです。実際この例に限らず、園児たちはいつもやっていてスクリプトにある出来事は、当日それが実際にあってもなくても再生し、逆にスクリプトにない特別な出来事は再現されないという例がたくさん見いだされます。

　しかしこの例も含め、さまざまな「誤った」報告内容について、客観的な事実を知っている私たち実験者が事後に園児たちの発言を詳細にチェックすると、実は学生の誤りを正しく修正する手がかりになる重要な発言も随所に見られます。けれども

*5　確信していた事実がくつがえされるとき、たんに「思い違い」と考えるだけでなく、世界が揺らいで自己変容感さえ生じる、ということは「事実」と「自己」の関係を考えるうえでとても興味深い。具体的には山本の「記述に於ける語りとその変容」(印刷中) を参照されたい。

*6　スキーマ同様、認知的な枠組みに関する概念の1つだが、ここではパターン化された出来事の時系列的な知識 (記憶) のことを言う。例えばファミリーレストランに入って食事をし、出てくるまでに一般的にどんなことが起こり、そこでお客と店員はそれぞれなにをするのか、ということについての知識もスクリプトで、このスクリプトに基づいて人は社会生活を送っていることになる。

それらの発言は学生たちにいろいろな理由で無視されたり、見過ごされたりしてしまっているのです。なぜそんなことになったのでしょうか。ここで構造的ディスコミュニケーション分析という視点が有効になります。

■6　構造的ディスコミュニケーション分析

　高木は先に挙げた『証言の心理学』のなかで、浜田の供述分析のなかに「反復する想起」への注目を見いだし、その点でバートレットの記憶の変容に関する古典的研究や高木らのスキーマアプローチと繋いでいます（高木、2006、pp.149-150）。実際、複雑かつダイナミックに変化する現象のなかに、ある安定したパターンを見いだして現象の安定した理解を確立するという作業は、この両者に限られることなく、また、量的な研究か質的なものかを問わず、科学にとっては普遍的な位置を占めています。法則の発見、構造の析出といったものは全てそういうふうに現象のなかになんらかの反復的な安定性を発見するものです。

　「虚偽事実の無意図的な共同生成と証言者の年齢特性」という論文（山本、2001）のなかで山本が用いる構造的ディスコミュニケーション分析もまた、一見錯綜したコミュニケーション事態のなかに、やりとりの質的な分析をとおしてある安定した構造を見いだし、そこからその展開を合理的に解釈する試みの1つです。それは「お互いにコミュニケーションの前提を共有していると思いながら、実際には異なる前提を持ってやりとりが進行し、相互のやりとりに微妙なズレが蓄積され続けるが、両者はその理由がよく分からないまま、ずれたコミュニケーシ

ョンが安定して持続してしまう」といったディスコミュニケーションの構造を分析することです。このアプローチは供述の分析という分野のみではなく、例えば「文化間対立という現実へ：構造的ディスコミュニケーション分析」（山本、2004）という小論にも書かれているように、異文化間コミュニケーションなども含む異質な者同士のコミュニケーションを分析するための一般的な視点として展開されているものですが、それをこのシミュレーション実験で見てみましょう。

　ここでディスコミュニケーションの主体は取調官役の学生たちと、それから目撃者役の園児たちです。学生と園児たちは「ゴウ君の失踪という出来事について状況を再現する」という目標を共有し、その目標の下に聴取場面でのコミュニケーションを反復しています。ところが先に述べたように、園児の言うことは個人内でも個人間でも驚くほどに揺れ、また矛盾します。例えばゴウ君が見つかったことを報告したのは誰かと聞かれ、園児たちがなんと答えたかを示した表5-1を見て下さい（正解は「W副園長（女性）」）。

表5-1　誰がゴウくんが見つかったことを報告に来たか

聴取回	1回目	2回目	3回目	4回目	5回目
園児a	見つからず	本人が来た		眼鏡のおじさん	見つからず
園児b				忘れた	
園児c			聞いてない	眼鏡のおじさん	
園児d			髭のおじさん	眼鏡のおじさん	聞いてない
園児e		先生	わかんない		
園児f	M先生	うん			
園児g		S先生	S先生		
園児h	N先生	N先生	N先生	誰かおじさん	

事実を知る目から見ると、明らかに作話である発言も少なくありません。例えばビデオを見ているとき、大部分の園児はタカちゃんはその部屋にいなかったと答えますが、4回目と5回目の聴取でその場にいたと言い出した子どもが1人だけいました。資料5-3はその5回目の聴取場面の一部です。一見してわかるように、園児はそれを「思い出した」こととして答えており（下線部）、「ドアの近くで立って見ていた」という状況の説明まで自発的に行っています。この園児が意図的に嘘をついているとも思われないのですが、しかし事実はそのようなことはまったくなく、また別の機会に同じ経験をして勘違いした可能性も一切ありません。完全な作話です。
　子どものことだから、忘れたり、思い違いしたりはあるだろ

資料5-3　園児Rの5回目の聴取：タカちゃんは一緒にビデオを見た

学生	じゃあね、ビデオ見てるときに、子ども以外の大人の人が、なんか、誰かいたんだよね。（中略）
園児	ゴウくんと来てね、おじちゃんとね、カメラマンと、
学生	カメラマン？　ほう、カメラマン。
園児	あと、あの、1組、と先生。あ、タカちゃん。（中略）
学生	タカちゃん誰と一緒にビデオ見てたの？　じゃあ。
園児	うんとね、みんなで見てた。みんなで見た。
学生	見た？　誰のお隣に座っていたのかな？　近くに座っていたのかな？　Rくんは近くだった？
園児	うーんとね、立ってた。（中略）そいでね、ドアのところくらい、ドアのどこかに立って見てた。（中略）
学生	で、タカちゃんは、ずっとビデオ見てた？　最後まで。
園児	ううん。うん。（中略）
学生	タカちゃんは最後まで見てたの？
園児	うん。

うが、多くの子どもにじっくり丁寧に聞いていけば、大筋で矛盾のない一致した答えにたどり着けるだろうと思っていた学生が直面したのはこのような事態です。事実を知っている私たちからは、どの園児の発言が正しく、どれが間違っているかを指摘可能ですが、それを知らない学生にとっては、矛盾だらけのたくさんの発言がすべて同等に正しい可能性をもつものとして立ち現れます。それをなんとか筋立てて1つの「事実」に到達しなければならないのです。

　特に嘘をつこうとしているとは思えない園児が、なぜそんなふうに矛盾したことを平気で言うのか学生は混乱します。そこで彼女たちは「（あの子は）ぽーっとしてる」とか、「忘れっぽい」など、個性や集中力の欠如などの偶然的な要因を当てはめて矛盾した情報に優劣をつけ、あるいは多数決や対立証言の折衷的な解釈などによって可能な限り筋の通った展開を見いだそうとしていくことになります。そうやって学生たちの理解した枠組みに基づく質問（決して意図的な誘導ではないが、質問すること自体がある枠組みに基づく情報の整理の仕方を子どもに伝えてしまう）に園児も引きずられる部分が出てきて、だんだんと両者が調整され、ある程度安定した物語が共有されていくのです。

　さて、この展開のなかでなにがずれていたのかというと、園児たちの語りをその3年後と比べることによって、それは「記憶をもとに過去の事実を明らかにする」というコミュニケーションがなにによって保証されるのか、ということについての認識のズレだったことが明らかになります。すなわち、幼稚園の頃、園児たちの多くは「勘違い」のように、「今自分が過去について思い浮かべたこと（主観的なイメージ）」と、「実際に生

じた出来事（客観的な事実）」はかならずしも一致しないことについて、非常に無頓着でした。彼らは学生の質問を聞いてとりあえず思い浮かべたことを「誠実に」答えます。そしてつぎの機会に別の聞き方をされて異なることを思いつけば、今度はそれを「誠実に」答えます。仮に以前に答えたこととの間に矛盾があったとしても、それは園児には特に問題になりません。そこに「嘘」はない。ピアジェ的に言えば、複数の視点を矛盾なく構造化して理解する必要を感じることなく、その時々の直感的な判断で答えるという、前操作期*7の子どもの特徴にもよく対応するものです。3年後、小学生になった園児たちからはそのような傾向はすっかり消え去っていました。

しかし学生は幼児がそういう基準で答えているとはまったく思いつきませんでした。当然彼らも「唯一の客観的な事実」について同様の理解で学生たちと会話をしていると思い込んでいたのです。「記憶をもとに過去の事実を明らかにする」ためには、主観に思い浮かんだことと事実はかならずしも対応しないため、記憶違い、思い違いの可能性に慎重に対処すべきことや、言うことに矛盾があってはならないといった前提が不可欠です。にもかかわらず、学生たちはそれが共有されていなかったことに気がつかないままコミュニケーションを続けたことになります。その結果、子どもの発言を的確に評価することができず、混乱したまま大人の論理でそれを整理し、そこに結果として子どもを巻き込んでいってしまう、という展開が生じたと考えられるのです（詳細は山本、2001/2003bを参照）。

上に示された学生たちの失敗は、けっして取り調べに不慣れな素人だから起こったことではありませんでした。実際、知的障害者が被疑者となった女児殺害事件（野田事件）では、珍し

*7 発達心理学者のピアジェは知能の発達について ①遺伝的な行動パターンをもとにそれを経験によって変容させ、また新たな行動パターンを獲得するなかで環境に対する適応行動を進化させ、やがて記号的な能力を獲得してことばを話せるようになるまでの「感覚＝運動期」、②獲得されたことばを使って世界を理解し、またことばで想像力を働かせ、自分のイメージ世界を展開するが、それらを論理的に構成することができない「前操作期」、③具体的な対象について論理的な思考を展開できるようになる「具体的操作期」、④抽象的な対象についても論理的に思考を展開し、論理＝数学的知能を完成させる「形式的操作期」を区別した。個人差が大きいが、前操作期は平均すると2歳から6、7歳頃に相当し、子どもは小学校の入学前後に具体的操作期に移行していく。

く取り調べを録音したテープが証拠として裁判所に提出されましたが、そこでの被疑者と取調官のやりとりを分析すると、まさに上記のような構造的ディスコミュニケーションが確認されるのです（「構造的ディスコミュニケーション事態として取り調べを分析する：野田事件の供述分析（3）」山本、2005）。甲山事件でも捜査官と甲山学園の園児の間に同様の事態が生じたことが推定されますが、これは幼児やあるレベルの知的障害をもった人との「事実の確定」をめぐるコミュニケーションに、普遍的に生じるタイプのディスコミュニケーション構造と考えられます。

■7　供述の分析と質的な研究

　さて、以上をふまえてあらためて供述の分析と質的な研究の関係を整理しておきましょう。上記の山本らのシミュレーション実験研究（山本、2003ほか）のなかで使われた構造的ディスコミュニケーション分析は明らかに質的な分析です。それは子どもと大人のコミュニケーションを成立させる前提のズレを、その事例の質を分析することから明らかにします。別の言い方をすれば、それは「実験的に生成され、そこで観察された事例」の構造を質的に分析する作業である、ということもできます。

　『証言の心理学』のなかで高木が整理した上記の分類（高木、2006）では、この実験自体は供述の外部から供述の質を分析する方法の1つに分類されており、それは実験によって与えられた知見を応用して甲山事件の供述を評価している、という点で適切な分類です。ただしそこで用いられた手法の1つである構造的ディスコミュニケーション分析に関して言えば、それ自体

が本質的に「外部からの分析」という制約をもつのではありません。現に野田事件の分析では、上記のようにその供述それ自体の内部にこの分析を応用することが可能となっています。

逆に供述の内部で行う分析がすべて質的であるとは限りません。浜田の供述分析は典型的に質的分析の1つと考えられますが、『証言の心理学』に紹介されている足利事件では、高木らがスキーマアプローチによってそれを分析していますが、そこでは実際に発話データを量的に処理して被疑者の個性的な語りの傾向（スキーマ）を確認するという方法を多用しています（高木、2006参照）。

すなわち、供述の分析が質的か量的かという分類の視点は、供述の分析という実践のなかで生み出されてきた高木の分類の視点とは、異なる意味をもつものであることが明らかです。それはこの稿の最初に確認したように、供述の分析という実践に喫緊の方法論的課題が、「供述の向こうに『事実』を確定するという作業がいかに可能か」というきわめて困難な課題であり、それが質か量かではないということによります。

ここで「実践」ということの意味は、犯行はそもそも再現不可能な一回性を本質とする歴史的出来事であるにもかかわらず、それをなんらかの反復性・普遍性において確実なものとして呈示するという、ある意味で大変に矛盾した作業を行って、裁判官を説得することです。そのなかで質的な分析は、供述をとおしてその場に生きる人たちの生きる形や構造を、可能な限りリアルに描き出すための重要な手段となり、量的分析はその質の反復性を確認する重要な手段の1つとしても利用され続けるでしょう。

以上に説明したことは、直接には裁判というある特別な場に

関係する議論です。けれども、その一見特殊な問題を解こうとすると、逆に人間の心理とはなにかということの本質に迫る議論が必要になります。例えば人はなぜ個々人の語り（あるいは受容的な聞き手との間の語り）の「内部」の意味を越えて、「客観的」な「事実」を問題にするのでしょうか？　それは人がお互いの立場や利益の違いといったさまざまな対立を抱えつつも、世界への認識をなんとか共有して生きざるを得ないからです。単純な意味での個人的主観に恣意的に左右されない、共有された参照点として「事実」が不可欠なのです。

　では私たちはどのようにしてこの「事実」を共有しようとしているのか。そのぎりぎりの形がこの供述という問題に現れています。しかし少し考えてみれば、それは実は裁判に限らず、「事実」を共有しながら人が生きていくコミュニケーションのなかで常に問題になっていることでもあるということに気がつくでしょう。そこでは人間が社会的に生きそして死ぬ（殺人や死刑による死も含む）という現実に、果たして心理学がどこまで実践的に迫れるか、言ってみれば心理学全体への問いかけがなされているとも言えるのです。

■8　おわりに

　心理学の質的な研究は、一般にお仕着せのマニュアルをそのまま使えばなんとかなる、といったものではなく、一つひとつについて、自分の関心とその研究対象やテーマにとって最適な方法を、自らが作り上げながらそれを進めなければならない、という傾向がとても強いものです。さらに供述分析ともなると、そもそも「多様な解釈の可能性」が大事である語りのデータを、

「唯一の事実」に結びつけて解読しなければならない、というもう1つ困難な課題がついてまわります。そこではそもそも「事実」とは一体なんなのか？　という、質的な心理学がともすれば避けて通る大問題も避けられません（「供述に於ける語りとその外部：体験の共同化と『事実』を巡って」山本、印刷中）。

　そのようにとても困難でもあり、けれどもそれだけチャレンジングな領域でもあります。この領域に関わることには、例えば「冤罪という悲劇を少しでも減らすという作業に心理学の研究者の1人として自分も参加したい」といった、なんらかの社会的な参加意識やある種の責任感が不可欠です。たんに知的な興味によって個人的趣味として行えるものではありません。そのことを前提としてではありますが、しかし純粋に心理学の問題として考えても、そこで求められているのはたんに「既存の心理学を裁判に応用すること」ではなく、むしろ「裁判という場を足がかりに心理学そのものを自分たち自身が問い直し、新たに作りあげていく」というとても魅力的な作業です。現実に足の着いたオリジナリティーが求められています。そこは今までの心理学があまり問うてこなかった、たくさんの魅力的な問いの宝庫だとも言えます。そういう意味で1人の研究者としてもとてもやりがいのある領域なのです。

　ただし、現実の裁判に関わる資料である供述調書を扱うわけですから、その入手や取り扱いなども、一般の研究とは異なることがたくさんあります。ですから供述の分析に関連する基礎的な研究であれば別ですが、初めての人が実際の供述の分析にいきなり携わるということは無理があります。もし供述の分析に取り組みたいと考えられる場合は、この領域に実際に関わっている研究者に相談したり、関連する研究会や学会に参加する

といったところから始めて下さい。供述の分析を扱う中心的な学会としては「法と心理学会」(http://www.u-gakugei.ac.jp/~ktakagi/JSLP/index.htm)、学術誌には『法と心理』(日本評論社から定期発行)がありますので参考にして下さい。

引用文献

Bartlett, F. C.（1983）．想起の心理学（宇津木保・辻正三訳）．（Bartlett, F. C.（1932）．*Remembering: A study in experimental and social psychology*. Cambridge: Cambridge University Press.）

Loftus, E. F. & Ketcham, K.（2000）．目撃証言（厳島行雄訳）．東京：岩波書店．（Loftus, E. F. & Ketcham, K.（1991）．*Witness for the defense: The accused, the eyewitness, and the expert who puts memory on trial*. St.Martin's Press.）

大橋靖史・森直久・高木光太郎・松島恵介（2002）．心理学者裁判と出会う：供述心理学のフィールド．北大路書房．

周防正行（監督）（2007）．それでもボクはやってない．東宝．

Takaoka, M., Saito, K., Wakinaka, H. & Yamamoto, T.（2002）. False memories in children created through a series of interview: Who took a boy away? *International Journal of Police Science and Management*, 4（1）, 62-72.

高木光太郎（2006）．証言の心理学：記憶を信じる，記憶を疑う．中公新書．

浜田寿美男（2001）．自白の心理学．岩波新書．

やまだようこ（2000）．人生を物語ることの意味．やまだようこ（編），人生を物語る：生成のライフストーリー．ミネルヴァ書房．

脇中洋・齋藤憲一郎・高岡昌子・山本登志哉（1997）．生み出された「物語」：幼児と大人の共同想起実験から，下．発達，70，58-65．ミネルヴァ書房．

山本登志哉（2001）．虚偽事実の無意図的な共同生成と証言者の年齢特性：幼児と大人の語り合いはどうすれ違うか．法と心理学，1 (1)，102-115．

山本登志哉（2003a）．体験性・物語性・そして事実性：物語の終わりに．山本登志哉（編），生み出された物語：目撃証言・記憶の変容・冤罪に心理学はどこまで迫れるか．北大路書房．

山本登志哉（編）（2003b）．生み出された物語：目撃証言・記憶の変容・冤罪に心理学はどこまで迫れるか．北大路書房．

山本登志哉（2004）．文化間対立という現実へ：構造的ディスコミュニケーション分析．山本登志哉・伊藤哲司（編），現代のエスプリ（特集：現実に立ち向かう心理学），No.449．至文堂．

山本登志哉（2005）．構造的ディスコミュニケーション事態として取り調べを分析する：野田事件の供述分析（3）．法と心理学会，第6回大会ポスター発表．

山本（印刷中）．供述に於ける語りとその外部：体験の共同化と「事実」を巡って．サトウタツヤ・南博文（編），質的心理学講座，第三巻 社会と場所の経験，第4章．東京大学出版会．

山本登志哉・高岡昌子・齋藤憲一郎・脇中洋（1997）．生み出された「物語」：幼児と大人の共同想

起実験から，上．発達，69，41-57．ミネルヴァ書房．

書籍紹介

『傷ついた物語の語り手——身体・病い・倫理』

アーサー・W・フランク 著／鈴木智之 訳／ゆみる出版／2002年

徳田治子

■自ら病いの語り手として

　20世紀後半、人文諸科学を席巻した"ナラティヴ（物語／語り）"は、われわれの生を捉える強力な認識論的、方法論的枠組みとして多くの研究者を惹きつけてきた。物語論的転回（ナラティヴ・ターン）と呼ばれるこの大きな知のうねりのなかで、私たちは、私たち自身が、物語という形式でさまざまな出来事の連なりを組織立て、それによって自らの経験に秩序と意味を与える存在であることを認識するようになった。

　重篤な病いの経験とそこからの回復を、物語という枠組みを中心に、倫理、身体の問題にまで拡張して論じた本書は、物語論的転回と呼ばれる時代を生きる私たちが向かうべき新たな物語との関係について、理論および実践の双方においてきわめて重要な示唆を含む1冊となっている。

　本書の魅力と特徴を語るうえで、筆者のアーサー・フランク自身が、重篤な病いの経験を有し、またその経験を語ることによって回復していった「病いの語り手」であることを見逃してはならないであろう。医療社会学者として、そして、自ら病いに苦悩する1人の人間として、さまざまな病いを生きる人々の生の価値づけを理論的に構築しようと試みた本書は、それゆえ、たんなる現象の記述やその発生的メカニズムを明らかにしようとする実証的な研究書とは一線を画した内容となっている。

■なぜ、病いは語られるのか？

　著者は、病いの経験とは、その人の人生、ひいては世界への安心や信頼の物語を決定的に壊すものであると述べている。そして、そのような状況から回復する手だてとして、病いを自らの経験として語り直す「病いの語り手」となること、それを通じて、自らの声を取り戻し、その主体性の在り処を確認することをあげている。さらに、筆者はそのような主体性の回復過程においては、病いの語りを受け取る聴き手のあり方がきわめて重要であるとし、この問題をポストモダン社会を生きる私たちが挑むべき倫理的課題、新たに創造すべき価値の問題として位置づけている。

　「語ることは容易ではない。聴くこともまた同様である」と述べながら、両者の関係性の絶対的価値を唱え続ける著者のことばに、読者は、

そのメッセージが、他ならぬ「聴き手」として存在する私たち自身のあり方を問うものであることに気づかされていくだろう。

■ 混沌の物語のなかに、苦しみの声を聴く

　著者は、聴き手としての私たちに、"病いの語りへの感度を熟成する"ための道具立てとして、以下に示す3つの語りの類型を提示する。

　第1の類型として提示される「回復の語り」とは、現代社会においてもっとも強力な（しかし、慢性の病いに苦しむ者の経験を必ずしも掬い取るものではない）病いの物語として位置づけられる。この物語は「私は病気になった。しかし、適切な治療により再び健康になるであろう」というストーリーを基本的プロットとする。第2の類型として示される「混沌の物語」とは、そのような「回復の語り」から取りこぼされてしまう物語であり、その内容は時系列的な繋がりをもたず、ただその断片が繰り返されるばかりのものである。著者は、これを「アンチ・ナラティヴ」の物語と位置づけ、この「混沌とした物語」こそ、全ての病いの物語に通底する声であると述べている。そして、病いの物語を聴き取ろうとする者は、これを見逃すことなく、敬意をもってそれを受け取らなければならないと強く主張している。第3の類型として示される「探求の語り」とは、病いという経験を自らの経験として引き受け、それを「苦しみの教え」として他者に伝えようとする物語のあり方である。著者は、これを病いの語り手が向かう1つの理想型であると位置づけている。

■ 病いの語りの証人となる──
■ 新たな倫理的価値の創造を目指して

　最後に著者は、以上のような語りの3つのあり方を手がかりとして、「混沌の物語」が伝える声を聞きつつ、「探求の語り」をいかに実現していくかという問題について述べている。

　著者は、病いの語り手と聴き手を、「証言」とそれをめぐる「証人」という関係性において捉えることを提案する。そして、そのような枠組みのもと、語り手には、「証人」として自らの経験とその苦悩を他者に語りかける責任を、聴き手には、それを証言として受け取るとともに、その証言に立ち会った証人として、新たな物語を編んでいく責任を負うことを求めている。こうして、病いの語りは、それに苦悩する個人に閉じこめられた物語ではなくなり、聴き手と語り手の関係は、循環的な広がりをもって、同時代を生きる私たち自身の問題として、差し出されることになる。

　本書は、病いの語りとその語り手に関する優れた理論書であるとともに、その語りに臨む聴き手のあり方を静かに、しかし、力強く問いかける1冊である。著者がここで示した物語にかたちを与えるのは、聴き手としての私たちが編む物語のあり方にゆだねられている。さまざまな語りに対して、聴き手自身が、何者としてそれに立ち会い、そこからどのような物語を生きていくか。研究という営みに携わる私たちにとっても投げ出された課題は大きいように思われる。

第6章
病い／高齢者の研究──「認知症」体験の〈汲み取り〉から〈聴き取り〉へ

出口泰靖

■1 はじめに

Nさん：だから、今回のグループホームについてもね、どうするのがねぇ、本人にとってねぇ、いちばんイイのかねぇ。ホントに思うんです。

私　　：Tさんご本人は、自分の今の体の状態とか、心の状態とかを周囲に話すっていうのは？

Nさん：そういうのが全然ないんですよね。(中略)(本人にとってねぇ) うーん、だから、本人にとってどれがよいのか……本人にも聞けないしねぇ (笑)。

　この会話は、「認知症」とされる人のためのグループホームに入居する予定になっている利用者のご家族（利用者にとっての嫁にあたる人Nさん）にインタビューしたときのものです。「本人が認知症になった今、どんな気持ちでいるのかわからない」。「認知症」とされている人[*1]を介護する人たちにとって、こういう気持ちにさいなまれることは少なくありませんでした。「呆

*1　厚生労働省は、2004 (平成16) 年12月24日の「『痴呆』に替わる用語に関する検討会」の報告を踏まえ、「痴呆」にかわる新たな"行政用語"として「認知症」を用いることに決定した。そこで、私の論文では、2004年以降に関わる事柄では「認知症」を、それ以前のことは主に「痴呆」あるいは「呆け」と表記する。

けて今どういう気持ちでいるのか、今どうしたいのか、どこで誰と過ごしたいのか」といった本人の気持ちがわかれば、すなわち、本人が今被っている病いや障害をどのように意味づけているかがわかれば、どのようにケアすればいいか実践するためのきっかけや手がかりとなることでしょう。しかし、「認知症」とされる人の場合、本人に気持ちを尋ねても、こちらが満足するような応えがかえってこなかったり、本人に気持ちを尋ねられないさまざまな状況があるからこそ、介護者や周囲の者を悩ませ、「もう呆けたらなにもわからなくなるのだろう」と諦めにも似た思いをおこさせてきたのでしょう。

　しかしながら、本当に彼らは「呆けたらなにもわからない」のでしょうか。「自分のことすらわからず、自分の気持ちを語ることなど不可能」なのでしょうか。それらの疑問と向き合うために、私は「認知症」体験の〈汲み取り〉に拘泥してきました。私がここで体験の〈汲み取り〉と称したのは、さまざまな理由と状況により、本人から直接「認知症」になった体験の〈聴き取り〉ができなかったからです。私が真っ正面から本人自らの認知症の体験について聴き取りができるのではと思い始めるようになったのは、最近のことです。

　今現在、認知症のケアの現場は、「本人が今、どんな気持ちでいるのかわからない」時代から、「本人の気持ちがわかり始めた」時代への移行期にあります。近年、「認知症」のケアにおいて、「パーソンセンタード・ケア」（Kitwood, 1997/2005）といった「認知症」をもつ本人の「人間性」ともいえるようなものを重視したケアを普及しようという動きが出ています。その「パーソンセンタード・ケア」の場合、認知症をもつ人の気持ちや体験から学ぶことが必要になってきています。その動きの

きっかけとなったのが、認知症初期の人たちや若年性認知症の人たちが、彼ら自身の気持ちや体験を公の場で語り始めたことです。日本でのそうした動きの牽引役の1人として、クリスティーンさんというオーストラリア在住の女性の方がいます。彼女は、「認知症」をもつ当事者として、自ら認知症であることを公表してその体験についてつづった本を出版し、日本や世界各地で講演活動をし、認知症当事者同士のグループをつくって当事者活動をしている方です。クリスティーンさんは、1995年に46歳で認知症と診断されてから、認知症となったことをめぐって幾多のアイデンティティの危機ともいえるような体験をしてきました。その人たちの語りを聞くと、認知機能の低下から、その人たち一人ひとりの「その人らしさ」が失われていくような感覚にとらわれるというアイデンティティの危機に見舞われることが切実な思いで伝わってきます（Christine, 1998/2003）。

　本章では、私が認知症（当時はまだ「痴呆症」と言われていた時代なのですが）のケア現場でフィールドワークをするなかで、認知症とされる本人の体験の〈汲み取り〉に拘泥してきたきっかけとなったこと、なぜ本人の経験の語りとその聴き取りではなく、体験の〈汲み取り〉に甘んじなければならなかったのか、今現在、体験の〈聴き取り〉ができるようになって私が思うことについて述べてみたいと思います。

2 私と「認知症」の人とのやりとり自体をフィールドワークする

　私がそもそも、認知症をめぐるフィールドワークをし始めたのは、本当に偶然のことからでした。当時、ある大学の研究生をしていたのですが、その研究室の教員から「痴呆性老人（当時ママ）に関する研究会をやってるんだけど、君も入ってよ」と誘われたのがことの始まりでした。

　その当時、私は医療社会学という学問分野の「病い体験アプローチ」という研究方法を学んでいました。「病い体験」とは、病いや障害をもっている人の観点から病いや障害について理解しようとする医療社会学的方法のアプローチの1つです（Conrad, 1994）。このアプローチでは、病いについて考える場合に「意味」「体験」といった主観的で個人的な世界に焦点をあてます。すなわち、文化的定義（各文化における病いの定義）・ケアする場（病院、施設など）・ケアにおけるさまざまな関係性や相互行為のなかで、病いをもつ人がそれらに影響を受けながら、自ら病いをどう受けとめて解釈し、意味づけるのか、ということに中心的な関心をおくのです。そして、病いや障害をもって生きる当事者本人に、「自らの心身の状態変化に対して、今あなたはどんな気持ちでいるのか」ということを研究者が問いかけ、語ってもらい、それを聴き取る作業を通じて、病いや障害の理解に近づけようとするアプローチなのです。

　それまで医療社会学における主流の概念は、「病人役割」と「病気行動」でした。これらは、病い体験に比べれば十分に発展している概念であり、実際における病気や患者行動の分析に貢献してきました。病人役割は、病いを社会的逸脱として、医

者を社会的統制装置として概念化し、医者－患者関係や患者の地位に分析の焦点をあてる概念です（Parsons, 1951）。一方、病気行動は、病気にかかったと感じた人がその病気を定義し、その病気から解放されることを求めてとる活動（Mechanic, 1962）であり、「コンプライアンス（医療者の指示に従うこと）」に関する研究などに貢献しています。

　しかしながら、両者は、病い体験とは違って思い苦しんでいる人の「インサイダーなパースペクティブ（観点）」で分析しているわけではないという点では、典型的な「アウトサイダー・パースペクティブ」であるといえます[2]。病人役割は、社会が患者にどのような役割を期待するか論じてはいても、病いをもつ人がその期待にどう応え、病いをどう受け取るのかといった病いの社会心理学的側面には着目していません。また、病気行動の場合も、例えば「ノンコンプライアンス（医療者の指示に従わないこと）」といった病気行動を逸脱行動として捉え、「なぜ彼らはそれをするのか？」「どうしたら、我々は彼らを止められるのか？」といった、原因と効果的な取り扱いについて論じます。ですが、それはあくまでも調査研究者が統制者の立場をとった「矯正的な（correctional）」アプローチです。なおかつ、研究者側の、つまり外側からの観察可能な具体的行動レベルにとどまり、そこには病気をもつ人がどう受けとめているのかという考察が抜け落ちているのです。例えばてんかんをもつ人が薬を医師の指示どおりに飲まない行為を医療者側からみなせば「ノンコンプライアンス」にカテゴライズしてしまうのに対し、病い体験アプローチでは、てんかんをもつ人が日常生活を営んでいくうえでの職場や家族の関係性や自分の価値判断などで薬を飲むかどうかを決めているという「セルフレギュレーション

[2] アウトサイダーのパースペクティブは、体験それ自体の外側から、すなわち医学的あるいは社会理論的問いかけから病いを捉えようとするが、本人の主観的リアリティを取りこぼし、彼らを影響されうるなにかとして、つまり受動的な客体としてみなす傾向がある。インサイダーのパースペクティブは、病いをもって生きていくこと、あるいは、病いをもつ「にもかかわらず」生きることに対する主観的体験に着目する。

（自己統制）」というカテゴリーとして提示するのです（Schneider & Conrad, 1983）。私は、てんかんをもつ人の「病い体験」の調査研究をお手伝いさせてもらったり、さまざまな「病い体験」に関する文献を読んでいくことから、当事者しかうかがいしれないその生活体験世界と、そこから臨床実践を考えていこうとする謙虚さに魅力を感じ、自分自身もそのアプローチを用いたフィールドワークをしたいと思っていました。その矢先、「痴呆」に関する研究会に誘われたのです。

その研究会の研究内容というかテーマが、「痴呆の人の幸福感」というので、てっきり「痴呆の人でも生きていくうえで幸福感を感じてもらえるようなケアってどんなんだろう」ということを考えるのかと思い、その研究会での話を聞いてみると、「痴呆の人って辛いことや苦しいことも忘れられるから毎日が幸せじゃん。その幸せ度を出していこうよ」というものでした。研究会のメンバーの人たちのその発言に、「えー、そうかよー」と違和感、そして反発を感じている自分がいました。

認知症本人の不安や辛さを汲み取ってケアをしていかねばならないという「パーソンセンタード・ケア」が謳われる今現在からしてみれば、その研究会のメンバーの発言は、かなり認知症に対する偏見が入っていたといえるでしょう。ですが、「認知症になっている本人は辛いことや苦しいことも忘れるから幸せだよね」という見解は、10年前の当時としてはかなり一般的なものとして受けとめられていました。ただ、なぜか私は当時の一般的な見解とは相容れないものを感じていたのです。「とりあえず、僕をフィールドに行かせてください」。私のフィールドワークはそんな反発心から始まりました。

しかし、こうして特別養護老人ホームの「痴呆症」（当時）の

「専用ルーム」というケア現場に「参与観察」[*3]するつもりで足を踏み入れると、介護者と入居者である認知症高齢者との相互行為を事細かに、冷静かつ丹念に「観察」する余裕など私にはありませんでした。日常生活のなかで困惑と不安を示す彼ら一人ひとりとどうやりとりすればいいのか、振り回されてばかりでした。そのうち、私は彼らとどう関わればいいのか、予定外の「問題関心」とはいえない当惑にも似た素朴な疑問が、私の心を捉えてはなさなくなっていったのです。こうして私は、私自身が「認知症」とされる人ととどうやりとりしたのか、そのこと自体をフィールドノートに書いていくしかなくなったのでした。そんなとき、アサコさん（仮名）という女性の入居者と出会うことで、私のフィールドワークではこれを追いかけてみたい、というテーマが浮かび上がってきました。そのテーマというのは、「認知症」とされる人たちの「呆けゆく」体験を明らかにしていくことです。そのきっかけとなる出来事がアサコさんとの間でありました。

[*3]「参与観察（participant observation）」を、宮本（2001）は「観察者が観察対象となる集団や地域社会の中に入り込み、そこに生活する人々と時間と場を共有してフィールドワークを展開することを通じて、人々の社会生活をその内部から観察し明らかにしようとする方法論的立場」と述べている。

■3 「認知症」体験を明らかにしてみたい

　アサコさんは息子さんの話をよくされる方でした。アサコさんと話していて、指輪をされているので、その指輪について話題にしようと指をよく見ると、ある指につけているのが、針金を3、4回巻いただけのものであることに気がつきました。「あれ、この指につけていらっしゃるもの、指輪かと思ったんですけど」と私が聞くと、アサコさん、「ああ、これですか」と恥ずかしそうにしながらも、さもうれしそうに話してくれました。というのも、当時、中学生だった息子さんがアサコさんの誕生

日に「僕はまだお金がないから」と、アサコさんの指に巻いてつけてくれたのが、この針金の「指輪」だったそうです。私は「自慢の息子さんなんですねえ」と感心してその話を聞いていました。

　後日、私がソファーに座っているアサコさんに声をかけ、以前話してくれた息子さんの話を切り出すと、なんと違う息子さんの話をしてくれました。それも、「23歳で死んでしまったんですよ。子ども（アサコさんにとっては孫）を残して」という、かなりショッキングな話でした。この後、母親の目からみてもいい子だったと、息子さんのことを話してくれました。若くして亡くなった息子さんのことを思い出してか、アサコさんは「こんなこと、人に話すもんじゃあらへんと思うておりましたのに。こんなつまらないことをくどくどと」と涙ぐんで言いました。

　それからしばらくたって、ソファーにまだアサコさんが座っていたので、再び声をかけてみました。ところが、彼女と話をしているとお互いにかみ合っていないことに私は気づきました。このときのアサコさんはどうやら、ここが昔勤めていた病院だと思っていたらしく、「もうこの病院では働けないよ」と言い出してきました。その理由を問いただしてみると、「脳病院（——これは彼女の言い方）」に入院していた息子さんの首吊り自殺（死因は自殺だったのでしょうか、今となってはわかりませんが）をきっかけに、配膳し忘れるなど自分が呆け始めたから、と言うではないですか。「もう続けられません」と私を病院職員の1人と思ってか、こう訴えるのでした。

　本人が「私ももう呆けた」と言明するのに対して、なにもフォローできない自分がいました。そしで彼女の嘆きという感情表出に対して、なにもフォローできない自分がいました。ただ

ただ、焦りながら「大丈夫ですよ、しっかりしてますよ」と受け応えることしかできない自分がいました。切迫感、悲愴感をともなった相手とのやりとりの場合、その突き刺すほどの感情をやわらげるためにも、私たちはその場をやり過ごそうとするのかもしれません。しかし、悲嘆にくれる感情に向き合わないままやり過ごすのは、「認知症」とされる人たちが「呆けゆく」体験を受け容れていく道程を、関わり手がむざむざとふさいでしまう恐れもあるのではないか、との思いも寄せてくるのです。

　「認知症の本人は辛いことや苦しいことも忘れるから幸せだよね」という当時の一般的な見解に反発を感じて始めたフィールドワークでしたが、回帰している心象風景ではありながらのアサコさんの苦悶した姿をみるにつけ、ますます私は「呆けてしまえば本人は幸せ」ということばや考え方を受け入れることができなくなっていきました。たしかに、彼女は、私に語ってくれている「今、ここ」の場所を（勤め先だった）病院だと思っているので、「呆け始めた」ことに気づいたということ自体、その当時の「再演」であるといえるのかもしれません。しかしながら、それよりむしろここで私の心を捉えて揺さぶった問いは、彼ら本人が「呆けゆくこと」の気づきをなんらかの形で示し、その原因を自分なりに考え、仕事をし続けられないことに対して言いしれぬ不安を感じ、悲嘆に沈み、この事態になんとか対処しようとしているのではないだろうか、ということでした。私たちは、そういった「呆けゆく」ことへの気づき、そして彼らの基底感情に対してどう関わることができるのでしょうか。こうして私は、人が「認知症」とされるようになってからどういう体験をするのか明らかにしていきたいと思うようになりました。

第 6 章　病い／高齢者の研究

4　「呆けゆく体験」の〈汲み取り〉を　やってみる

　こうして私は、とにもかくにも、認知症とされる人たちと接しながら、本人たちは皆、自らの「呆けゆく」状態に対してどのような思いでいるのか、その思いや〈体験〉を自分なりに汲み取ってみようと思いました。とはいっても、今まで「認知症」とされる人たちと接していて感じたことは、やはり、当時一般的に流布していた、「呆けている人はもうなにもわからなくなっている」という思いに私を誘い込んでしまうようにみえる態度を示される人が少なくなかったということでした。例えば、まるで人形を本物の赤ん坊のように扱い、食べ物をもってきて食べさせようとしたり、話しかけたりするような方をよく見かけました。私が実習生としてある施設でフィールドワークをしたときも、鈴木さん（仮名）という方が「この子、ほれ、目を見開いて、じーっとこっちを見よるけん」「鼻と鼻をくっつけよると、向こうから寄って来るんじゃ」「この子、この頃歩けんようになったんよ。足が右のほうが短いけん、あまりよう歩かんのじゃ。ほれ、自分で歩いてみんさい。（私に顔を向けて微笑んで）ほら、右足は出よるのに反対の足が出んのよ」「髪が少し、乱れとるなあ」と、ある西洋人形をまるで生きている子どものようにあやし続けていました。
　しかしながら、自らの心身の状態変化を「認知症」だと認めなかったり否定しようとする人たちもいました。私があるグループホームで、住み込みのボランティアという形でフィールドワークをしていたときに出会った久坂さん（仮名）という方がいました。彼女は、「なーんか、頭がボーッとして、なにがなん

だか、わからないから、寝っころがって、考えてみるわ。倅に『お袋呆けたな』って言われると、カッとしちゃう」と話していました。このように、認知的な欠損の問題に対する受けとめでは、認知的欠損という深刻な状態を自らがすでにもっていたあまり深刻ではない身体的障害にすり替え、退行性のある知的な問題として受け入れなかったりするなど、否認する形が特に強いといいます（Cotrell & Lein, 1993）。彼女は「なんかおかしい」と自らの心身状態の変化になんらかの形で気づいているようでしたが、それを「認知症」とみなそうとはしませんでした。さらには、同じ居住者の方が「呆けゆく」様態を示していると、露骨に顔をしかめて「いやだねえ。あたしゃあ、こんなふうにはなりたかないねぇ」と悪態をつき、「呆けゆく事態」に対し嫌悪感を示すこともありました。

　それだけではなく、「認知症」とされる人たちは、周囲の人たちが自分を「呆けた」とみなさないよう、また「もの忘れ」をしていることが他の人にばれないように、「面子を保つ」ためにことばを濁したり、取り繕ったり、話をすり替えたり、ごまかし、つじつま合わせをしたりやり過ごすといった、「パッシング」（Goffman, 1963/1970）というさまざまな回避的な対処方法をとるようでした*4。先ほどの久坂さんは、「どうやってここにいて、どうしてここにいるのか。病気でもなんでもないのに。私、今のお勤め好きなのに」と、朝食時にボンヤリしながら食卓に向かって毎朝のようにつぶやいていました。ある朝、いつものようなぼやきをつぶやいた後、「私、ちゃんとお勤めしてたのよ」と言いました。その直後、ボランティアとして来ていた松野さん（仮名）が「どこで？」となにげなく久坂さんに聞いたのです。すると、久坂さん、しばしハタと考えているような、

*4 社会学者のゴッフマン（1963/1970）は、「パッシング」を「信頼を損なうような事情を隠すこと」として用いている。また、医者であることをパッシングするような「信頼を得る事情を隠すこと」を逆方向のパッシングと呼んでいる。

それと同時に凍りつくような（と私がたんにそう感じただけなのかもしれませんが）表情になったのです。その間、少し間が生じました。そして、「あなたに話すまでもないわ、そんなこと！」といきなり声を荒げて怒りながら叫んだのです。

　久坂さんは、なぜいきなり声を荒げて怒ったのでしょうか。もしかしたら、彼女は、不意に「どこで働いていたの？」と聞かれてすぐに働いていた場所を思い出すことができず、すぐに答えられず、周囲や相手に「もの忘れ」をしていることを認められたくないがためにパッシングしよう（ごまかそう）と、とっさの判断で「あなたに話すまでもない！」と怒ったのではないでしょうか。そして、「認知症」とされる人が周囲の者から「あの人は呆けてるからなにを言ってもわからない」といったスティグマを貼られることを回避しようとパッシングをするのも、先ほどの「呆けゆくこと」に対する否認からくるともいえると私は思ったのでした。

　私が久坂さんとの日常会話からわかったことでは、このグループホームに来るまで長年生まれ育った下町で生活をしていたそうです。実家は「下駄屋（久坂さんのことばによると）」で、20代で結婚する前はデパートでレジ打ちをして働いていたといいます。「自動車の修理屋（これも久坂さんの言）」に嫁いで、40代でご主人を亡くしてからも、「おかみさん」として店を切り盛りしていたそうです。しかし、子どもが皆、独立してからは、1人暮らしをしていました。「どこかおかしい」と見られるようになったのは、こうした時期であったらしいのです。グループホームのスタッフの方の話によると、久坂さんはいわゆる「攻撃性」があってかなり激しく暴れたといいます。おかしいと近所から苦情があり、まもなく「入院」という運びになってし

まいました。入院体験をしてから家は息子に任せてしまうと、久坂さんのプライドの1つである「おかみさん」という役割を喪失してしまい、生活環境は激変してしまったのではないでしょうか。

　久坂さんは自分のことを「怠け者」と言っていました。ですが、「どうして食べてんだか。寝てるだけなんて。私、ここでなにかやってるのかしら」と言って、社会で仕事をしてお金を稼いでいないことに不安を感じてもいました。このような「おかみさん」としての仕事や役割の喪失体験は、自分という存在（まさにアイデンティティ）の不安や喪失感を抱きやすいといいます。ましてや、「認知症」の人たちのなかには、「なにがなんだかわからない」と言う人もいるように、自分が自分でなくなっていくような、自らの心身の状態の変化からの自己存在喪失に対する不安やおびえも見られます。またそれだけではなく、彼ら自身に「認知症がある人」としてのレッテルを周囲の者から押しつけられる（ラベリングされる）のではないかという不安やおびえも見られるといいます。

　さらに、認知症とされる人たちと接してみると、「もう私も呆けた」と嘆かれたりする方や、「こんな呆けばあさん、誰も相手にしてくれん」と愚痴のようにこぼす方もいました。彼らは、自らの心身の状態が変わっているようであること、呆けはじめていることをある程度認識して、自覚的であるような態度を見せていました。しかしこの場合、後から考えてみると、本人がなんとなく「病感」としてなんらかの心身の状態変化を訴えることはあるにしても、「呆け」を「自覚している」とハッキリ認めていいものかどうかは検討の余地が残るのでは、とも私は感じてしまうのでした。というのも、認知症とされる人と私との

日常的な相互行為において、「私も呆けた」というときの「呆け」ということばに込める意味合いというのは、狭義の医学的な「認知症」としての意味で用いているのではなく、むしろ「年をとった」「衰えた」「今日はなんか変なの」ということであるかもしれないし、「そんな私を慰めてほしい」「私をほったらかしにしないでほしい」「無理なことを課さないでほしい」というメタ・メッセージの意味合いが強いのかもしれないと思ったからです。また、私のような側で話しかけてくる人の話がよくわからず、「あんたの言っていることがようわからん。ここ（頭を指さして）がバカになってしもうて」とコロコロと笑顔を見せる人も何人かいました。これも自ら認知症の状態に気づいて自覚しているというよりも、話しかけてくる相手の話がわからず（耳が遠くて聞こえない人もなかにはいました）、うまく受け応えができないがための、その人なりの「応対技法」のようにも受け取られるのでした。

　このように、本人の「呆けゆくこと」に対する体験を汲み取ろうとすると、彼らは、自覚的な様態を見せる場合があったり、不確かさをもつ様態を見せたり、否認的な態度を見せたり、不安やおびえを見せたりしていました。「呆けゆくこと」に無自覚的な様態を見せる人たちもいました。まだ、ここでの彼らの体験は、あくまでも当初フィールドワークをした私が、「呆けゆくこと」に関して本人がどういうような態度を私たち周囲に呈示しているのか、私が推察したもので、彼らの体験をそばで見聞きしたうえで、そのような態度を示しているように感じ取ったにすぎませんでした。つまり、私の〈汲み取り〉はあくまでアウトサイダーの観点であって、インサイダーのそれではありませんでした。私は「かゆいところに手が届かない」ような思い

にかられてなりませんでした。それは1つに、本人の体験を私が勝手に推しはかって〈汲み取り〉をしたにすぎず、本人にまだ「もの忘れで困ったことは？」といったような「呆けゆく体験」について直接的に〈聴き取り〉をすることができなかったからだといえます。

5 本人による「認知症」体験の〈聴き取り〉の難しさ

　私が「認知症体験」に関する本人からの〈聴き取り〉が困難だと感じたのには、いくつか理由がありました。その理由としてまず1つ挙げられることは、当時の一般的認識として、私たちは、「認知症」の人に対して「もの忘れ、あるいは『呆け』の自覚がない」という認識が常識であると信じて疑わない、ということです。そんななかでましてや「自分の気持ちなど語ることなどできない」と思い込んでいました。そういうわけで、本人から「認知症体験」の〈聴き取り〉をするのは一般に困難と受け取られていました。また、本人や家族などの近親者による「認知症」の否認があることもあるでしょう。この場合、「まだ呆けてはいない」と否認する本人やその家族から、ダイレクトに「呆けゆくこと」の受けとめ方の〈聴き取り〉をするのは難しいと考えられます。

　さらに、本人が「呆けゆくこと」を「語らない」あるいは「語れない」状況にあることも挙げられます。「語らない」「語れない」状況というのは、まず1つに、本人が「呆け」によるスティグマを回避しようと「パッシング」することがあります。また、周囲の人たちが「本人は自分の呆けに気づいてはいない」

とみなしている場合の他に、「呆け」様態を本人に気づかせないで包み隠し、「呆け」と気づかせるような事態をごまかし、やり過ごそうとするということがあります。このような周囲の人からのパッシング、あるいは「パッシング・ケア」（出口、2000/2001/2002/2004）によって、本人やその周囲の者が「呆けゆくこと」についてオープンに「語れない」状況になっている場合が考えられます。

　数多くの臨床場面で行われる認知症ケアでは、本人や周囲も含めて、「呆けた」とみなすことが生活するうえでのトラブルを招きやすいことから、「呆け」様態に気づいても、なるべく周囲の人の胸の内にしまい込む傾向が見られます。つまり、意図的／非意図的かどうかはともかく、前述したようなパッシングを逆手にとって、「呆けゆく」人自身ではなく周囲の人からのパッシング、「パッシング・ケア」が行われているのです。

　例えば、前述した久坂さんが「なんでここに来ちゃったんだろう」という不安を表出する行為に対して、ケアスタッフが「久坂さん、今まで入院してて、病み上がりなんです。だからここで、ゆっくり療養しているんですよ」と受け応える場合などに、「どうしてここにいるんだか、わかんない」という久坂さんに対し、「あんた、呆けたね」とか「ここは認知症の人のためのグループホームだよ」ということは、本人には顕わにしようとしません。そして、「呆けゆくこと」に気づいている周囲の者が、まるで本人が「呆け」てはいないかのようにふるまい、「気づきの閉じた文脈」*5 を築き上げるのです。

　今までの認知症ケアでは、自らが「呆け」であることを認識していない人に、わざわざ「呆け」を直面させるのは残酷とどる思潮が主流であり、「パッシング」による接し方によって、

*5　グレイザーとストラウス（Glaser & Strauss, 1965/1988）は、患者とその家族、そして病院職員とが、「死にゆくこと」をめぐって、病院の組織や告知における医者のモラルなどの「構造的条件」に影響されながら、どのような文脈で相互行為がなされているか「気づきの文脈」という概念を提示した。「気づきの閉じた文脈」というのは、ある人は、X（診断、予後、症状）について知っているが、別の人には隠す、というもの。

彼／彼女らの寄る辺のない不安感を緩和させることが良心的であるという姿勢が内面化されてもきました。こうした配慮は、本人の「もの忘れ」からくる寄る辺ない不安などを緩和させるために効果的な対応であることは確かです。ただ、こうしたいわば「呆け」に対する気づきの閉じた文脈のなかで、本人の「もの忘れ」をはじめとする心身の状態の変化や、周囲の対応に対して、どのように受けとめているのか、本人からの〈聴き取り〉をすることは難しいことでした。本人による「呆け」の受けとめを、本人自身のパースペクティブから捉えようとすることは、少なくとも本人には「呆け」様態行為に向き合わせないようにするケアの現状では、本人にとって非常に暴力的で残酷なことであり、はなはだ困難な作業であることに、私は直面したのです。

6 「もの忘れ」体験に耳を傾ける ケアとの出会い

　そうした困難を抱えていたある日、私は島根県出雲市のデイケアハウス「小山のおうち」という場におもむきました。そこでは、認知症の人たちの「介護」だけではなく、認知症の当事者に対する独自の「ケア」を行い始めていました。認知症とされる本人の「呆けゆく」事態、特に「もの忘れ」という「呆け」におけるもっとも特徴的な事態に対する受けとめをケアに結びつける試みを行っていたのです。当時、「小山のおうち」を切り盛りしていたスタッフの方々は、当初は「介護する家族の負担を軽くするため」にデイケアハウスを開設しました。そのデイケアのなかに、精神分裂症や神経症、抑うつ症などの精神疾

患の治療に用いられているエッセンスを取り入れたことをきっかけに、お年寄りが「もの忘れ」に苦しむ辛さを耳にすることができました。お年寄り自身の辛さが見えていなかった、とスタッフは反省し、介護者が困る以前に本人がパニックになったり、困ったりしている、といった捉え方によって、本人に働きかけるデイケアを行うことになったといいます。

「小山のおうち」では、メンバーである「認知症」とされる人自身に「もの忘れ」などに対する自分の気持ちをつづってもらう作業もしています。それが"つぶやき"という、自己開示としての本人自身の「もの忘れ」体験の表出行為です。

　　最近物忘れをするように成った。物忘れは悪い事です。なさけない事です。物忘れは人にめいはくかける事はない。だけどいやです。思ふように言われないから。思う事が言われぬのが悪い事です。早く死にたいです。それほど物忘れはつらいです。物忘れするのはもうどうしようもないがどうする事も出来ない。どうする事も出来ない自分は早く死にたいと思います。思う事が出来ないから。物忘れする以前は思う事が出来た。畑仕事その他なんでも出来た。田麦ほり、あでぬりシロかきその他。何かしたくてもやる気があっても何をして良いかわからない。する事を言ってもしたらまだやれる。何もする事がないから死んでも良いと思ふ。する事が有ればまだまだ長いきしても良い。

この"つぶやき"などを見ると、本人自身が「もの忘れ」体験をどのように受けとめているのかが明らかにされています。それ以上に、この"つぶやき"が私たちの前に出されると、本

人自身が気持ちや体験をもの語れるという、そのこと自体が、「自分や周囲の状況などわからない、ましてやそれを語ることなど」という一般的な「認知症観」を覆すものとして、家族や専門家をはじめとする周囲の人々から驚きと反省の声が上がっています。

　実際に、つぶやかれているメンバーの方は、以前、「徘徊」などの「問題行動」と周囲によって呼ばれる行為を起こした方です。そうした方の「問題行動」が緩和され、このように自分の気持ちまでつぶやけるようになったのは、「小山のおうち」の独特な関わり方にあるように私は考えました。その関わり方について私は、日常生活のなかでは抑えられていたり、不十分にしか表現できなかったものを「思いのまま、思いつくまま語り合えること」、どんなことを言ってもやっても叱責されないという「安心を贈り続けること」、「今がいつでここはどこで周りの人が誰か」おぼろげになって心底不安にさいなまれている認知症の人たちに「心から楽しむこと」を意識して贈り続け、その「安心や楽しみを生み出し続けるための補助自我と主役体験」といった点を挙げました[*6]。こうして、もの忘れの辛い気持ちなどの深くて重く、これまで抑えていた感情を表に出すことができ、安堵感やカタルシスを得ることができたのだと思います。こうした"つぶやき"は、信頼のおける相手が存在し、本人がつぶやく気持ちにならないと、出てこないことでしょう。これは、受けいれてもらえる「小山のおうち」での関わりの場面のなかで十分に表現し、その情念から解放されることをへてきた人でないと出てこないのだと思います。

[*6] 「小山のおうち」については、出口（2000/2001/2002/2004）にて詳しく考察をしている。

7 「認知症」体験の〈汲み取り〉から〈聴き取り〉へ

　今でこそ、クリスティーンさんのように、「認知症」とされる当事者の人自身が自らの体験を語り始めていますが、今まで（いや、今なお）私たちが本人を交えて「認知症」について触れたり口に出したりすることはタブーであった（である）ように思います。認知症に関してなってみないとわからないことがいろいろあるにもかかわらず、「認知症」は触れてはならないこと、言ってはならないこと（タブー）だった（である）のではないでしょうか。その理由としては、1つには、本人が「呆け」であることを自覚・認識していないと捉えるのであるのならば、わざわざ本人に「呆け」を直面させるのは残酷と捉えるのでしょう。またたとえ「呆け」の認識が本人にあったとしても、本人に「呆け」を認めさせ、向き合わせることは精神的なショックを与えかねないということから、非常に暴力的で残酷であるという認識があるからだといえるのではないでしょうか。だから、周囲の側から「呆けゆく」事態を包み隠すことが暗黙の了解事項ともなってきたのではないでしょうか。
　クリスティーンさんが認知症の当事者として日本で講演をして以来、日本でも若年性認知症や認知症初期の人たちが自らの体験を語ることが注目を集めるようになりました。もうすでに時代は、周囲が認知症の人の体験を汲み取り、その汲み取りを手がかりに認知症の知識を構築していくというのではなく、本人が認知症の当事者として自らの認知症の体験を語り（語ることができ）、そこでは今までの認知症の知識には誤解があるという指摘もなされるような時代になっています。認知症の人が

当事者として語り始めているという、そんな時代になったのなら、私はぜひ、そうした方々から〈聴き取り〉をしたいと思っていました。そこで、あるデイサービスで認知症の人に〈聴き取り〉をしているということで、その実際の様子を拝見させていただくことができました。以下は、デイサービスのスタッフのMさんと、若年性認知症である利用者のSさんとの聴き取りの様子を、私がビデオに録画し、その場面を書き起こしたものの抜粋です。

Mさん：もの忘れで困ったことは？
Sさん：家で1人でいたとき、外に出て行って帰り道がわからなくなった、それがこわくなった。悪いほうに考えていって。家はどのへんだ、今はなんどきだ、とか。一つひとつがバラバラになって。道がわからなくなることで、だめになるんじゃないかな、と。（中略）
Mさん：今Sさんにできることは？
Sさん：今、だいぶ、笑うことができるようになりましたから、あとはなにしようかな、と思うています。
Mさん：Sさんにできること？　みんなにできること？　同じような病気の人やご家族に対して、Sさんがしてあげられることってなんでしょう？
Sさん：笑うことですね。話ししよるなかでも大きく笑うこと。それは家におっても1人でできること。
Mさん：それが、同じ病気で家にいる人で悩んでおられる人に笑えるようになったらいいよって？
Sさん：ここにきたら強くなれます、はい。そのかわり、（この聴き取りは）きっついですよー（笑）。（私なんか）わ

んわん泣きよる。(中略)

Mさん：Sさんの新しい希望ってなんですか？

Sさん：希望ですか？　やっぱり、なんと言ったらいいかなあ、笑うことです。それしか、もう、ない。

Mさん：笑うとどうなるんですか？

Sさん：笑うとすぐ仲良くなれるし、つらいことも忘れる。これに勝ることはないという感じです。

　そのデイサービスでスタッフのMさんが普段やられている聴き取りに同席させてもらったときに、「出口さんからも質問してみてくださいよ」と言われて、Sさんに〈聴き取りのマネ〉をさせてもらう機会をいただけました。急に「あなたもどう？」とふられて少々心の準備がなかったので、最初はたどたどしく質問し始めたのですが、思いのほかSさんが語ってくれたので、間があくこともなく聴き取りをすることができました。例えば、私がSさんと聴き取りをしたやりとりでは、以下のような感じでした。

私　　：今やっておられる（人前で話す）ことと、仕事をされていることは違いますか？

Sさん：いやー、そのー、軽いのと重いのとで。

私　　：どっちのほうが？

Sさん：今のほうが軽いですね。

私　　：じゃあ、仕事されていたときのほうは？

Sさん：重いですね。ですから、今のほうは楽になっていますね。

私　　：仕事をされていたときはいろいろ大変でしたか？

Sさん：もうそこではもうトラブルがあったし。ですから、（認

　　　　　知症に〈筆者注〉）なったらなったで、という考えに
　　　　　なったら、楽になったですよ。ですから、いっつも、
　　　　　笑っています。
私　　：奥さんとも会話して笑ってらっしゃる？
Ｓさん：きついときには気を遣ってくれましたね。帰りは午前
　　　　　様のときが続いたんですよ。（Ｓさんの奥さんは〈筆者
　　　　　注〉）１つも愚痴が出ないんですよ。

　スタッフのＭさんと私の聴き取りの違いには、いろいろ考えさせられました。ふりかえってみると、聴き取りにおけるＭさんの問いかけには、「それはなぜ？」「どうしてだろう？」「どういうことだろう？」といったように、〈Why？〉が多く含まれていました。ところが、私の問いかけは「そのとき初めて会ったんですか？」「初めて陶芸をするようになったんですか？」などといったもので、ずいぶんと「いつでしたか？」「しましたか？」「なんでしたか？」〈When？ Where？ What？（いつ？ どこで？ なにを？）〉という問いかけが多いのです。しかも、過去のことについて聞いたり、記憶を頼りにした問いかけしかできていないことに気づきました。たしかに、Ｍさんの問いかけにも〈What？〉があるにはあるのですが、「今なにがしたい？」「周りの人に対して今なにができる？」といったように、「今の、ここで」のことを考えてもらう問いかけをしているのです。

　Ｍさんが聴き取りのさいに、過去のことについて聞いたり、記憶を頼りにした問いかけをしないのは、Ｓさんとともに過ごしている時間が長い分、すでにＳさんの人となりというものがわかっているから、聴き取りでは過去なにをしてきたか問う必

第６章　病い／高齢者の研究

173

要はないということがあります。また、Mさんがとっている聴き取りの姿勢は、「呆け老人をかかえる家族の会（現在、「認知症の人と家族の会」と呼称が替わりました）」が2004年に行った聞き取り調査（（社）呆け老人をかかえる家族の会編、2004）を実施する人たちを対象とした研修会で、「相手の昔話を聞いていると話が長くなって枝葉にそれていくため、時間がいくらあっても足りなくなる」ので「昔話はできるだけ聞かないこと」からきているのだそうです。しかし、それだけではなく、Sさんが記憶を頼りに語ることの難しさをMさんのほうで十分に理解し、配慮して問いかけの内容を考えているのではないかと私は思いました。そして、Sさんには認知症による認知機能の困難さはあるにしろ、Sさんなりに常日頃感じ考えていることがあり、ことばとして口に出すのが難しくはなっていても、なんらかの形で引き出せるものがあるというMさんの〈構え〉が見られるのではないかとも思ったのです。後日、Mさんにその聴き取りの〈構え〉について、メールでのやりとりのなかでうかがうことができました[7]。すると、Mさんは、以下のように答えてくれました。

　本人に聴いていくと、「なぜ、こうなったんだろう」ということばが多く使われていました。私がその「なぜ」に付き合うような気持ちで、「なぜなんでしょうね」と問い返す。そうすると、その「なぜ」を話そうとする。「なぜ？」ということばに表す前に頭のなかで整理しているのだと思います。そのなぜに、本人が聴いてほしい気持ちが含まれている。ことばを整理し自分が言おうと思っていることを「なぜ」って聴かれて後ろからポンって押されたように話し始める。「なぜ」っ

[7] メールでのやりとりをデータにした調査研究というのは、どういう位置づけになりうるのだろうか。お互いが遠隔地にいながらインタビューや聴き取りが行えるものとして捉えられるものなのか、それとも、お互いに顔をつきあわせていないことから、独白や手記に近いものとして捉えられるものなのか、検討しておきたいところである。

て言ってあげるほうが話しやすいのではないかと感じ、自然に聴くようになったのではないかと思います。「どうしてだろう」も同じく、「どうしてこうなったのかわからない」と言ったことで私が聴くようになった。あえてかどうか、その方が話そうと思う気持ちを引き出していきやすくなったため、「なぜ」「どうしてだろう」をよく使うようになったのではないか、意図的でなく自然にだと思います。「なぜ?」という否定的に聞こえるこのことばが、聴き取りの時は、「言ってもいいんだよ」と応援することばなのかもしれない、今回、あらためてふりかえってそんなふうに考えましたがいかがでしょうか。それと、「へー、そうなんだ」と思うことを話すので、「それから」「なぜ」「どうして」と聴きたい気持ちがそういった聴き取りになっているのかもしれません。どちらにしても本当によく使っていますね。

　私は、Mさんの聴き取りの〈構え〉にあるものを、例えばクライエントが「死にたいです」と発したことばに対し、カウンセラーが「そんなこと言わずがんばって」と励ましのことばで返すのではなく、「あなたは死にたいと思うのですね」と返すような、カウンセリングの手法と同じなのかな、と思っていました。その手法は、「あなたのことばを確かに受けとめましたという応答」であり、Mさんが本人の「なぜ?」に付き合うような気持ちで「なぜ」とまた問い返すのも、ことばを確かに受けとめたという応答の1つという意味では、カウンセリングの手法と類似しているかと思います。また、Mさんの聴き取りには、認知症の人に語ってもらうだけでなく、考えてもらうということも含まれており、「聴くことが、ことばを受けとめることが、

他者の自己理解の場をひらくということ」（鷲田、1999）という、聴くという他者のことばを受けとる／受けとめる行為の可能性についても考えを深められそうな気もします。ただ、こう言ってしまうことで、Mさんの聴き取りを認知症の人とのコミュニケーションの技法として捉えていいものかどうかについては検討の余地がありそうです。

　もう1つ、私が聴き取りをしてみて思い知らされたことがあります。それは、私の日頃の日常会話の形式がいかに「いつでしたか？」「しましたか？」「なんでしたか？」〈When？ Where？ What？（いつ？ どこで？ なにを？）〉ということで占められ、それによりかかった日常をいかに生きているか、ということを痛感したのです。たしかに、MさんはSさんとともに過ごしている時間が長い分、すでにSさんの人となりというものがわかっているのに対し、私はSさんとなじみが薄く、まずはどんな人なのか探っていくような聞き方にならざるをえないというハンデはあったかと思います。しかし、それ以前に私はそうした会話の所作が日常化、血肉化していて、それ抜きの会話をしようとしてもことばにつまることを思い知らされたのでした。これでは、いくら認知症の人との聴き取りに臨みたいと思っていてもうまくいくはずがありません。Mさんは、Sさんとの聴き取りでは記憶を頼りにしたやりとりを（意図的にしろ意図的でないにしろ）していないことに感心してしまったのです。

■8 おわりに

　今後の私の課題として、ここでは、3つ挙げておきます。まず1つに、今までなぜ本人が語らなかったのか（語れなかったか）、なぜ私たちは本人から聴き取ろうとしなかったのか、認知症ケアとしての歴史を検証していかないといけないと思っています。今までは、〈聴き取り〉ということが不可能に近いと言われてきたことから、〈汲み取り〉に終始せざるをえなかったところがありました。しかし〈聴き取り〉の可能性によって、〈汲み取り〉は当事者本人の観点をどれだけ盛り込むことができたのか、という反省が突きつけられています。〈汲み取り〉は、私（たち）の関わる側がどう関わればいいのかという、ある意味身勝手な願いからきている面もあるといえます。それは、私たちの側が認知症の人の気持ちを恣意的につくりあげてしまうおそれも秘めています。ただそこには、本人が認知症のことについて直接的明示的に語ってくれないという私たちの思い込みがあったかと思います。その思い込みの背景には、「認知症（痴呆）」に関する文化[*8]ともいうべき「認知症」をめぐる私たちの心性があったように思います。

　2つめの課題は、「認知症」とされる当事者本人から〈聴き取り〉ができ始め、それをもとに本人へのケアがなされたり、介護してきた家族との関係に影響を与え始めている今の現象をどう考えていくか、ということです。本人からの体験の語り、聴き取りが広く浸透していくことで、なにが〈福音〉としてもたらされるのでしょうか。まず、本人からの体験の語り、聴き取りが広く浸透していくことで、「認知症」になると本人はどんな気持ちになり、どんな体験をするのか、明らかになっていく

[*8] キットウッドという社会心理学者は、「文化」という語で、今までの認知症のケアを本人の意思を軽視した「古い文化」であり、「新しい文化」として本人中心のアプローチをもつケアの必要性を訴えている（Kitwood, 2005）。

ことだろうと思います*9。認知症の人はケアが必要な人であり、ケアを受けるべき人であったのに、「ケアされる人」ではないどころか、今までは「ケアさせられる人」のようであったように思います。つまり、本人の意思にかかわらず、本人にしてみればわけもわからずケアさせられてしまっているような存在であったように思うのです。今までは外側からの視点（アウトサイダー・パースペクティブ）から言われてきたことが、「ケアを受ける」本人の言い分として私たちのもとに届くことになると思います。それはまた、同じ境遇にある人たちの救いや福音になるかもしれません。

　ただし、体験を語れる状態にある人は、若年性認知症と初期認知症の人たちであって、そうした体験を聴き取ってケアに生かしていく方向性のなかでは、深まり重くなってゆく時期にある人たちが取りこぼされていくのではないかという危惧をもつ人もいます。「当事者語り」が礼賛されてしまうことで、深まり重くなった人がとり残される、というのです。ならば、若年性認知症と初期と、深まっていく時期とで分けて、それぞれのケアについて考えたほうがいいのでしょうか。それとも１人の人の「はじまり期から深まりゆく期まで」通して考えることができるのでしょうか*10。デイサービスで聴き取りをしているＭさんによれば、認知症の深まりゆく時期にある人に対しても、断片的ではあれ声やことばをすくい上げていくことで、私たちが関わっていくうえでのヒントを与えてくれることもある、とも言っています*11。

　しかし、本人から聴き取りがなされ、本人の語りがどんどん私たちの耳にしみ込んでいくことで、別な思いもよぎります。それは、〈聴き取り〉（とそこから引き出された語り）と〈汲み

*9　精神科医の小澤勲は、クリスティーンさんの認知症体験の語りをとおして、「身体的不調」「疲れやすさ」「身体反応の遅れ」「記憶再生の遅れ」「奥行き知覚の障害」「同時進行人間の崩れ」「状況のなかの自分が把握できない」「人の手を借りることができない」などの認知症の人の「不自由さ」について整理している（小澤、2004/2005）。

*10　40代や50代で起こる若年性認知症は病気として、高齢者のそれは「病気」としてよりむしろ「老い」をめぐる「関係障害」として、両者を分けて考えるべき、という主張もある（三好、2007）。そうすると、高齢期の認知症は、「病い」としてみなすことは妥当かどうか、高齢者の認知症の体験を「病い体験アプローチ」で考察することは適切かどうか、そこから考えを始める必要もありそうだ。

*11　共同研究者である井口も、認知症とされる本人の語りや本人への聴き取りが介護する家族にどのような影響を及ぼしているのか考察を行っている。井口の考察では、本人の思いの聴き取りを〈媒介〉という語で家族との関係づくりの1つとして捉え、これまで生み出されてきた家族外の実践（デイサービスなど）と地続きのものであること、重度になってからの介護とも十分つながっていける、ということを指摘している（井口、2007）。

取り〉とはそんなに違うものなのか、〈聴き取り〉のほうが〈汲み取り〉より優位なのか、ということです。聴いてみないとわからないものがあるのは確かでしょうが、「聴くだけ野暮」な世界もあるのではないか、その場合は〈汲み取り〉という作法もいきてくるのではないか、とも思うのです。またさらに、〈聴き取り〉といっても認知症の人の語りを聴き取る場合、冗舌で流暢な語りを聴き取るわけではありません。認知症とされる人たちは、その障害ゆえに、ことばにしようと思ってもそのことばが出てこない困難さを生じてしまいます。それだけでなく、彼らの体験は、その壮絶さゆえに今ある語いでは語りつくせぬ面もあるでしょう。それゆえ、彼らの語りはたどたどしく断片的であり、しぼり出すように出てきます。そのような語りの〈聴き取り〉は、多分に〈汲み取り〉に近接性を帯びたものになるでしょう。しかし、こうした〈汲み取り〉や〈聴き取り〉のことについてあれこれ議論すること自体もどこか異様で、〈汲み取り〉や〈聴き取り〉が特段なんでもない日常的なやりとりを「認知症」とされる人たちとの間でできることが理想なのかもしれません。

　さらに3つめの課題は、当事者が語ること、その語りの聴き取りを行うことで留意しなければならないことを考える必要があることです。それは例えば、「正論」めいたことを語ると、その「正論」を振りかざすことで傷ついている人たちが必ずいることに対して自覚的になる必要がある、と論じる人もいるように（松本、2001）、「当事者語り」による効果を「正論」として振りかざし、「当事者語り」を礼賛する人たちの影で、傷ついている本人や家族がいるかもしれないことは肝に銘じなければならないでしょう。認知症の本人や家族が、公や表で語ってい

ることは、やはりあくまで「公や表向き」であり、公や表では語ることができないようなきれいごとではないものを彼らが抱えていることは、頭に入れておかねばならないでしょう。

　また当事者が自らの病いや障害を「受容」していると表明することで、「受容していない」当事者から離れて特権的な立場に立つことができると、「受容」ということばがもっている権力性とその危うさについて指摘している論者もいます。すなわち、なんらかの障害をもつ当事者自身が「受容している」という受容体験を語る場合、その人の訴える語りが、他の当事者に対して「受容」を強要する語りになりうる、というのです（松本、2001）。「認知症」当事者に対して、自らの「呆けゆく」事態をいちはやく受容しなければならないと駆り立てることは避けなければならないでしょう。認知症であると告知され、わかったさいの、本人（そしてその家族）のショックを和らげる受け皿となるものにはどんなものが必要なのか、そしてその運用について、考えていかねばならないと思います。

　このように、私は、本人の声に耳を傾けようとするケア現場にフィールドワークすることをきっかけとして、「認知症」とされる人は「呆けたらなにもわからない、自分のことや自らの呆けもわからない、自分の気持ちすら語れない」というのが私の思い込んだ「認知症観」であることを突きつけられました。たしかに、記憶障害や認知機能の障害といったコミュニケーションや判断における能力の側面からの不自由さはあるのかもしれません。ですが、私たちの彼らに対する関わりによって彼らが私たちに対し心を閉ざしてきていた面が大いにあり、私たちが彼らの心を開くような関わりができれば、彼らは「呆けゆく」苦悩や辛さを語ってくれるのだということを、そのケア現場で

のフィールドワークで気づかされました。それはまた、フィールドワークの限界と考えていた私の調査研究の姿勢そのものが、「呆けたらなにもわからない」という従来の認知症観を身にしみこませてきた結果であると気づくきっかけでもあったのです。フィールドワーカーの取り組み方がフィールドワーク自体に大いに影響してくるものでもあることに気づかされました。

　こうした認知症ケアへのフィールドワークをとおして痛切に感じるのは、私の目の前で起こっていることについて、「そんなものなのだろう」と思考停止して、論を展開することの危うさです。その危うさとは、例えば「認知症」とはこういうものなのだろうとか、「認知症」の人との関わりは目の前で行っているものがベスト（とはいわないまでもベター）なのだろうとか、本人による「呆けゆく」体験を私たちは聴き取ることができないとかと「見切ってしまうこと」です。相手の可能性や起こっている出来事を「見切らない」こと。これが、私がフィールドワークをしたことから身をもって感じたことの1つです。

第6章　病い／高齢者の研究

引用文献

(社) 呆け老人をかかえる家族の会（編）．(2004)．痴呆の人の「思い」を知る調査．

Christine, B. (2003). 私は誰になっていくの？－アルツハイマー病者からみた世界（桧垣陽子訳）．京都：クリエイツかもがわ．(Christine, B. (1998). *Who will I be when I die?* Harper Collins Publishers.)

Christine, B. (2004). 私は私になっていく－痴呆とダンスを（桧垣陽子訳）．京都：クリエイツかもがわ．

Conrad, P. (1987). The experience of illness: Recent and new directions. In J. Roth & P. Conrad (Eds.), *Research in the sociology of health care*, 6, 1-31.

Conrad, P. (1990). Qualitative reseach on chronic illness: a commentary on method and conceptual development. *Social Science and Medicine*, 30(11), 1257-1263.

Conrad, P.(Eds.). (1994). *The sociology of health and illness: critical perspectives.Fourth edition*. St. Martin's Press, Inc.

Cotrel, V. & Lein, L. (1993). Awareness and denial in the Alzheimer's disease victim. *Journal of Gerontological Social Work*, 19, 115-132.

出口泰靖（2000）．「呆けゆく」人のかたわら（床）に臨む．好井裕明・桜井厚（編），フィールドワークの経験（pp.194-211）．東京：せりか書房．

出口泰靖（2001）．「呆けゆく」体験の臨床社会学．野口裕二・大村英昭（編），臨床社会学の実践（pp.141-170）東京：有斐閣選書．

出口泰靖（2002）．かれらを「痴呆性老人」と呼ぶ前に．現代思想6月号，特集：超高齢化社会，Vol.30-7. 182-195. 東京：青土社．

出口泰靖（2004）．「呆けゆく」体験をめぐって．山田富秋（編），老いと障害の質的社会学（pp.151-253）京都：世界思想社．

Glaser, B. & Strauss, A. (1988). 死のアウェアネス理論と看護（木下康仁訳）．医学書院．(Glaser, B. & Strauss, A. (1965). *Awareness of Dying*. New York: Aldine De Gruyter.)

Goffman, E. (1970). スティグマの社会学（石黒毅訳）．東京：せりか書房．(Goffman, E. (1963). *Stigma: Notes on the management of spoiled idenity*. Prentice-Hall.)

井口高志（2007）．本人の「思い」の発見がもたらすもの―認知症の人の「思い」を聞き取る実践の考察を中心に．三井さよ・鈴木智之（編），ケアとサポートの社会学．東京：法政大学出版局．

Kitwood, T. (2005). 認知症のパーソンセンタードケア―新しいケアの文化へ．（高橋誠一訳）．筒井書房．(Kitwood, T. (1997). *Dementia Reconsiderd the person comes first*.)

松本学（2001）．受容とは何か．看護学雑誌，6月号，541-545．

Mechanic, D. (1962). The concept of illness behavior. *Journal of Chronic Disease*, 15, 189-194.

宮本真巳（2001）．臨床社会学の体験と方法．野口裕二・大村英昭（編），臨床社会学の実践．有斐閣．

三好春樹（2007）．「認知症は病気」、よく言うよ。．月刊ブリコラージュ，第19巻，2号，4-5．

小澤勲（2004）．痴呆を生きるということ．岩波新書．

小澤勲（2005）．認知症とは何か．岩波新書．

Parsons, T. (1951). *The Social System*. New York: Free Press. （社会体系論，青木書店）

Schneider, J. W. & Conrad, P. (1983). *Having Epilepsy: The Experience and Control of Illness*. Philadelphia: Temple University Press.

鷲田清一（1999）．「聴く」ことの力．東京：TBSブリタニカ．

第Ⅲ部

マクロ過程に焦点をあてた研究

■■■ 第Ⅲ部のための序 ■■■

　さて、第Ⅱ部のミクロ過程に引き続き、第Ⅲ部は「マクロ過程に焦点をあてた研究」が4人の著者から示されます。マクロといっても、もちろん統計やコンピュータシミュレーションを駆使して表現されるいわゆるマクロ現象ではなく、集団内／間のやりとり、あるいはそのようなやりとりが起こるフィールド（施設、コミュニティなど）に関心をむけ、丁寧に記述した研究です。社会学・社会心理学に近い領域といえますが、それにとどまらない内容が含まれ、各著者が用いる手法はユニークなものです。

　まず第7章は、精神病院改築にともない、患者や看護スタッフがリロケーション（移転）する現象を扱います。観察を行い、KJ法で知見をまとめ、さらに「生のことばをちりばめる」という技法も紹介されています。それら「プロのテクニック」とは別に、量的研究を志向していながら、質的研究に切り替えた「研究者のゆれ」の部分も開陳してくださったので、初学者にはとても参考になると思います。

　第8章は、沖縄のある集落出身者の軌跡を追ってなされる、しみじみと深いフィールドワークです。沖縄の集落、そしてその出身者が移り住んだ大阪で出会った人々の語りをライフヒストリーとして重ね合わせる手法を取ります。「同郷」という共同性が編み上げられる仕組みを丹念に探り出そうとする作業が、なぜかほっこりと読めてしまうのは、著者のお人柄でしょうか。

　第9章は、阪神淡路大震災の被災者の語りについての研究と防災ゲーム研究の2つが紹介されています。前者は語りを主題とするアクションリサーチ、後者がゲーミングという一見全く異なる手法を使い分けていて、その「切れ味」に目を奪われがちですが、同時に防災研究者として「社会において経験を伝える」という実践に取り組む姿勢、その背景にぴしりと据えられた社会構成主義も味わってほしいものです。

　第10章は、ベトナムでのフィールドワークです。モチーフは、「私たちの研究は、旅の延長のようなものだね」。そして注目すべきは、フィールドエントリーから、さらにそのフィールドでの「居方」に関する部分です。フィールドワークを始めるまでの憂鬱さと不安と期待の入り混じった感情が、ベトナムの独特の人や音や臭いとともに描かれると、私たちも一歩踏み込んでみたいような、やはり躊躇するような不思議な気分になります。

　第Ⅲ部の研究を1つに括ることは難しいのですが、きっと読んでくださった方を魅了するものと思います。興味のある研究に出会ったら、ぜひ紹介されている元の研究論文に当たってみてください。

第7章
環境研究──「精神病院のリロケーション研究」をめぐる検討

高橋　直

■1　質的な環境研究とは

　環境問題には、それが住環境の問題であれ、ゴミ問題であれ、その問題が発生しているフィールドが存在し、そのフィールドでは日常生活が営まれています。「環境を研究しよう」と考えることは「フィールドを研究しよう」と考えることと同じような意味をもっていると考えられます。

　このように「フィールドで研究を行う」ということは、「フィールドからデータを得る」ということを意味しています。フィールドでデータを得ることをわかりやすく表現すると、「対象であるフィールドの現実生活で生じた出来事に関するデータを、フィールドと現実に関りつつ収集すること」と表現できます。これは下山・子安（2002）の実証型研究としての臨床心理学のあり方を述べた文章[*1]の「クライエント」ということばを「フィールド」ということばに置き換えたものです。つまり、フィールドでデータを得る環境研究も臨床心理学と同じ実践型心理学の特徴を備えていると考えられるわけです。

[*1]「臨床心理学は、実践型研究として、対象であるクライエントの現実生活で生じた出来事に関するデータを、クライエントと現実に関りつつ収集することになります。」（下山・子安、2002）

下山（2000）は、論理科学的思考モードと物語的思考モードの比較を行っています。そして論理科学的思考モードは自然科学の思考モードであり、物語的思考モードは臨床心理学に代表される実践型研究、あるいは質的研究法に基づく研究の思考モードであるといえる（下山・子安、2002）、と述べています。従来の環境に関する研究の多くは、建築学や工学、土木学、経済学、社会学などの研究者が行っており、論理科学的思考モードで行われるものがその大半を占めているといっても過言ではないでしょう。心理学者が行う環境研究の多くもまた論理科学的思考モードで行われています。

　このような論理科学的思考モードで行われた環境研究の多くは、経済の20世紀において大きな成果をあげていたことは確かです。しかし、20世紀型の大量生産・大量消費・大量廃棄型のライフスタイルや経済システムが危機を迎えた現在、論理科学的思考モードのなかに埋没した個人的経験や特殊性といったキーワードの重要性が見直されているのです。この個人的経験や特殊性といったキーワードを環境研究に取り入れるためには、質的研究が重要となってくるのです。

　環境研究における質的な研究とは、具体的にはどのようなものなのでしょうか。下山・子安（2002）は、物語的思考モード研究における「物語」のあり方を、つぎのように述べています。「物語は、それ自体が時間と空間の枠組みに限定された個別性や具体性を前提にしています。各人が時間経過のなかで形成してきた各人固有の人生のストーリー[*2]をもっていることを前提としているわけです。固有な人生のストーリーの観点から心理学的な出来事を理解することは、そのストーリーのコンテクストにもとづいて対象となる出来事を解釈することであり、そこ

＊2　ストーリーとは「時間の経過に従って生じた出来事の配列」と定義される（下山、2000）。

に「意味」が生成することになります。」

　環境の21世紀における、個別性や特殊性をいかした環境研究のあり方を考えるとき、下山・子安（2002）が提唱した物語的思考モード研究における「物語」のあり方を「フィールド」のあり方と置き換えて考えることができるのではないでしょうか。そう考えると、個別性や特殊性をいかした質的な環境研究における「フィールド」のあり方は、つぎのように述べることができます。「フィールドとは、それ自体が時間と空間の枠組みに限定された個別性や具体性を前提にしています。各フィールドが時間経過のなかで形成してきた各フィールド固有のフィールドのストーリーをもっていることを前提としているわけです。固有なフィールドのストーリーの観点から環境心理学的な出来事を理解することは、そのストーリーのコンテクストに基づいて対象となる出来事を解釈することであり、そこに「意味」が生成することになります。」

　個別性や特殊性をいかした環境研究とは、フィールドのストーリーのコンテクストに基づいて対象となる出来事を解釈しようとする研究であり、そこに「意味」を見いだそうとする研究でもあると考えられるわけです。

　このような環境研究のあり方とは具体的にはどのようなあり方を示しているのでしょうか。また、このような研究のあり方を用いることで見えてくるものと、限界にはどのようなものがあるのでしょうか。つぎに具体的な事例の紹介をしながら、個別性や特殊性をいかした質的な環境研究のあり方について検討したいと思います。

2 事例「精神病院のリロケーション ——行動場面の自然観察」

●「精神病院のリロケーション」を質的に取り上げようとした背景

まず初めに高橋（2001）から、精神病院のリロケーションをなぜ質的に取り上げようとしたのかを説明した部分を抜粋してみましょう。

> 1989年に精神保健福祉法[*3]が制定されて以来、近年ではさまざまな精神科病院がより開放的な病棟環境を模索し、新しいスタイルの病棟を整備しはじめている。
>
> しかし、これらの新・改築によって生じる物理的環境の変化（例えば「鉄格子のある窓」が「強化ガラスの窓」に変わること）や社会的環境の変化（例えば「作業療法の時間が2倍になる」という変化）が、患者や看護師・医師に及ぼす影響を評価し、その変化のもつ意味を検討することはあまりなされていない。今までになされた研究の多くは、物理的環境の変化（Holahan & Sagert, 1973）や社会的環境の変化（Fairweather, 1964）のどちらか一方を検討するものが主である。
>
> その理由としては、複数の要因（物理的環境と社会的環境）を同時に変化させれば、それらの因果関係をとらえることが大変困難になるということがあげられる。このことは、質問紙調査などによる量的な研究を行うことで、「新・改築によって生じる物理的環境や社会的環境の変化」と「人間行動の変化」の因果関係を客観的に評価することが困難である

[*3] 精神保健福祉法とは、精神保健法を改正したもので、正式名称は「精神保健及び精神障害者福祉に関する法律」という。精神障害者に対する医療や保護という観点だけではなく、精神障害者の社会復帰を積極的に促進し、その自立と社会経済活動への参加の促進のための援助を行うとともに、人権を重視し、広く国民の精神健康の増進をねらっている。

ことを意味している。

　この状況でまず必要なことは、①新・改築によって生じる物理的環境・社会的環境の変化を明瞭に把握することと、②それらの変化が患者や治療者・看護者・職員にとってどのような意味を持っているのかを質的にとらえることである。

　本研究の目的は、病棟の行動を規定している物理的環境と社会的環境および、病棟内における患者の行動、患者と治療者、看護スタッフ間の相互行動を、自然観察を通して分析することでより効果的なリロケーションがおこなわれるための基礎研究資料を提供することである。リロケーションとは移転のことである。ここではとくに、自然観察を用いた病棟内における患者の行動、患者と治療者、看護スタッフ間の相互行動の分析を取り上げたい。

　「このリロケーション研究において質的な環境研究を行おうとした理由は、フィールドである精神病院の個別性や特殊性をいかそうと思ったからです。」と述べることができれば、本稿としては理想的なのですが、実際のところはかならずしもそうではありませんでした。筆者がまず初めに研究計画をたてたときは、やはり論理科学的思考モードに基づく研究計画がたたないものかと考えていました。しかし、残念ながらこのフィールドでは論理科学的思考モードによる研究計画をたてることはできませんでした。

　環境問題には、その問題が発生しているフィールドが存在し、そのフィールドでは日常生活が営まれています。この「精神病院のリロケーション研究」を計画したときにも、移転計画はちゃくちゃくと準備が進んでいるという現実がありました。また、

移転計画自体も明確な設計図が引かれ、「リロケーションの効果をみるために、ここの物理的要因（あるいは社会的要因）は変化させないでください」という注文をつけることも不可能なことでした。このようなとき悩むのは、「一体どのような計画をたてれば、このようなあらゆる条件が統制不能なフィールドで研究計画らしい研究計画になるのだろうか」という問題です。実験にせよ質問紙にせよ、あらゆる要因が同時に変化してしまう状況であれば、なんの要因がどのように効果をもっているのかを推測することは非常に困難だからです。

このようなときほど、「今までになされた研究の多くは、物理的環境の変化（Holahan & Sagert, 1973）[*4]か社会的環境の変化（Fairweather, 1964）のどちらか一方を検討するものが主である。」ということばのもつ意味が身にしみることはありません。物理的環境と社会的環境の両方を同時に動かしていては、まっとうな論理科学的思考モードの研究は行えないのです。「精神病院のリロケーション」で質的な研究を行ったのは、「個別性や特殊性をいかすため」もありますが、フィールドからの現実的な要請（つまり、物理的環境も社会的環境も同時に変化してしまうので、それに適した研究方法を用いざるを得ない）があったというわけです。

では、現実のリロケーションというフィールドにおいてはまっとうな「研究」はできないのでしょうか。「研究」を厳密な論理科学的思考モードにたった場合の研究のみに限定した場合の答えは「イエス」です。なぜならフィールドには、フィールド自体のストーリーが存在し、研究者の思いどおりにはふつうはならないからです。

そのようなフィールドでは研究はできないのでしょうか。そ

[*4]「物理的環境」に関する研究例としては、学校の規模がもたらす心理学的効果について体系的な検討を行ったBarkerとGump (1964) の「大きな学校、小さな学校」を挙げることができる。

うとも限りません。そんなとき、登場するのが物語的思考モードの研究ではないのでしょうか。日常生活が営まれているフィールドを研究する環境研究には、まさに物語的思考モードの研究が向いていると考えられるのです。個別性や特殊性をいかした質的な環境研究には、従来の論理科学的思考モードにおける環境研究では明らかにできない部分を明らかにするという意味もありますが、研究者ではどうすることもできないフィールドの事情のなかでの研究を行うさいの1つの有力な研究方法を提供するものであるとも言えるのです。

つぎに、「精神病院のリロケーション研究」においては実際にどのようなことを行ったのか、その概要を示しながら具体的に見ていきたいと思います。

●「精神病院のリロケーション研究」で用いた方法について

（1）研究対象の選定とフィールドの「事情」

「精神病院のリロケーション研究」で対象としたのは、東京都X市のZ総合病院の精神科病棟群のなかの男女混合病棟1棟（A棟）と男子閉鎖病棟1棟（B棟）です。Z総合病院の規模は、入院病棟は定床659名（年間入退院患者数は病棟ごとに約730名）で、病棟数は11棟（開放5棟、閉鎖6棟、うち1棟はアルコール症治療専門病棟）、それぞれの病棟の入院患者は約60名です。

建て替え工事は1996年から開始されており、1999年2月に完成しました。精神科病棟は、新病棟完成までは従来の病棟を使用し、新病棟完成直後に移転しています。

移転後、各病棟の患者がどの病棟に移るかに関しては、Z総

合病院がさまざまな条件を考慮したうえで決定しました。そのため、この研究で取り上げた「移転前の男女混合病棟（A棟）」の入院患者がそのまま全員「移転後の新男女混合病棟（A棟）」に移ったわけではありません。特に移転後は、男子病棟・女子病棟がなくなり、全て男女混合病棟となったため「移転前の男子閉鎖病棟（B棟）」と移転後の「新男女混合病棟（B棟）」の入院患者の顔ぶれは変化しています。

　「精神病院のリロケーション研究」では、患者や看護スタッフ・医師にとっての新・改築効果を調べるために、詳細なインタビューによって得られる質的なデータを収集する必要がありました。しかし、患者・看護スタッフ・医師から内省報告を得ることには限界があったため、特定の行動場面[*5]での自然観察[*6]を行うことにしました。

　自然観察を行う行動場面には、食堂ホールとナースステーションを取り上げました。食堂ホールは、患者が朝食・昼食・夕食をとる以外に、自由に出入りし休憩できるオープンスペースとなっていました。

　男女混合病棟と男子閉鎖病棟における、食堂ホールとナースステーションの移転時にみられた顕著な変化の様子は表7-1のとおりです。移転前の建物の様子は、病棟ごとに異なるものでしたが、移転後の新病棟は各階の病棟とも共通の構造をもっています。そのため、新男女混合開放病棟（A棟）[*7]と新男女混合開放病棟（B棟）はまったく同じ間取りとなっています。

　移転後の新男女混合開放病棟（A棟・B棟）の喫煙室は、一部がガラス張りになっていて、外からなかの様子がうかがえるようになっています。またナースステーションのカウンターは、上部がガラス張りになっていて、食堂ホールからもナースステ

[*5] 行動場面とは、行動場面プログラムと呼ばれる序列化された一連の行動を実行するために協調的に相互作用する置き換え可能な人および人以外の構成部分からなり、境界のある自己調節機能をもった階層システムのことである。

[*6] 自然観察法とは、現実状況を直接観察するなかから、その現象を記述し、現象の構造を把握し、問題のあり方を推測し、仮説を設定する方法である。

[*7] 開放病棟とは、ほぼ一般の病院の病棟と同一に考えてさしつかえないものである。違いといえるのは、病室部に畳敷きの部屋がみられることがあることや、食堂やデイルームがかなり広いこと等である。

表 7-1　移転前後の男女混合病棟と男子閉鎖病棟の様子

		男女混合病棟（A棟）	男子閉鎖病棟（B棟）
移転前	食堂ホール	・5人掛け丸テーブル13個 ・ホールの一部に喫煙コーナーを設ける	・4人掛け四角テーブル18個 ・全席が喫煙可能
	ナースステーション	・大きなガラス窓が食堂ホールとの仕切りにある独立した部屋	・ドアで仕切ることができる独立感の強い部屋
		新男女混合病棟（A棟）	新男女混合病棟（B棟）
移転後	食堂ホール	・5人掛け丸テーブル12個 ・食堂ホールとは独立した喫煙室を設ける	・5人掛け丸テーブル12個 ・食堂ホールとは独立した喫煙室を設ける（他は禁煙）
	ナースステーション	・受付カウンターが設置された独立した部屋	・受付カウンターが設置された独立した部屋

『カタログ現場心理学』金子書房、2001　より

ーションのなかの様子がわかるようになっていました。

　このような状況の場合、本来なら調査対象とする病棟は、男女混合病棟同士にするべきです。しかし、フィールドにはフィールドの事情、例えばスタッフのおかれた人間関係や業務の多忙さなど、どうしようもない事情があります。この事情が、フィールド研究ではなによりも重い意味をもってくるのです。

　では、ここで少しこの「事情」に関して考えてみたいと思います。フィールドにおいて、フィールドの「事情」とは、「不文律」といってもいいような重い意味を研究者に投げかけ続けるものです。「事情」の前では、研究者が抱いていた実験計画などは木っ端微塵となりかねない、ある意味では爆弾のようなものです。研究者は、この「事情」の前で、いかに自分の研究計画の本質を守りながら、相手の「事情」をくむかという曲芸を

せまられるわけです。もちろん、「事情」をまったくくまずに最初の研究計画どおりとにかく研究を実践しようとする研究者もいます。そのような場合の顛末の多くは、うわべだけの情報しか得られなかったり、その後は二度と研究者が立ち入ることのできない、「研究者お断り」の荒らされたフィールドができるかのどちらかになることが多いです。かといってフィールドの「事情」ばかりくんでいては、下手をするとたんなるフィールドの宣伝マンの役割をおおせつかってしまったり、研究がまったくできず自ら去るという決断を下さなくてはならなくなってしまいます。

　このような事情になるべく左右されず、お互いの利益になるような研究ができるためにはどうすればよいのでしょうか。簡単な答えはありません。しかし鍵の1つが、フィールドエントリーの仕方にあるような印象を受けます。研究の目的や方法のみではなく、研究者の研究に対する姿勢や人となりといったものをフィールドに入るさいにどのように提示するかによって事情の絡み方が変わってくるように思えます。

　研究者とフィールドの双方に利益があるようなスタイルの研究がなされたフィールドは、研究に非常に理解のある研究者全体にとっての「共有財産」になっていきます。筆者も大学院生の頃、初めて訪れたフィールドで「昔、あなたの先輩の先生に大変お世話になったから、今度は私たちがあなたの研究に協力してあげましょう。」と言われたことがあります。筆者にとっては、その「先輩」は本のなかでしか名前を知らない遠い存在の人ですが、フィールドで仕事をしている人にとっては、後から訪れる研究者は前に訪れた研究者の後輩であるように思えることがあるようです。良好な関係性の保たれた「フィールド」を

増やしていくことも、物語的思考モードによる研究を行うためには必要なことであると考えられます。

　このように、物語的思考モードによる研究を行う場合にはフィールドとの関係性が研究結果に大きな影響を及ぼすことが多いため、フィールドエントリーの段階から研究者の動きや考えと、その研究に関係するさまざまな人たちとの関わりを表にして整理しておくことも、有意義なことであると考えられます。

(2)「自然観察の方法」

　「精神病院のリロケーション研究」では、特定の行動場面（ナースステーションと食堂ホール）を自然観察し、そこで観察された患者やスタッフの行動や会話を一つひとつその場で逐語的[*8]に記録するという方法を用いました。

　食堂ホールには観察者を3名から4名配置し、ナースステーションには観察者を2名配置しました。各観察者は自分が観察する場所を他の観察者と分担し（例えば食堂ホールを4名で担当する観察者たちは、食堂ホールエリアを4つに分けて、4分の1を1名の観察者が担当することにしました）、自分が担当する場所で生じた出来事を、上部に見取り図が記され、下部が空白になっている記録用紙に時間順に記録しました。各セッション終了直後に、分担した観察者同士で話し合い、担当した場所全てをカバーする記録用紙（完成版）を作成しました。

　自然観察は、1日に3セッション行いました。1セッションは30分です。それぞれのセッションは、午前・昼・午後の3時間帯に行いました。自然観察の目的や方法に関しては病院側調査責任者と合意したうえで、観察員が現場に入りました。そのさい、入院患者には「病棟でのお暮らしぶりを拝見させていただ

[*8] 逐語記録法とは、狭義には、発話を1語1語ことばどおりに記録する方法を指す。例えば授業分析のために教室での教師と生徒のことばのやりとりを正確に記録したものや、子どもと母親のやりとりを逐一記録したものである。しかし広義には、対象の様子を時間的経過に沿って詳しく観察記録する行動描写法による記録を含める場合もある。一般的に記録は筆記によるが、それが困難だったりより正確な記録が必要な場合にはVTRなどの機器を利用する。

くために、何人かの人が入ります」という事前連絡を行い、スタッフには「患者さんの様子を勉強させていただきます」という事前連絡を行っています。自然観察の最中に、観察の目的を問われた場合には、同様のことを答えることにしました。

　各行動場面の観察記録（完成版）は、KJ法を用いてまとめた後、共通する行動カテゴリーを抽出し、そのカテゴリー別に観察記録を再度分析し直しました。

　「精神病院のリロケーション」研究においては、リロケーションの影響を捉えるために、行動場面の自然観察を行いました。本来ならば、患者や看護スタッフ・医師にとっての新・改築効果を調べるために、詳細なインタビューによって得られる質的なデータを収集する必要がありました。しかし、患者・看護スタッフ・医師から内省報告を得ることには限界があったため、患者の内省報告*9を得るかわりに、食堂という行動場面で生起する行動の調査を行い、看護スタッフの内省報告を得るかわりに、ナースステーションという行動場面で生起する行動の調査を行ったわけです。

　自然観察を行うさい悩むのは、どのように場面を切り取るかということです。例えば本研究で観察対象とした食堂ホールは、60名以上の人が一度に食事をとることができる広い空間です。このように広範囲な空間で起こることを全て一度に記録することは困難です。例えば、360度撮影可能なようにビデオテープを配置し音声と映像を全て撮影したとしても、今度はその映像をどのように記述データに変更するかという点で同じような困難にみまわれてしまいます。このような場合、1人もしくは2人の観察者が観察できる範囲を固定して、観察時間の間にその範囲のなかで起こったことを記述するというのが一般的でしょう。

*9　内省とは、自分自身の意識経験の過程を心理学の直接のデータと見なし、それを観察することで、内観ともいう。ワトソンの行動主義において内観という方法は徹底して非難されたが、1950年代半ば以降の認知心理学の隆盛のなかで、あらためて内観報告の有用性が見直され、内観プロトコル分析という形で復帰している。

今回は、食堂ホールを大まかに3つもしくは4つのゾーンに分割し、それぞれの観察者が観察時間内に生じた出来事を時間の流れに沿って逐語的に記述し、その後、3人もしくは4人の観察者が自分が観察した出来事を報告し合い、1枚の完成された報告用紙を作成するという方法を用いました。こうすることによって、一定の観察時間内に食堂ホールという1つの行動場面で生起した出来事全体の流れを記述できると考えたからです。ナースステーション内においても同様な観察手法を用いて、一定の観察時間内にナースステーションという1つの行動場面で生起した出来事全体の流れを、2人の観察者の記録を合わせることで作成しました。

　複数の観察者を配置することによって、柱などで死角になって見えなかったところで生じた出来事や、観察者が記録中に見落とした出来事などを多数拾うことができたというメリットがありました。また、同じ出来事を別々の観察者が他の方角・他の文脈から観察することによってその出来事の意味を多面的に了解したり、自分の観察記録をつけている最中にその出来事の意味が理解できなかったとしても、他の人の記録と照らし合わせることでその意味を了解できることがありました。複数の観察者を多面的に配置することには、このようなメリットがあると考えられます。

(3)「分析方法」と「分析結果」

　「精神病院のリロケーション研究」では、結果を分析するさい、観察記録（完成版）をKJ法を用いてまとめた後、共通する行動カテゴリーを抽出し、そのカテゴリー別に観察記録を再度分析し直しています。観察記録には、観察時間内に生起した

出来事が時間順に逐語的に記録されています。

　個別性や特殊性をいかした質的な環境研究においては、フィールドが時間と空間の枠組みに限定された個別性や具体性をもっていることを前提にしており、時間経過のなかで形成された各フィールド固有のフィールドのストーリーがあることが前提とされています。また、固有なフィールドのストーリーの観点からフィールドの出来事を理解することは、そのストーリーのコンテクストに基づいて対象となる出来事を解釈することであり、そこに「意味」が生成すると考える立場にたっています。このような物語的思考モードにたって分析を行おうと考えれば、時間の流れや観察時間内での一人ひとりの行動の変化を丁寧に追っていく分析方法を取ることが考えられます。本研究でも分析を試みたとき、一人ひとりの行動や発言の経時的変化や関係性を分析したうえで、その観察時間内における行動場面のもつ意味の変化を考えようとしました。しかし、観察記録（完成版）がつぎからつぎへと作成されるにつれ、このような分析を行うことが困難になってしまい、結果的に時間経過という要因をとりあえず括弧に入れて、そこで生起した出来事をカテゴリー化して分析するという方法に落ち着きました。物語的思考モードにたった研究のあり方を鑑みれば、本研究においても時間経過という要因をさらに積極的に分析に加える工夫が必要であると考えられます。

　あるセッションにおけるA棟食堂・ホールの観察記録をKJ法[10]を用いてまとめた結果は図7-1のとおりです。A棟・B棟（食堂ホール・ナースステーション[11]）の移転前後の全セッションの観察記録をKJ法を用いて整理しました。その結果、以下のような4つの共通する行動カテゴリーが抽出されました。

*10　KJ法とは地理学者川喜多二郎創案の、情報を整理し仮説の発想を導く方法である。既存の知識や野外の観察で収集した情報を、また開放的な集団討議であるブレーン・ストーミングで出された意見を1枚のカードに1つの主題に限定して書き出し、多数のカード上の情報や意見を同調、対立、相関、因果、上下位などの関係に置いて全体の構造を図解する。その過程で異質の情報の結合による創造的な発想が導かれるとしている。

*11　ナースステーションは、病棟のデイルームや食堂、廊下が見通せる位置に設ける。一般に、ほぼ病棟の中心に位置することがよいとされ、デイルームや食堂、廊下に面した壁は、腰から上を透明ガラスで囲い、室内側に作業カウンターを設ける。ナースステーションでの作業は、記録、観察、打ち合わせ、看護の引き継ぎ等であり、設備としては、インターホン、電話、ナースコール等が必要であり、病棟内の照明スイッチもここで全て操作できるようにし、病棟が独立している場合火災報知器の操作盤や副配電盤等も集中して設備する。

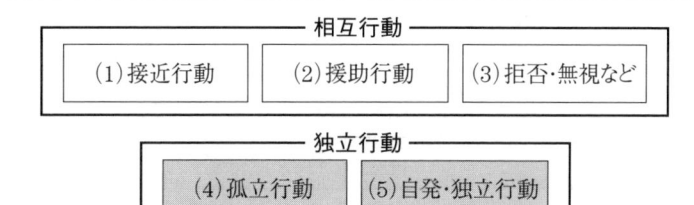

```
┌─────────────── 相互行動 ───────────────┐
│  (1)接近行動    (2)援助行動   (3)拒否・無視など │
└──────────────────────────────────────┘
    ┌─────── 独立行動 ────────┐
    │  (4)孤立行動   (5)自発・独立行動 │
    └────────────────────────┘
```

（各行動の詳細は以下の通り）

(1)・テーブル12で患者2と看護婦がオセロをしている。
　　・テーブル13で患者4が患者2の肩を組んで頬をたたく。
　　・テーブル13で患者2が患者3に「将棋やる？」とたずね患者3が「やる」と答える。
　　・B付近で患者4が看護婦に何か言い，看護婦は「そんなこと言うと先生に呼ばれるよ」と答える。
　　・椅子2で患者4が患者2の頭のてっぺんを叩いてからかう。
(2)・テーブル12で看護婦が患者6にお風呂入ったかと風邪の調子を訊ね，患者6は治ったと答える。
　　・看護婦が患者2にオセロの相手を探してくると言い，患者4を連れてくる。
　　・椅子2でその看護婦と話していた患者18も席を立ち，看護婦3人に付き添われ部屋へ行く。
　　・テーブル4で看護婦と患者24が面接をしている。
　　・患者20と母親の間に看護婦が入って患者20を部屋に連れて行く。
　　・テーブル4で看護婦と患者14が何かの相談をしている。
　　・ランドリーの前で看護婦が患者5に「あと13分」と伝え，患者5が返事をする。
(3)・患者2が患者4に「言わないでいい」と断り，患者4は椅子1へ行く。
　　・椅子1で患者15，患者16が患者10に「触るなよ」と言い，唸ったりし患者10は元の場所へ戻る。
　　・患者20の母は患者20に荷物やお金のことであれこれ気遣いしているが本人はすぐ自室へ戻る。
　　・患者25が患者23にもみじの1枚を渡すが反応がなくお互い無表情で，患者25は自室へ戻る。
(4)・患者5が椅子2に座ってボーッとテーブル13の将棋を眺める。
　　・テーブル7で患者4がテレビを見ている。
　　・電話2で患者5が番号を押しては切るという行動を繰り返している。
　　・椅子2で患者3がボーッとしている。
(5)・電話1で患者5が「明日お金がないのよ」と電話口で言っている。
　　・テーブル13の患者8が洗濯籠を持って庭へ出る。
　　・椅子2にいた患者20が椅子1に移り喫煙する。
　　・椅子1の患者がテーブル2にトイレットペーパーを取りに行き鼻をかみごみ箱にごみを捨てて戻ってくる。
　　・患者17がみかんを袋に入れて戻り，外出簿に記入する。
　　・患者25が持ち帰ったもみじの1枚を花瓶に挿してホールの壁の棚に置く。

『カタログ現場心理学』金子書房，2001　より

図7-1　KJ法を用いたデータの分類例：ある日のA棟食堂ホール・移転前の様子

　　　　　相互行動：①接近行動（患者からスタッフへの接近・会話）
　　　　　　　　　　②援助行動（スタッフから患者への働きかけ）
　　　　　独立行動：③自発行動（患者の主体的行動）
　　　　　　　　　　④孤立行動（患者の孤立・没頭行動）

　そこでA棟・B棟の食堂ホールおよびナースステーションにおける1998年11月30日（移転前）と1999年4月26日（移転後）の各セッションの観察記録を4つの行動カテゴリーに分類し、その生起頻度を比較しました（表7-2、表7-3）。

　その結果、A棟では移転後に総行動量が減少したのに対し、B棟では逆に増加していることがわかりました。そこで、A

表7-2　A棟における行動カテゴリー別生起頻度

行動カテゴリー	A棟ナースステーション		A棟食堂・ホール	
	移転前	移転後	移転前	移転後
接近	20	29	63	68
援助	16	26	35	16
自発	45	22	95	91
孤立	4	14	32	20
合計	85	91	225	195

表7-3　B棟における行動カテゴリー別生起頻度

行動カテゴリー	B棟ナースステーション		B棟食堂・ホール	
	移転前	移転後	移転前	移転後
接近	6	16	14	33
援助	18	26	10	38
自発	8	12	61	103
孤立	1	4	32	28
合計	33	58	117	202

『カタログ現場心理学』金子書房、2001　より

棟・B棟における上記の変化が行動場面ごとでも同様に生じているかどうかを調べました。

その結果、A棟食堂・ホールでは移転後に総行動生起数が有意に減少したのに対し、A棟ナースステーションでは移転後に総行動生起数に若干の増加が見られましたが、その差は有意ではありませんでした。B棟食堂・ホールおよびナースステーションでは総行動生起数が有意に増加したことがわかりました。このことは、移転効果がA棟とB棟では異なることを示唆していると考えられます。

これらの結果のみからは、どの要因がどのようにA棟とB棟における移転効果の差異に影響を及ぼしたのかを説明することは困難です。しかし、A棟は物理的環境のみが変化したのに対し、B棟は物理的環境プラス社会的環境（男子病棟から男女混合病棟への変化）が変化したことを考慮すると、移転によって生じた物理的環境の変化より、男子病棟が男女混合病棟になったという社会的環境の変化のほうが、観察された総行動生起数の差異に大きな影響を与えたと推測できます。

20世紀型の大量生産・大量消費・大量廃棄型のライフスタイルや経済システムが危機を迎えた現在、論理科学的思考モードのなかに埋没した個人的経験や特殊性といったキーワードの重要性が見直されています。しかし、実際に個人的経験や特殊性といったキーワードを質的に環境研究に取り入れることはそう簡単ではありません。その困難さの原因にはいろいろなものがあると考えられますが、「得られるデータの多面性」をその1つに挙げることができます。1つのデータに複数の異なる次元の情報が込められているため、多面的な解釈が可能となってしまい、結局どちらをとってよいかわからなくなってしまうことも

あります。

　また、あまりにも多くのデータが得られすぎると、それもまた困難さを与える原因の1つになることがあります。量的な研究の場合、得られるデータ数が多いことは、もちろんデータの入力作業は大変になりますが、分析の精度は上がるのでおおむね喜ばしいことです。しかし質的なデータの場合、データの量があまりにも膨大なものになってしまうと、研究者が困惑を深めることになることもあります。このような状況に陥らないため、質的な研究を行うさいには、データに適した分析方法を身につけておく必要があります。そうすることによって、データが多く集まっても困惑することなく、より精度の高い研究を展開することができるはずです。本研究の場合には、KJ法を用いました。それ以外にもエスノグラフィー、グラウンデッド・セオリー法、伝記法、事例研究法[*12]、現象学的観察[*13]など多くの技法があります。

(4)「生のことばをちりばめた」結果

　「精神病院のリロケーション」研究では、「生のことばを散りばめる」解釈を行っています。ここでは「ナースステーションに設置された受付カウンターの持つ意味」に関する考察部分を引用しながら、その解釈について考えてみたいと思います。

　　移転前A棟のナースステーションは、患者が自由に行き来できる食堂・ホールとあまり隔たりない空間であった。たとえば「患者7がナースステーションに入室し、自分の退院のことについて看護婦に話しかけ、看護婦5が応じ、患者7は退室する」「机Cの服薬トレーニングの所へ患者2、患者3が

[*12] 事例研究法とは、1事例もしくはごく少数の事例に対する、綿密な調査、テスト、実験、面接、観察などの適用をとおして、個性記述や仮説発想など、種々の目的の具現を図る研究法のことである。それはしばしば、数量的・統計的分析に主眼を置き、多数の事例・被験者を対象とする、仮説検証的および法則定立的な研究法と対比的に論じられている。

[*13] 現象学的観察とは、自己の意識的経験を特定の理論的枠組みや仮説にとらわれることなく観察し、その諸特性をあるがままに記述することであり、実験現象学あるいはゲシュタルト心理学において主要な研究方法としても用いられた。構成的心理学あるいは要素心理学における内観も意識的経験を観察対象とする方法だが、意識が構成要素の結合体であるという理論的前提のもとに、心的要素を分析しようという態度で観察する点が現象学的観察とは異なる。

薬をのみに来る」「患者12が机Bに移動し、看護婦5と薬や忘年会などについて会話する」といったことからもこのことは推測できる。

　それに対し移転後は、ナースステーション外側にカウンターがつくられたことにより、食堂・ホールとは明確に区切られた空間となった。「患者2がカウンターの前にきて立って待つ」「カウンターで患者3が看護婦と伝票のことで会話する」といったように、カウンターを挟み患者と看護スタッフのやりとりが行われることが増えた。A棟では、カウンターはスタッフと患者の領域の分離をもたらしたと考えられる。

　移転前B棟のナースステーションは食堂・ホールとは明確に区別されたものであった。このことは、ナースステーションと食堂・ホールの間にあった分厚い鉄製の扉に象徴されている。この扉は施錠され、患者が入室できないようになっていたこともあった。ナースステーションが無人状態のことも、30分の観察セッションの中に5分くらいあった。移転前B棟ナースステーション内で観察された行動は「患者7がたばこをもらいに入室する」「患者3が入室しサンダルが壊れたと訴え、看護婦2が対応する」といった問題に対応するという種類のものが中心であった。

　移転後は重い鉄の扉もなくなりA棟と同様にカウンターができ、スタッフもナースステーションに常駐するようになった。A棟と同様に「カウンターから患者4に看護婦7がたばこを1本渡す」「カウンターで看護婦5が患者3にお小遣い帳の書き方を教える」といったカウンター越しの会話が増えている。B棟ではカウンターはスタッフと患者の接点を広げたと考えられる。

以上のことから、A棟とB棟ではナースステーションに設置された受付カウンターの持つ意味が異なることがわかった。

　この考察部分の「生のことばをちりばめる」という技法は、ケースカンファレンス[*14]などではよく用いられる技法です。この技法は報告に臨場感を高め、説得力を増すために効果的です。またこの技法を用いれば、同じ「接近行動」（患者からスタッフへの接近・会話）でも、移転前A棟ナースステーションで観察された「患者12が机Bに移動し、看護婦5と薬や忘年会などについて会話する」という接近行動と、移転前B棟ナースステーションで観察された「患者3が入室しサンダルが壊れたと訴える」という接近行動では、もつ意味が異なることを視覚的に訴えることができます。こうすることによって質的な環境研究のよさである個別性や特殊性を研究のなかに取り込むことができると考えています。「精神病院のリロケーション研究」のように、あらゆる要因が同時に変化してしまう状況で、なんの要因がどのように効果をもっているのかを推測することが非常に困難な場合の研究においては、このような技法を用いることも必要であると思われます。しかし、「『全ての記録した生の言葉』の中で『同じような傾向をもつ抜き出した生の言葉』の占める割合は何パーセントなのか」や「比率の差には有意さがあるのか」といったことがらに、可能な限り答える努力も必要かもしれません。

[*14] ケースカンファレンスとは、治療開始時または進行中、あるいは終結時に催される治療スタッフ間の会議のことである。この会議の目的とするところは、事例に関する理解を深め、お互いに治療過程を検討し合うことによって、より効果的な治療方向を見いだしていくとともに、セラピストの資質を向上させるところにある。

3 おわりに

　環境研究の分野において心理学の果たすべき役割や可能性はとても大きなものがあると思います。しかし、残念ながら現在の環境研究分野においてその役割は十分に果たされているとはいい難いのが現状です。ましてや、質的な研究となるとその道はイバラの道といっても過言ではないでしょう。しかし、環境問題とは、人間と環境の関わり方をめぐる問題である以上、心理学の果たすべき役割はゆるぎないものがあるはずです。より多くの皆さんが、まだ心理学者があまり活躍していない異なる分野の研究者集団のなかに進出し、心理学のもつさまざまな知見を正確に役立てることができる日が来ることを期待しています。

引用文献

Fairweather, G.（Eds.）.（1964）. *Social Psychology in Treating Mental Illness.* New York, Wiley.

Holahan, C. & Sagert, S.（1973）. Behavioral and attitudinal effects of large-scale variation in the physical environment of psychiatric wards. *Journal of Abnormal Psychology*, 82, 454-462.

下山晴彦.（2000）. 心理臨床の基礎1　心理臨床の発想と実践. 岩波書店.

下山晴彦・子安増夫.（2002）. 心理学の新しいかたち. 誠信書房.

高橋直.（2001）. 精神病院のリロケーション―行動場面の自然観察. やまだようこ・サトウタツヤ・南博文（編），カタログ現場心理学―表現の冒険―. 金子書房.

書籍紹介

『暴走族のエスノグラフィー──モードの叛乱と文化の呪縛』

佐藤郁哉 著／新曜社／1984年

文野 洋

　本書は、「暴走族」とその活動を「遊び」という視点から描き出した、エスノグラフィー（民族誌）の名著である。「エスノグラフィー」や「フィールドワーク」について知りたいという読者はもちろん、質的な研究法に広く関心のある人や、暴走族の行動に少しでも関心をもったことのある人にも一読をおすすめしたい。

■本書の構成と概要

　本書は序章、第1部、第2部、終章から構成されている。各部の項立ても、読者にとって自分が今どの部分を読み進めているのかがわかりやすく、内容の理解を助けてくれる。

　序章では、日本の「モーターサイクルギャング」の変遷をたどりながら、「暴走族」と呼ばれる人々が現れた時代と、参加メンバーの属性、当時の社会の反応についてまとめている。その後で、「エスノグラフィー」のアプローチについて簡単に述べている。第1部では、暴走族の主要な活動である暴走行為と、暴走行為に必要なスタイル、つまり車両の改造や「特攻服」などのファッション、グループのネーミングや車に貼るステッカーなどの「小道具」について、それらに込められた意味を探っていく。第2部では、暴走族とそれをとりまくマスコミやその読者、学者までをも含めた人々の反響を、暴走族をめぐって展開される社会ドラマとして捉えることで、暴走族の活動がどのように維持され、終結しているのかを明らかにしている。終章では、暴走族の非日常的な活動が、その非日常性を達成するために一定の様式（モード）を必要としていること、言いかえれば、秩序のある統制された活動として組織されていることを指摘する。そして、暴走族の非日常的な活動の様式が、既存の文化の様式を変革するような力をもたない一時的な反抗（遊び）であると論じている。

■エスノグラフィーを読む

　本書を読む楽しみはたくさんあるが、まずは、暴走族の世界の生き生きとした描き方と、謎解きのような分析の面白さを味わってほしい。そのときのために、具体的な中身については紹介しなかった。ここでは代わりに、さらに読みを深めるためのポイントをまとめておきたい。

　著者は、京都の右京連合という暴走族のメンバーたちと1年間にわたって「つきあい」、そこでの「カルチャーショック」の体験を記録す

るというフィールドワーク（参加観察を主とする現場調査）を行っている。参加観察を行うことによって、暴走族というサブカルチャー（下位文化）の特徴を、当事者である暴走族の視点から、暴走族の文化に属さない他の人たちにも理解できるように記述すること（分厚い記述）が可能になる。文化をある集団が相互行為によって実現している意味の世界と考えれば、本書は、フィールドワークを通じて暴走族の意味世界を読み解く試みであるといえる。

暴走族の意味世界を十分に描き出すために、著者は「恥知らずの折衷主義」というアプローチを採用している。参加観察、インタビュー、アンケート、マスメディア分析、統計資料の分析や学術文献の検討など、多岐にわたる方法によって資料を収集し、暴走族の「遊び」の全体像を明らかにするという方法論である。

エスノグラフィーの調査プロセスは、現場調査で集めてきた情報をまとめつつ、これまでに得た知見や既存の理論などからそれらを再整理して、新たな論点についてさらに調べていくというように、ボトムアップ（現場の知見）とトップダウン（既存の知見）の視点が相互に絡みあいながら進んでいく。本書にも掲載されているインタビューやアンケートの項目を見ても、それらが双方の視点から巧みに構成されていることがわかるだろう。体系立った本書の記述内容は、このような調査プロセスを通じて、さまざまな資料を1つのエスノグラフィーとして編みあげていく「パッチワーク」の作業の成果なのである。

現場（フィールド）へ向かう

本書の意義は、なんといっても暴走族についての理解を深めたことにある。なぜなら、暴走族が生み出される原因をたんに「社会」や人々の「心」に求めてきたこれまでの説明とは異なり、これらの説明の範囲をカバーしながら、「遊び」という視点によって暴走族の活動の実態に迫ることに成功しているからだ。本書を読んで、エスノグラフィーに魅力を感じた人はぜひ、興味のある活動の現場（フィールド）に向かうことをおすすめしたい。そのさい、フィールドワークの入門書（佐藤、2002など）は、きっと助けになる。そしてフィールドワークの経験を積んだ後で、上記のポイントについて、あらためて考えてみてほしい。

文献 佐藤郁哉．(2002)．フィールドワークの技法―問いを育てる、仮説をきたえる．東京：新曜社．

第 8 章
地域研究——都市で編まれた同郷の繋がりをたどる

石井宏典

■1 地域と歴史への位置づけ

　1925（大正14）年に沖縄を出て東京の紡績工場で働いた女性の語りを紹介します。当時13歳の彼女は同じ集落の知り合い7名と一緒の出稼ぎでした。神戸からの夜行列車では、日の丸弁当に入っていた梅干しが口に合わず吐き出したと言います。

　もうたいへん、標準語もわからんしさぁ。ただ学校で教わっただけだしさぁ。ことばもあまりハキハキしないでしょ。また紡績の仕度も変わるでしょう。向こうに行ったら普通の仕度ではないさ、あっちの服と代えるから。もうあんときまでは仕度もあまりできないでしょう、こういうことに困ったわ。……ほんとにもう田舎からすぐ行ってるから、何もわからんわけ。東、西もわからんわけ。食べ物の名も知らんしねぇ、おかずに出てきても。……

　うちなんかに「土人」って言いおった。本土の人は色が白いでしょ。色が黒いから、「あんたら台湾から来たの、南洋

から来たの」と言うわけ。「うちなんか沖縄だよ」と言っても、そのときまで沖縄っていうのどこにあるかわからんさ、ねぇ、昔の話だから。沖縄というとこ、どこにあるかわからんから、「うちなんかのところは暑いからこんなのはないから、いろんなものわからないから当分覚えるまではよろしくお願いします、教えてちょうだい」って頭下げて教えてもらった。それで2、3か月もしていろんなもの覚えてからね、あれからはもう大丈夫だったけど、最初はもうたいへんだったよ。「あんたら土人どっから来たねぇ」ってしてからよ、とってもばかにされたわ。……

それで、だんだんだんだん、うちなんかもうあれなんかに負けてないでしょ、同し人間だのにねぇ。もう沖縄というところわからんから、鹿児島までは知ってるわけ、日本だから、内地。うちなんか鹿児島から来たと最初から言えばよかったものの、沖縄のこと誰も知らないから。それでもうだんだんだんだん親しくなったから、「あんたらね、最初は、こんな遠いところから来てるのに、うちらばかにしてもうごめんなさいね」って後は謝りよった。

*1 沖縄近代史の主な節目を挙げておく。
・1879年（明治12）琉球処分：日本国家への組み入れ。
・1899〜1903年（明治32〜36）土地整理：集落単位の地割制から土地私有へ。人の移動が促される。
・1920年代　第一次大戦後の恐慌下における糖価の急落。出稼ぎ者の急増。
・1945年（昭和20）沖縄戦：民軍あわせて20万人を超える戦没者。戦後は、米軍施政下におかれる。
・1972年（昭和47）日本復帰。

　語り手が紡績工場で働き始めた1920年代は、沖縄から日本本土への出稼ぎが本格化した時期です*1。「日本」の境界が外へ外へと拡張していた時代でもありました。日清戦争後の1895年に「台湾」を支配下におき、1910年には韓国を併合し、さらに1914年には「南洋」の島々を委任統治領にしています。最後のくだりからは、語り手が対面した「本土」の人たちにとって内地と外地（植民地）という二分法から「沖縄」が抜け落ちていたことが読みとれます。「鹿児島出身と名乗れば土人と言わ

れずにすんだのに」という振り返りは、こうした歴史的状況と重ねることでその意味合いが伝わってきます。

　この語りからも確認できるように、人間の生は空間と時間の交叉点で展開しています。だから、現在とは違う状況を生きていた人たちの行為は「いま・ここ」の感覚をもって安易に価値づけるのではなく、その行為がとられた社会と歴史の文脈に位置づけて理解しなければなりません。心理学という学問は特に、特定の地域や歴史にしばられない人間の普遍的側面を一気に追求しようとする傾向があります。しかし、私たちが対象とする人間存在は、無機的な時空間を生きているのではなく、特定の状況に生まれ落ち、そのなかで社会化されてきた存在であることを忘れてはならないのです。

　これから紹介する1組の研究成果は、沖縄の1つの集落で生まれ育った人たちが、近代以後の社会変動にともない日本本土の都市社会に移動し職を身につけ定着する過程を考察したものです。まず初めに、一連の研究の起点となった論文である「職業的社会化過程における『故郷』の機能──生活史法による沖縄本島一集落出身者の事例研究」を取り上げ、つぎにライフストーリーの観点から考察した「『同志会』という共同の物語──沖縄のある集落出身者たちの並ぶ場所」へと読みすすめます[*2]。これらの研究では、現場での参与観察およびインタビュー[*3]によって得られた資料とその考察が中心に据えられ、歴史資料との照合や先行研究の吟味が加えられています。多様な方法によって得られた諸資料を織り交ぜながらフィールドワークの成果であるエスノグラフィーが編まれています。

　なお、論文に仕上げるための編集作業において指針となるのが全体の構成を示した目次です。目次は、設定した研究テーマ

*2　以下、本文中の引用は特に断りがない限り、これら2つの論文からのものである。

*3　参与観察とインタビューの連関については以下を参照のこと。石井宏典（印刷中）「参与観察とインタビュー」やまだようこ編『質的心理学の方法』

> 職業的社会化過程における「故郷」の機能
> 　　　──生活史法による沖縄本島一集落出身者の事例研究
> 目次
> 1.　問題と背景
> 　　　問題／社会化のエージェントとしての地域社会／生活史法の採用
> 2.　フィールドと調査法
> 　　　フィールド／調査法
> 3.　歴史的状況と職業的社会化
> 　　　戦前・戦中期の職業的社会化（事例1：紡績体験者）
> 　　　高度経済成長期の職業的社会化（事例2：メッキ工場経営者、事例3：メッキ業体験者）
> 　　　本土復帰前後の職業的社会化（事例4）
> 4.　総括

図8-1　「職業的社会化過程における「故郷」の機能」の構成

を軸にして組まれ、論文が完成するまでは途中経過の案として書き換えられ続けます。この点をふまえ、研究を紹介するにあたり、最終的に結ばれた構成を俯瞰できる目次をはじめに引用することにします。

2　移動と定着の歴史をたどる
　　　──起点となった作業

●問いの設定──職業を媒介にした同郷人関係が諸個人の適応過程に与えた影響

　明治以後、労働集約的な工業が都市に興って大小の工場が林立するようになると、土地に根ざした暮らしから離れ職を求めて都市に向かう人たちの流れができました。出郷者たちはふる

さとへの想いを抱えながら都市に適応するという課題に直面することになります。それまで自然のサイクルにあわせ生活共同体を築いてきた人たちは、急成長しつつあった都市的環境に移り住み、どのように生活を立てていったのでしょうか。これが一連の研究を支える大きなテーマです。対象となったのは、沖縄本島北部に位置する1つの集落から本土の都市に働きに出た人たちでした（図8-2）。備瀬という名の集落との出会いから調査地として設定するまでにはつぎのような過程をふみました*4。

図8-2　備瀬の位置

*4　石井宏典（1997）「語られる共同性─ライフストーリーをよむ」茂呂雄二編『対話と知』p.179

　1989年3月、はじめてこの集落を訪問し、調査研究を目的に3ヵ月のあいだ滞在した。沖縄から本土の都市社会へ働きに出た人たちを対象に、その体験を歴史状況に位置づけながら考察するというテーマを抱えていた。この研究に先立って参加した共同調査にひきつづき備瀬集落にとりあえず腰を落ち着けることにしたが、当初は調査地をひとつの集落に限定せずにもっと広い地域を視野におさめたいと考えていた。しかし、研究をすすめるにつれて、沖縄社会は「シマ」と呼ばれる小地域社会（行政単位としては字、ここで集落と呼んできたもの）ごとにあるていど自己完結した世界を構成していることがわかってきた。シマごとにことばも違うといわれるほどに独立性は高く、シマ内の人間は互いに「シマンチュ」と呼びあって他のシマの者と区別している。……最終的に調査地をひとつのシマにしぼることにしたのは、そこに生活す

る人たちの目からみた単位に着目したいと思ったからだった。

　研究課題はつぎのように定められています。「ある個人が、生育地域社会を離れ、これまでとは異なる文化（承認された意味の体系）を擁する社会で職業を身につけ定着していく過程で、「故郷」がどのような役割をはたしているのかを、その個人が生きてきた時代・社会背景のなかに位置づけながら探る」。「故郷」とは、「個人にとって自らの拠りどころ（reference point）を見いだすことのできる場所、言いかえれば、その人が生きる複数の社会的世界のなかで中心的な位置を占めるような世界（home-world）を意味する象徴的な概念」と定義しつつ、ここでは特に、生育地域社会と都市において構成された同郷人社会の2つを指しています。具体的には、備瀬集落、およびその出身者たちが集中することになった大阪の堺市北部を拠点とする同郷人の繋がりです。そして、この課題に取り組むにあたり、個々人の職業的社会化過程[*5]を軸に構成されたライフヒストリー（生活史）を考察しました。

●方法──参与観察からインタビューへ

　すでにふれたとおり、この研究で採用されている方法は、対象者たちの生活世界に近づくための参与観察と、ライフヒストリーを聞くことを目的にしたインタビューです。論文構成の中心を占めているのはライフヒストリーですが、参与観察はインタビューを成り立たせるために必要な知識を身につけるうえで不可欠でした。適切な質問をするには現場のものごとをよく知っている必要があり、参与観察は現場の人たちのやり方をならう（習う・倣う）作業です[*6]。そこには、「当事者たちのあいだ

[*5] 職業的社会化の過程とは、職業生活への準備態勢を整え、特定職業を志向して就職し、職場に参入後に必要な技術や規範を身につけていく一連の過程をさす。

[*6] 参与観察における「ならう姿勢」について以下を参照。石井宏典（印刷中）前掲論文。

で普段は意識されないことがら、すなわち自明のものとみなされている日常性を浮き彫りにすること」も含まれます。集落での参与観察は、つぎのようにして始まりました。

　まず備瀬での調査は、民家の二階に部屋を借り、そこを拠点に集落内の家々を訪ねて歩き回るというスタイルをとった。滞在中には集落内の行事にできるかぎり参加した。夜には酒を飲む輪にも加わった。そこに暮らす人たちの生活世界にできるだけ近づくことが調査の出発点になると考えたからである。

　日本本土への就職体験者のなかで初めに近づくことができたのが、戦前に紡績女工として働いたことのある老年期の女性たちでした。備瀬のような農村地域では当時、尋常小学校を卒業した少女たちが本土の紡績に行くのが当然という雰囲気がありました*7。同郷の募集人が橋渡し役として活躍するようになった1930年代以後は、堺にあった特定の紡績会社に集落出身の若い女工たちが集中するようになります。一方、戦前に種がまかれ戦後に多くの集落出身者たちを引き寄せたメッキ業を営む工場群が展開したのも堺が中心でした。備瀬出身者で構成された「関西地区備瀬同志会」の拠点が堺にあることを確認すると、本土側の調査地は自ずと定まりました。本土に定着した人たちを対象にしたインタビューの前に必要に思えたのは、未知の現場であるメッキ工場に身をおくことでした。つまり、出身者が営む工場での参与観察です。

　堺に移動して、はじめにとった行動は、備瀬出身者のつて

*7　対象にした17人の紡績体験者の初就職年齢は12歳〜20歳だった（平均15.7歳）。

を頼り、同郷人の経営するメッキ工場で1ヵ月間メッキ作業の現場を一工員として体験することだった。こういうスタイルをとったのは、備瀬での調査を通して、戦後から高度経済成長期にかけて備瀬出身者は大阪のメッキ業界に集中したという事実が明らかになったからである。この作業体験をとおして調査に対する意気込みを理解してもらうとともに、かつてメッキ業に従事した人たちの話を聞く上で不可欠な専門知識をある程度身につけることができた。そのため、話者たちの過去の体験について具体的なイメージをもつことができ、より深く理解できたのではないかと考えている。その後、メッキ業体験者を中心に構成されている関西備瀬同志会の会員たちの家を堺市内を中心に訪ねて回った。

　備瀬と堺で行ったインタビューでは、合わせて46人が対象となりました。このときの標準的なインタビュー・フレームを表8-1に示します。このフレームは、聞きとり作業を始めたときに定まっていたわけではなく、調査の進行過程でしだいに整えられていった標準的な項目群といえるようなものです。したがって、対象者全員に等しくこれらの質問項目を投げかけられたわけではありません。対象についての認識は調査が進むとともに深まったため、場数を重ねての慣れも手伝い、後のほうのインタビューほど充実したものになりました[8]。なお、後で引用する中心人物へのインタビューは堺での調査の最後に取り組んだものです。

　インタビュー場面ではつぎの点に心がけました。
● 話がじっくり聞ける雰囲気をつくる
　できるだけ語り手と2人になれ、雑音の入らない状況を用意

---

[8] 調査の進展にともない研究課題が明確になり、それに応じてインタビューも構造化されたものとなる。佐藤郁哉（2002）『フィールドワークの技法』（新曜社）を参照。

表8-1　インタビュー・フレーム

　Ⅰ．<u>成育歴</u>：　家族（家族歴、構成、経済水準、家庭環境）　生活環境　学校歴と学校生活　友人関係

　Ⅱ．<u>仕事・職場の選択</u>（本土就職を中心に）：　希望職の形成（影響を与えた人・事）　選択動機　選択の過程（相談者、決め手となった要因、紹介者、選択に対する評価［自己・両親］）

　Ⅲ．<u>職業生活</u>：　仕事の内容（職種、技術・規範の習得）　職場環境（場所、勤務時間、給料、休日、地位の変遷、人間関係など）　同郷人との関係

　Ⅳ．<u>現況と将来展望</u>：　人間関係（近所づきあい、友人関係）　趣味　同郷人・備瀬同志会・県人会との関係　現在の生活についての評価　故郷との連絡　将来展望　Ｕターン指向

　Ⅴ．<u>その他</u>：　結婚生活（機縁、配偶者の成育地・学歴・職歴、家族歴と構成）　苦労した点（ことば、習慣など）　偏見・差別体験

します[*9]。インタビューの主旨を事前に説明し、相手の同意が得られたうえで聞きとりを始めます。相手と自分の緊張をほぐすために、しばらく雑談をしてから本題に入るなど工夫します。本研究では、ふるさとの話題から入ることが効果的でした。

●耳を傾けるという態度で臨む

　問いかけは、インタビュー・フレームに挙げたような抽象的な用語ではなく、語り手本人にわかりやすい日常のことばを使うようにします。話が脇道に逸れてもすぐにはさえぎらないで、その話題が一区切りするまで耳を傾けるよう努めます。調査の意図から外れるようにみえても、相手が話したいことのなかに新たな気づきが生まれる可能性もあります。

●質問の順序は臨機応変に組む

[*9] 同じような体験をした人たちに集まってもらい、グループ状況でインタビューを行う場合もある。この場合、一人ひとりの語りをたんねんに追うことは難しくなるが、互いの語りが呼び水となって掛け合いが展開する可能性もある。

事前に用意した質問項目を順番になぞるだけでは雰囲気が堅くなりがちなので、相手がいちばん話しやすそうな問いから始めます。質問紙調査のような1問1答式のやりとりは避け、相手の語りをふくらますような合いの手を入れます。この即興的な掛け合いのさい、参与観察をとおして身につけた知識が大いに活かされます。

●自分の価値判断はひとまず脇に置く

　インタビューの最中は相手から習う姿勢に努め、自分の価値観を安易に押しつけることのないように注意します。意見のくい違いはむしろ、物事を考えていくきっかけとなることが多いので大切にします。また、相手が話したがらないことを無理には聞き出さないようにします。

●時代区分とライフヒストリーの編集

　インタビューの対象者は、本土就職を体験した時期ごとにつぎの3群に分けました。

(1) 1920年代以降、戦前・戦中期までに多かった紡績女工（全て女性17人）
(2) 特に戦後から高度成長期にかけて展開するメッキ業体験者（男性17人、女性2人）
(3) 本土復帰前後の本土就職体験者（男性9人、女性1人）

　ライフサイクルにおける位置づけは、それぞれ（1）老年期、（2）老年または中年期、（3）成人前期にある人たちです。

　インタビュー資料をライフヒストリーへと編集するには、つぎの手順をふみました。

①インタビューの実施と記録の作成

　インタビューの実施にあたり、相手の了解が得られるならば

会話を録音します。ただし録音の依頼は、それまでに何度か顔を合わせて聞き手の人となりと調査の意図を理解してもらってからのほうが無難です。インタビュー場面では、語られた内容の要点をメモしながら聞きとりを進めていきます。インタビューが終了したら、できるだけ記憶が鮮明なうちに要点メモを手がかりにしながら語りの内容やインタビュー実施の状況を記したインタビュー記録を作成しておきます。

②語りのテクスト化

　インタビュー記録を参照しながら録音テープを聞き、初めに録音内容の目次を作成します。この目次にはテープカウンターを記しておくと後からの検索に役立ちます。そして重要と思われる箇所の逐語録を作成します。これらがいわゆるテープおこしの作業です。録音テープを聞くという行為は、相手の語りを聞き直すことであるとともに、聞き手である調査者がインタビュー場面でどのようにふるまい問いかけているのかを確認することにもなります。この作業をとおして、インタビューで得られた資料は語り手と聞き手とのコミュニケーション（やりとりや掛け合い）の所産であり、どちらか一方にのみ帰属できないことがわかります。

③ライフヒストリーの編集と考察

　インタビュー記録を何度も読み返し、録音内容をテクスト化する作業をとおして、編集方針を定めます。どの語り部分を選びどのように配置するのかを模索する過程にはすでに考察の視点が反映されているため、編集された語りとその考察とは厳密に分けることができません[*10]。語られた内容を時系列に編みライフヒストリーとして提示するさいには、歴史や地域についての背景資料にあたることも必要になります。インタビューの実

*10　ただし、この論文では便宜上、ライフヒストリーと考察とを分けて記述している。

施状況（場所、相手の様子、雰囲気など）についてふれたり、重要箇所の逐語録も効果的に織り込みます。一連の作業をとおして、ライフヒストリーの著者は誰なのかという問いが浮かぶことになります。

　この論文では3つの時代区分ごとに、典型的ともいえる職業的社会化過程を示すライフヒストリーを要約して取り上げています。

(1) 戦前・戦中期　　事例1：紡績体験者
(2) 高度経済成長期　事例2：同郷人関係の中心となったメッキ工場の経営者
　　　　　　　　　　事例3：同郷人の工場から独立したメッキ業体験者
(3) 本土復帰前後　　事例4：メッキ業界を離れた人物

●考察──同郷人関係の機能的変遷

　事例2として取り上げられた、メッキ業展開の中軸を担った人物の語りがどのようにライフヒストリーに編集されたのか、引用してみます。インタビューの状況についてはごく簡単にふれられています。「面接はこの（人物が始めた）工場での1ヵ月のアルバイト期間を終えた後、2度にわたって（彼の）自宅でおこなった。このときには調査者の意図を充分理解してくれていた。面接場面では自ら積極的に語り、2度の面接とも3〜4時間に及んだ。1年半後追跡調査を実施した」。

事例2　メッキ工場経営者（75歳）
　〈生活史〉　大正3年、8人きょうだいの5番めとして備瀬に生まれる。生家はきょうだいも多いせいで暮らしは楽ではな

かった。15歳(昭和5)、尋常小学校卒業後、長兄を頼って上阪し、彼の紹介であるメッキ工場に勤める。22歳、兄たちとメッキ工場を独立。その後、この工場には兄弟親戚を中心に同郷人が集まる。28歳(昭和18)、同郷の女性と結婚。大阪空襲で工場が焼失すると同郷人たちとともに開拓団の一員として北海道に渡る。終戦後大阪に戻り、兄と2人でメッキ工場を再建。兄の工場が軌道に乗ったのをみとどけて、34歳(昭和24)、同郷人3人とともに独立し「Tメッキ会社」を設立。その後、同郷の青年を数多く雇用した。しかし出入りが激しく、この青年たちのなかで長期間にわたって定着したものはそれほど多くない。最盛期(昭和30頃)には従業員を60人ほど抱え、メッキ工場としてはかなり大規模なものに成長する。この間、多くの独立者を輩出した。

「私はしがないメッキ屋やけども、しがないメッキ屋やけども私に使われた人はみんな独立させました。自分の下には置かなんだ、それはわしの誇り、ほんまに断言できます。誰に聞いても。わしはねこの辺(堺近辺)にいる備瀬の人がする(独立する)んやったら協力する。これはもう自分一族の、備瀬の一族の心情やったし、おじいちゃん、おばあちゃん方につながりのある(ことだし)、自分一人だけっていう気持ち(は)いかんわけ。みな各々散るところまで散らして協力したらね、良かったわけ」。「(独立した人たちは)みんな親類の人たちだから、つながりがあったんで(わしが)金出した人もいるし、材料を一年間わしが保証するということで、そういう関係で商売しやすかったんちゃうかな、邪魔はしないから。ただ、得意先も分けてあげましたよ。やっぱり仕事がきれいやから得意先なんぼでも取れるからね、分けてあげてもこっ

ちは別に困らんかったんよ」。

　戦後の復興、そして高度経済成長の波に乗って成長してきた大阪のメッキ業界にかげりがみえてきた頃、人員整理と合理化に踏み切る（昭和42、53歳）。悩んだ末の決断で、従業員を55名から一気に7、8名に減らすという、「人海戦術」から機械化への大転換だった。メッキ業界における公害問題が表面化してきたのもこの頃だった。

　50代半ば（昭和43〜45）には、堺沖縄県人会の会長を務め、沖縄本土返還運動にも精力的に参加した。「（大阪）メッキ工業組合の理事していた時分にね、大阪梅田の阪神ビルで理事会があった。で、ときどき僕は欠席するんだ。『T（名前）、どうして理事会に出てこないんだ』（と聞かれて）『わし、いま県人会の方が忙しいんだ』（と答えた）。その時に布施のメッキ屋のOという奴が『沖縄が日本に復帰したらやな、日本の税金喰らえ込むだけで役にたたん』と、こう言ったんで『おのれあのな、それやったらそれでな、ロシアとアメリカとでな日本半分に分けたらどうやったろな、お前そんなこと言うけどな、われわれの身になって考えてみい。いっぺん表に出い、たたき殺してやるから』。で、首捕まえてひっぱりだそうとしたら他の理事がね、『やめてくれ』（と言って）皆につかまえられてね、結果、できなんだけど。あのやろー腹立ったよー、あの時は。戦争は向こうがやらせておいてそんなことぬかす奴がおるか、腹立たんでおられんから」。

　65歳（昭和55）、世代交代し、現場から退く。「これまでの人生は後ろを振り向くまもなく、ただ前をみてメッキ一筋に進むだけだった」。

この事例は、戦前から戦後の経済成長期にかけての「備瀬出身者たちの典型的な行動パターンとでも呼べるような特徴を随所に含ん」でいます。考察では、この人物が同郷人社会のなかで限定された職業的社会化過程を歩んだこと[*11]、そして沖縄の人たちに対する偏見と差別の強かった時代のなかで同郷人関係に自らを準拠させながら生きてきたことが指摘されています。

　論文の総括はつぎのとおりです。かつての同郷人社会は、故郷における人間関係の移入や再現という面だけではなく、職や住居の確保など本土での生活基盤を確立する手段として活用するために集団化された側面も強かったといえます。備瀬出身者の場合、メッキ業を媒介としてある程度自己完結的な生活拠点を形成し後続者を迎えました。しかし、外的状況の変化とともに職業的社会化過程が多様化すると、同郷人どうしの繋がりは生活全般に影響を与えるものではなく、彼らが生きる社会的世界の1つになりました。その結果、構成員の本土における定住化および高齢化ともあいまって、同郷人社会は、切迫した生活上の問題に応えるというよりも、非日常的な場面[*12]で"ふるきよき備瀬"のイメージを思い出しそして故郷の文化を再現できる場として、より心理的な機能を求められるようになります。複数の生活領域を渡り歩きながら生きるようになったかれらにとって同郷人社会は、ひとときの間自分を故郷につなぎ止め、出自的アイデンティティを確認するための場として機能しています。つまり、共通の出自という共同性によって支えられてきた同郷人の繋がりは、社会状況の変化にともない、道具機能から表出機能へとその重心を移していったのです。

[*11] 同郷出身の同業者たちと同様に彼も、メッキ業を「選択」したというより、先行した兄弟に倣ったという面が強い。

[*12] 備瀬同志会の会合や冠婚葬祭の場面など。

■3 経験世界に近づく——歴史(ヒストリー)から物語(ストーリー)へ

●問いの設定——同志会は同郷性に支えられたふるさと会なのか

　先の研究では、備瀬という地域コミュニティと移動先で編まれた同郷人社会は2つの「故郷」として据えられましたが、論文の副題に「沖縄本島一集落出身者の事例研究」とあるように、考察の中心は新たな環境に適応しようとした個々人でした。そこで、この研究では備瀬同志会という繋がり自体を考察の対象に据えることにしました。研究の問いはこう設定されています。「備瀬出身者たちはかつて、移動先でもシマのことばや習慣に支えられた共同性を生きてきました。他郷において刺激されたこの共同性がいまも同志会に集う人たちを繋いでいるのは

「同志会」という共同の物語
　　　——沖縄のある集落出身者たちの並ぶ場所
目次
1. ふるさと会に集う人びと
　　備瀬同志会の午後／同志、一心、共栄
2. 語りをきく位置
　　工場を体験する／現場に立つことの意味／対する局面、並ぶ局面
3. メッキ現場という場所
　　兄姉を頼っての出郷／焼け跡からの再開／規模拡大と独立者への援助／代替わりへの決断／過当競争のなかの再編
4. 並び居る場所から生まれ成る物語
　　競争原理と共同原理／同郷と同志：交錯する2つの共同性

図8-3　「『同志会』という共同の物語」の構成

変わりません。しかし、同志会は、同郷性だけを頼りに世代を越えた人たちを結びつけているのでしょうか」。

　この問いに答えるために、同志会に集う人たちの語るライフストーリーを重ねることで、そこから浮かび上がってくる共通の物語を捉えようとしています。ここで、ライフヒストリーではなくライフストーリーという語が採用されていることに注意してください。おおまかにいえば、ライフヒストリー（生活史）は歴史的事実に基づいた生の軌跡をたどることにこだわり、ライフストーリー（人生の物語）は語り手自身の出来事への意味づけをすくいあげることに重点を置きます*13。したがってこの研究では、会に集う人たちの経験世界にこまやかに接近することが目指されているのです。

　このエスノグラフィーは、毎年恒例の花見会の様子を描写することから始まります。30名ほどが集まったこの会合では、全員が車座になり、上座の中央にはかつてメッキ工場を経営していた人たちが座りました。他の参加者の多くもかつてメッキ工場で働いた体験のある人たちでした。会の途中に挟まれた寄付報告でも、工場の元経営陣の名前が中心で、寄付の額は同志会の地位を反映したものとなっていました。会の終了後の反省会では、開催の裏方を務めた役員たちが、例年より参加者が少なかったことを残念がり、最近の若い人たちが顔を出さないことをしきりに愚痴っていました。これらの記述から会の特徴がいくつか浮かび上がってきます。この会には、備瀬出身者が集う。しかし、中高年層がほとんどで若い世代の人たちはあまり参加しない。参加者は、かつてメッキ工場で働いていた人たちが多い。会においては、メッキ工場を経営していた人たちが重要な地位を占めている。

*13　歴史（history）は、出来事をたんに時系列に並べたものではなく、特定の視点から編まれた物語（story）でもある。したがって、誰が、どのような意図で、記述すべき出来事を選び、編集したのかについて注意を向ける必要がある。

第8章　地域研究

227

●方法──現場で並ぶ体験

　前節でもふれたように、調査者自身がメッキ工場で働くという試みは、多くの備瀬出身者が働いていたメッキ工場に実際に立ってみることで彼らの経験世界に少しでも近づくことができるのではないか、という漠然とした思いに従ったものでした。この研究ではさらに、かつてメッキ現場で働いていた人たちからライフストーリーを聞くにあたりこの工場体験がどのような意味をもつのかについて、1節をあてて吟味されています。

　ほんの一か月でしたが工場で働くことで、メッキの種類と色、メッキ液の匂い、メッキをつけた製品を入れた箱の重さ、そして工場内に響く作業音など、メッキ現場の一端をからだ全体で感じることができたのはたしかです。とはいえ、そんな短期間でとくに身についたメッキの技術があるわけではありません。……それでも、体験者の語りを聞くうえでこの工場体験はじゅうぶんに活きたと思うのです。

　これから話を聞こうとする相手とのあいだに何か共にできる物事がある方が、それがどんなにささやかでも、ないよりは会話がはずみやすいものです。そんな経験は誰にでもあるでしょう。そしてその共通の物事が相手にとって重要な意味があればいっそう話に花が咲くことになります。備瀬にいたときは、メッキ工場で働いていた人から話を聞いてもほとんどイメージが広がらず会話も途切れがちでした。だいたい、何を聞いていいのかわかりませんでした。それが堺に来てメッキの現場を経てからだと、体験者の語りの世界が目の前で一気に広がって行くような感じを何度も味わいました。

相手にとって意味あるものごとを媒介にして結ばれた三項関係は、「並ぶ関係」*14 と位置づけられます。この関係は、例えばメッキ製品の仕上がりについてつぎのような掛け合いを可能にします。このとき、聞き手は語り手と同じものを眺め、それについて問いかけ、相手の語りをふくらませることができるのです。〈　　〉は、聞き手の発話。

*14　「並ぶ関係」は、やまだようこ（1987）『ことばの前のことば』における鍵概念。ここでは、調査場面での関係性に援用している。

　　いま、あんたご覧の通り、ネジの中までメッキがつくわな。他ではようつけんのや、それが。〈そうなんですか。〉（工場を閉めたから）できへんいうて、わしとこみな戻ってきて、わしとこ来て引き受けるんだ。いままでの得意先にするとね、ネジの中あんまりメッキついていない。けれども、（うちでは）、ネジの中、こう見るとね、ネジの中、たいがい長いもんでも、ネジの中までメッキついてるわな。〈はい、ついてますね。〉それからあのスプリング、自転車のスプリング、あれでも中までついてる。あれ、焼き入れたもんなかなかつきにくいですよ、あのスプリングは。だから、うちきてからかえってね、お得意先もやりやすくなったやろ、品質がよくなってるから。

　現場を知った後で現場のものごとについて問いかけ、相手にならう作業をとおして、相手の経験世界に少しずつ近づきます。そして、現場に立ったからだの感覚を呼び覚ましながら、インタビュー資料を聞き直し、ライフストーリーを重ねていきました。

第8章　地域研究

●ライフストーリーの重ね合わせから浮かぶ共通の筋立て

　同志会に集う人たちのなかでも、特にメッキ工場を営んでいた人たちの語るライフストーリーを重ねていくと、ある程度共通した筋立てが浮かび上がってきました。その筋立てを提示するにあたり、同郷人関係の中心を担ってきた人物[*15]のライフストーリーを軸に据え、彼とともに働き、また彼のもとから独立していった人たちの語りを脇に添えました（図8-4）。引用したエピソードにつけた見出しと全体の流れはつぎのとおりです。

　・兄姉を頼っての出郷……先行の同郷人を頼っての移動とメッキ業界への「参入」

[*15] 前節で取り上げた事例2と同一人物。

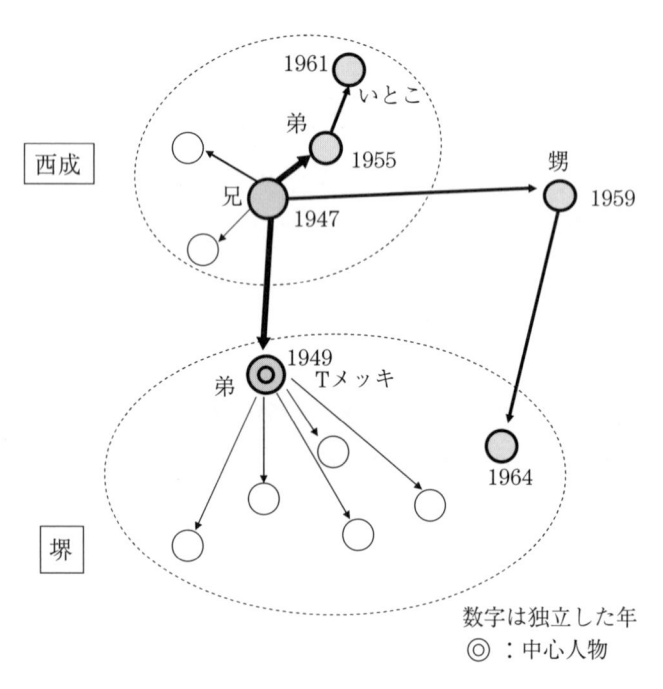

図8-4　メッキ工場の独立関係

- 焼け跡からの再開……同郷人の工場で働いた後の「独立」
- 規模拡大と独立者への援助……成長期における独立者への「支援」*16
  （彼のもとから独立した同郷人の語りを挿入）
- 代替わりへの決断……設備投資と人員整理のさいの「葛藤」
- 過当競争のなかの再編……事業の継続か、廃業かの「決断」
  （2人の廃業した同郷の同業者の語りを挿入）
- 競争原理と共同原理……「競争」の激しい業界のなかで模索された同郷人との「共同」
  （支援を受けた同郷の同業者の語りを挿入）

　中心人物のライフストーリーを再構成するために選ばれたこれらのエピソードは、以上のように、参入、独立、支援、葛藤、決断、競争と共同とでも名づけられるようなテーマを含んでいます。これらのテーマは、彼らしさが存分に発揮された個性的なエピソードの形で語られたのですが、同郷の同業者たちも似たような状況におかれ各自のやり方で対応していったのです。ここでは「支援」について、彼自身の語りと彼から支援を受けた同郷人の語りを引用します。

*16　1950〜1960年代半ばにかけてはメッキ業界の急成長期。この時期、後続者は、先行者の工場で働き、技術を身につけて独立するという将来展望を描くことが可能だった。

- 支援

　彼は、同じ工場で働き腕を磨いて独立していった人たちを「一党」ということばで括り、かれらへの支援を惜しまなかったとつぎのように語っています。

　　仕事がだんだん増えてきて、で、結局、うちの一党いうんですか、第一番にＴＳね、これが独立した。〈これは昭和何年の頃ですか？〉昭和何年頃やったかな、30年ぐらいやな。

……従業員は60名ぐらいはおった。それで、わしが使っておった人で、だいたい研磨の、メッキする前に研磨せないかんわな、それで（研磨業で）つぎつぎとね、うちから独立していったのが、第一番めＴＳ、つぎにＨ、それからそのつぎにＴ。……〔指折り数えて〕11軒やね、うちに勤めておった人。

　その人ら独立するというときにはみな、ぼくの方が暗黙のうちに材料屋に売れと（頼んだ）。一年だけ保証する、ぼくがみるから材料をうちと同じ値段で入れなさい、ということで、そういう具合にして独立をあえてもうさせたんだ。それもよくできる人やったらもう、もったいないから独立するなら（たいてい）邪魔するわな。〈うん、そうですね。うちにずっといてもらいたいから。〉わたしはそんな根性悪はしなかった。ただ、「独立したい者は勝手にせい、その代わり材料屋を世話するからどこそこから買いなさい」と。……材料を一年間わしが保証するということで、そういう関係でね、商売しやすかったんちゃうかな、邪魔はしないから。だから、得意先も分けてあげましたよ。やっぱり仕事がきれいやから得意先なんぼでも取れるからね、分けてあげても別にこっちは困らんかったんや。

・支援への感謝
　彼のもとから独立し家族総出で工場を切り盛りしてきた女性は、感謝の思いをつぎのように語りました。

　みんなたいがいの人、Ｔメッキの世話なってんちゃう。〈そうだねぇ、聞くとね。〉だからＴメッキのおかげでみんな成功

してるからな、そこの恩を忘れるゆうのが、間違っていると思うわけ。自分がここまできたのもやっぱりＴメッキのおかげやから。

　かっちゃん（娘）にも、ちょいちょい言うねん。「Ｔあったから、われわれこんな生活できるんやで」、言うねん。〈うーん、すごいね。〉うん。Ｔのほんま、おやじら夫婦のあれ（恩）忘れたらあかんと思うわ。それ、わたしはどんな成功してても、金には変えへんもん、そのあれいうのはな。自分が苦しいときにやってくれた人のことな、忘れたら、ほんま人間しまいや。やっぱし苦しいときに助けてもろたら、ほんまにもう忘れられへんもんな。わたし、９月の25日（Ｔを頼って大阪に出てきた日）忘れたことない。いまだに、その何十年なっても、もう40年あれなるけど。「あ、今日は９月25日やで」言うねん。今までほとんどあれやった（行っていた）けど、もう父ちゃん（夫）おらんようになってからな、もう行ってへんけど。〈あぁ行ってたんだ、９月の25日に。〉遊びによう行きおった。んで、向こうの奥さんのお父さんとわたしのお父さんとは従兄弟どうしやったからな。沖縄ではものすごいもう親戚はあれや（大事にする）もんな、こんな離れてきたらもうあれやけど。だから（夫婦で）いつも心配するんは、わたしの心配しよったんや。

●考察──同郷と同業のコミュニティ

　全体の考察において、同志会は同郷性だけが支えてきたのかという問いには、つぎのように答えていきます。「この問いに答えるために、同志会に集まる人たちの多くがメッキ工場で働いた体験があること、そして同志会のなかで厳格な『先輩－後輩』

の関係を築いていることに着目したいと思います。この上下関係は、シマ（地元の集落）以上に強固な形で維持されています。いや、維持されているというよりも、他郷を生きる同郷人たちのあいだであらたに創りあげられたとみるのが正確でしょう。たんに年齢が上という理由だけでなく、より厳しい環境のなかを切り開いてきたという歴史が先輩と後輩とを峻別します。そして、この関係を築きあげ、いまなおそれを強力に支えているのはメッキ現場で共に働いた体験といえるでしょう」。

したがって、同志会に足を運ばない若い世代の存在はむしろ、この会を支えている〈共同の物語〉を照らし出すことになるのです。「このような先輩－後輩の関係は、メッキ労働という共通体験に支えられ、後進にとって侵してはならない絶対的なものとなっているのです。こう考えると、いまの同志会の役員たちが不満げに繰り返す『最近の若いもんは顔を出さない』という同志会の現状も頷けます。メッキ労働の現場で並んだことのない『最近の若いもん』にとって、先輩の語りにリアリティをもって耳を傾けることはできません。かれらは、先輩の語りにメッキ籠の重さを感じ、メッキ液の匂いを嗅ぐことはできないのです」。

本文はつぎのように結ばれます。「同志会は、シマという共同性によって支えられているだけでなく、それを基盤としながらも、さらにメッキ現場での並ぶ関係のなかから生まれ、編みつづけられてきた共同性によってつよく支えられています。同志会という場所は、シマことばでふるさとの思い出を語りカチャーシーを舞ってシマのからだをとりもどすための場所であるとともに、メッキの現場を共に生き抜いてきたという身体化された歴史を移動先のことば（大阪弁）で語りあう場所でもある

のです*17。そして、同志会に集う備瀬出身者たちの語るライフストーリーは、たんにひとりひとりの物語であるというだけでなく、シマとメッキ現場という2つの並び居る場所から生まれ成る共同の物語として位置づけることができるでしょう」。

*17 同志会の会合では、シマのことばと移動先のことばが行き交う。ここに集う人たちは、いつの間にか身についたことばと努力して獲得したことばという二重性を生きている。

■4 おわりに

　　むすんで　ひらいて
　　手を打って　むすんで
　　またひらいて　手を打って
　　その手を上に

　このおなじみのうたは、研究の成果をまとめる作業に取り組んでいるさなかに自然と口からこぼれてきました。研究のサイクルを実によく表現しているように思えます*18。

　それはつぎのようなものです。参与観察とインタビューによって得られた資料を幾度もなぞり、多様な背景資料と重ねる。フィールドに身をおき身につけた認識や感覚を頼りにしながら、設定した問いへの仮説をひとまず結んでみる。さらに調査を進めていくなかでその見立てが不十分なことがわかると、結びをほどき、これまでに手にした資料を読み直し、再び現場に立って相手と交わる。そうした手順を何度か繰り返した後で成果としてまとめる。まだまだ未消化な点が残っていることがわかっていながら、たいていは「締め切り」という時間的制約の助けを借りて、えいやっと手を打ち、結ぶ。しかし、その成果をしばらく寝かしておくと、やがて書き手のからだに新たな気づきが発酵し、結んだものをもう一度開いて結び直したくなる。ふ

*18 スプラドレーも、エスノグラフィー研究の過程を円環的に捉えている。Spradley, J. P. (1980) Participant observation. pp.26-35.

たたび結び終えて今度こそは納得の境地に達するのかというと、残念ながらそうはいかない。いつまでも、結びきれないなにかが残り、もうここらで「お手上げ」と諦める。

　ずいぶんと強引な重ね合わせですが、研究を深め成果をまとめるという作業は、なかなか終わらない「結びと開き」の繰り返しのように思えます。そのサイクルが堂々巡りで終わるのではなく、幾重にも巡りながら対象理解が深まっていってほしいと願うのです。こんなふうに考えると、研究の結びはいつまでも途中経過の報告なのかもしれません。ただし、いったん結んでみるからこそなにが足りないのかに気づき、それが次への課題となるのです。もとよりここで、安易な結びの量産を勧めているのではありません。成果を結ぶときには、フィールドで交わった人たちのいとなみの軌跡を丁寧になぞり、その歩みを社会歴史的状況に位置づけ、語りを幾度も反芻しながら、フィールドの空気を吸ったからだから生まれることばで表現していきます。フィールドワークは、このような全身活動だと思うのです。

引用文献

石井宏典．(1993)．職業的社会化過程における「故郷」の機能－生活史法による沖縄本島一集落出身者の事例研究．社会心理学研究，第8巻1号，9-20．

石井宏典．(1997)．語られる共同性―ライフストーリーをよむ．茂呂雄二（編），対話と知―談話の認知科学入門（pp.175-202）．新曜社．

石井宏典．(2000)．「同志会」という共同の物語―沖縄のある集落出身者たちの並ぶ場所．やまだようこ（編），人生を物語る―生成のライフストーリー（pp.113-142）．ミネルヴァ書房．

石井宏典．(印刷中)．参与観察とインタビュー．やまだようこ（編），現場心理学の方法―語りをきく．新曜社．

佐藤郁哉．(2002)．フィールドワークの技法―問いを育てる、仮説をきたえる．新曜社．

Spradley, J. P. (1980). *Participant observation*. Wadsworth.

やまだようこ．(1987)．ことばの前のことば―ことばが生まれるすじみち1．新曜社．

第9章

防災研究――災害に強い社会をつくるための共同実践

矢守克也

■1 はじめに――2つの研究プロジェクト

　今日、巨大地震や津波の発生、そして相次ぐ風水害をうけて、防災に対する社会的関心が高まっています。防災は、災害という自然現象に端を発する社会的活動ですから、地震学、土木工学、建築学など自然科学的な研究が現在でも圧倒的主流を占めます。しかし、近年では、自然現象としての災害が人間・社会にもたらすインパクトに焦点をあてた、人文社会科学をベースにした研究も増えてきました。本章では、後者のタイプの研究に焦点をあてることにします。

　以下、筆者自身が今も継続中の研究を2つ紹介しながら、この分野における質的研究の進め方について述べたいと思います。第1の研究は、筆者が足かけ8年間にわたって当事者たちと共同で進めてきたもので、阪神・淡路大震災（1995年）の被災者が、その体験や思いを後世に語り継ぐことを目的に結成した語り部グループにおける活動をテーマにしたものです。その経緯の一部は、矢守（2003/2005）やYamori（2005）などで報告し

語り部活動の一場面（神戸学院大にて）

ました。以下、「語り部研究」と記すことにします（写真参照）。

　第2の研究も、すでに3年あまりにわたって筆者自身が関わり続けているものです。こちらは、過去に災害を体験した人々と、今後起こるかもしれない災害に備えようとしている人々とを、ゲーミングという手法を用いて結びつけようとしている研究です。以下、「ゲーミング研究」と記します（次ページ写真参照）*1。ゲーミング研究については、矢守（2007a/2007b/印刷中a）やYamori（in press）に経過報告があり、また、これらの研究で用いている「クロスロード」と呼ばれる防災ゲームについては、矢守・吉川・網代（2005）、Kikkawa, Yamori, Ajiro, & Hayashi（2004）、吉川・矢守（2006）などで詳しく紹介しています。

　これら2つの研究には、共通のモチーフが2点あります。第1は、いずれも、「語り」（ナラティヴ）に注目している点です。語り部研究が語りに関わっていることは明らかだと思いますが、

*1　「ゲーミング」（gaming）という用語を厳密に定義することは困難だが（Duke, 2001/1974を参照）、「ゲーム」と区別してこの用語を使用するとき、以下の意味を込めることにする。つまり、ゲーム用具やルールといった対象としてのゲームそのものだけを指すのではなく、ゲームをプレーすること、プレーをファシリテートすること、さらには、ゲームを作成すること——これらゲームを支える一連の能動的な活動を総称してゲーミングと呼んでいる。

第9章　防災研究

防災ゲームの一場面（高知県にて）

　ゲーミング研究のほうも、実は語りと深い関わりがあります。なぜなら、ゲーミング（ゲームをプレー、ファシリテート、作成する行為）では、当事者や研究者がそれぞれ自分が直面する防災上の課題を、ことばで記述し伝達すること、つまり、語りという形式で表現することが不可欠だからです。その意味では、ゲーミングという方法は見かけにすぎず、この研究の真のねらいは、いかにして防災に関する語りを引きだすかにあると言ってもよいかもしれません[*2]。

　第2の共通点は、「インター・ローカリティ（inter-locality）」（地域間の結びつき）、および、「インター・ジェネレーショナリティ（inter-generationality）」（世代間の結びつき）というキーワードで表現できます。このことの意味は、災害が稀少現象であることを踏まえればすぐに理解できます。今日の日本のように、災害がしばしば発生しているように感じられる社会であっても、災害は基本的に滅多に起こらない現象です。巨大な地震

[*2] ちなみに、矢守（2007a）は、こうした語りに〈防災ナラティヴ〉という概念を与えている。

や津波など、再現周期（return period）が数十年から、ときには数千年に及ぶ災害はもちろん、毎年のように起こる風水害、土砂災害も、直接的な影響を被る人々はごく一部です。つまり、大多数の人々は災害を直接体験しないわけです。いかにして、災害の体験や教訓を、地域あるいは世代を越えて伝えるのかという課題、つまり、体験者の語りやゲーミングに基づく地域間・世代間伝承が、防災研究にとって常に重要テーマとなるのは、このためです。

2 4つのポイント

これから、語り部研究とゲーミング研究について紹介します。しかし、その前に、本章のポイントをあらかじめ整理しておく意味で、これら2つの研究を実施するにあたって筆者が留意したことをまとめておきます。言いかえれば、筆者が防災領域における質的な研究のあり方について、読者に伝えたいメッセージを集約しておきたいと思います。この段階では、下に掲げた4つのポイントを全て理解するのは難しいかもしれません。その場合は、3節以降を先に読んで下さい。具体的な研究事例に触れながら4つのポイントについて述べている箇所がいくつか登場しますので、それらとともにこの2節をふりかえってもらうとわかりやすいと思います。

(1) （防災）研究は、基本的に全て、現場（フィールド）の当事者と研究者との共同実践（アクションリサーチ）として実施されます[3]。
(2) ガーゲン（Gergen, 1998/1994）が主張しているように、（防災）研究で用いる理論や概念は、普遍的で一般的な法

[3] アクションリサーチは、グループ・ダイナミックス（定訳は、集団力学）の創始者であるレヴィン（Lewin, 1954/1948）が重視した研究スタンスである。この点について詳しくは、アクションリサーチについて論じた別の原稿（矢守、印刷中b）を参照。

則性を表現するためではなく、共同実践に従事する当事者と研究者が、現場において、それまでの現実を見直し新たな現実を構成するための具体的な指針を得るために存在します[*4]。

(3) (防災) 研究を支えるデータを入手する方法は、質問紙調査、実験室実験、インタビュー、コンピュータ・シミュレーションなど、多様であって構いません。よって、データの種類、分析方法も多様なあり方、方法が認められるべきです。

(4) 通常、研究的営みと考えられている活動 (調査したり、観察したりといった活動) は、現場で展開される防災実践の総体のなかのほんの一部分にすぎません。よって、現場では、狭い意味での研究活動を越えた実践の全貌を視野に入れたふるまいが研究者に求められます[*5]。

3 「語り部研究」

●論文の焦点──〈バイプレーヤー〉の概念

まず、この論文 (矢守、2003) の概要をまとめておきます。この論文は、4人の震災被災者が、阪神・淡路大震災の体験を語り継ぐための語り部活動において、小中学生を対象に展開した語りを分析したものです。語りの分析にあたっては、語りの「内容」よりも、むしろ、語りの「様式」に注目しました。同時に、語り手個人の心理的特性よりも、むしろ、語りをめぐる集合性 (グループ・ダイナミックス) に焦点をあてました。このさい、個々の語りの様式を特徴づける存在として、〈バイプレーヤー〉という分析概念を提案しました[*6]。

[*4] ガーゲンは、社会構成主義という考え方を提示し、これまで心理学研究の大半を主導してきた研究スタイル (論理実証主義) には大きな転換が必要であると主張している。社会構成主義については、Gergen (2004/1999)、矢守 (2001/2006) などを参照。

[*5] 杉万 (2007) は、本章でいう共同実践について、それはアクションリサーチである前に、リサーチ・イン・アクションであると述べている。言いかえれば、現場を変えていこうとするいろいろなアクションの1コマとして、つまり、そのほんの一部として、リサーチ (研究) は存在することに注意を促している。

その結果、4人の語り手は、いずれも震災体験について語っているのですが、その様式がまったく異なっていることがわかりました。具体的には、語りの内部に登場する特定の人物が〈バイプレーヤー〉の役割を果たすAさんとBさんの語りでは、語り手本人と〈バイプレーヤー〉との間で生じる視点の互換（交替現象）が語りの基本様式になっていました。他方で、Cさんの語りでは、目の前の聴衆（聞き手）が〈バイプレーヤー〉の役割を果たし、Dさんの語りでは、「神戸の街」、あるいは、「神戸の人たち」ということばで指示される不特定多数の人たちが〈バイプレーヤー〉となっていました。

　さらに、この論文では、〈バイプレーヤー〉のあり方に表れた語りの様式の違いは、たんに、話し方の習慣や癖といったものではないことを強調しました。つまり、語りの様式の違いは、語り手一人ひとりがそのライフストーリーを構成するときの様式の違い、つまり、震災で破壊された生活を再構成するときの方法の違いを反映する点が重要だということです。だからこそ、〈バイプレーヤー〉という概念を導入し、この概念によって、語り手のみならず、聞き手や語りの対象となる人物、事物などをも含む語りをめぐるグループ・ダイナミックス全体に着目しなければ、語りによる体験伝達の意味を明らかにすることはできないのです。

●語り部グループでのアクションリサーチ

　この論文を執筆した背景には、筆者自身がメンバーとして現在も参加している語り部グループでの活動があります。筆者は、研究者として、かつ、グループを支えるメンバーとしてこのグループに8年間にわたって参加しています（図9-1参照）。つま

*6　日常感覚としては、語ることは単独の人間が行う個人的営みのように思える。しかし、バフチンの発話論を念頭にワーチ (Wertsch, 1995/1991) が、「宛名性」(addressivity) や「応答性」(responsibility) といったキーワードを使って強調しているように、私たちは、他者のことばを借りたり、他者に代わって語ったり、他者へ向けて語ったりといった集合的な構造のなかでしか語ることができない。語ることは、——たとえ無人島での独り言であっても——本質的には、集合的な行為である。実際、被災者である語り手たちは、亡くなったわが子の代わりに語ったり、防災行政を担う行政職員を明確に意識して語ったり、将来の世代へ向けて語ったりする。そうであるならば、例えば、Xさんの語りが、Yさんを強く意識して（Yさんをいわばメインの宛先として）語られている場合、あるいは、Zさんの思いを代弁して語られている場合、YさんやZさんを語りの主演者であるXさんの〈バイプレーヤー〉（助演者）と呼ぼう。これが、〈バイプレーヤー〉という概念を支える基本的な発想である。

り、この論文は、筆者と語り手のみなさんとの共同実践として進んできました（2節のポイント（1）のとおりです）。

　この論文のなかで検討対象にした語りは、いずれも語り部活動の現場で語り手の了解を得たうえで録画・録音したものをテキスト化したものです。この点で、この研究は、参与観察法を採っていると言うことができますし、分析対象として視聴覚データを用いた研究でもあります。また、語りのデータについては、いくつかのキーワードを目印としてコーディング作業を行ったり、キーワードの登場頻度をカウントしたりもしていますので、この点では量的なデータを活用しているとも言えます。ここで、2節のポイント（3）を思い出してもらうとよいでしょう。

　ただし、論文のなかで具体的に検討対象とした語りの質量をはるかに上まわる語りが、語り手（当事者）と筆者（研究者）との間で8年間にわたって交わされていることを無視することはできません。8年間といえば、単純に物理的長さだけを捉えても、被災者にとっても筆者にとっても、それぞれの人生全体のスパンのなかで無視できない年月です。この間、筆者は毎月1回のペースで開催される月例勉強会に出席し、100回を超える語り部の会が開催されてきました。そのたびに、語り手、あるいは、語りを聞いてくださる方々とのやりとりが交わされることになります。

　さらに、8年の間には、新しいメンバーが加わることもあれば、考え方の違いからグループを離れる方もいらっしゃいました。2005年には、グループそのものが2つに分かれてそれぞれが再出発するという出来事もありました[*7]。そして、こうしたグループの活動は、当然のことながら、災害で肉親を亡くし、

[*7] 矢守（2003）では語り部グループの名称が「グループ117」、本稿の図9-1では「語り部KOBE 1995」となっているのは、この間の事情によるものである。

「語り部 KOBE1995」

―阪神・淡路大震災から12年、
　今ここに生きていることを感謝し、さまざまな震災体験を語り伝えます

　阪神・淡路大震災から早くも12年を迎えようとしています。わたしたちは、あの時のことを語り続けています。それは、その時のことをいつまでも忘れてはならないという思いからです。私たちの活動では、

（1）生の体験を語ります：私たちの活動では、メンバーが直接体験したことを話します。
（2）命の大切さへの眼差し：何人かのメンバーは家族や身近な人を震災で亡くしています。命の大切さについてこころをこめて話します。
（3）体験の中から生まれる知恵：これからも日本は、地震、台風など大きな災害に見舞われるでしょう。災害が起こったとき役立つ知識・知恵を被災者の立場からお伝えします。

■「こんなメンバーで進めています」

田村勝太郎（代表）　当時、神戸の小学校教師。
・自宅全壊、建物の下に埋もれた母を救出。
・家の倒壊と小学校での避難生活
・小学校の子供達のボランティア活動
・この10年　本気の防災、減災活動を求めて

浅井鈴子　住居全壊。
・当時小学校5年生の長女亜希子を亡くした。
・地震で埋まっていたときの様子
　（光のない世界での感覚）
・激震地と周辺地域の温度差、避難所での生活
・PTSDと診断されてからの心の流れ

山田　晋
・震源地から5kmの自宅での被災と震災から教えられたこと
・自社設計建物調査を夜明けまでに行ったこと
・全国から応援に来た建築士の活動と、事務所協会本部の建物危険度判定業務

市原聰美　住居全壊
・激しい揺れの中で死を覚悟
・近隣の人たちと力を会わせ、必死に救出活動を
・民生委員として、自治会役員として、被災者になったとき何ができたか。
・失ったものの大きさに苦しみPTSDと診断され死を考えた日々

庄野ゆき子　住居全壊、重症で3ヶ月入院
・家具のない部屋で29歳の息子は太い梁が落ち即死。
・私は家の下敷きで14時間でやっと救出される体験を通して、地震の怖さ、命の大切さ、そしてくいのない日を送ることを伝えます。

星野錦江　住居、店共に全壊。
・倒壊寸前の家から脱出した状況、何の機材もない中、埋まっている人を協力して救出したこと
・自営業（居酒屋）の再建を断念するに至った過程
・住み慣れた地から離れて、復興住宅移転後のボロボロになった心身を受け止めて来た日々

矢守克也　（顧問：京都大学防災研究所助教授）
・防災、災害対応の基本について
・ゲーミングやワークショップを用いた防災教育について

■問いあわせ先：「語り部KOBE1995事務局」（代表：田村勝太郎）〒654-0072　神戸市須磨区千守町1-3-36-21　電話＆FAX：078-737-3020、または、「特定非営利活動法人日本災害救援ボランティアネットワーク」（〒651-0073　神戸市中央区脇浜海岸通1-5-1　国際健康開発センター2F　ひょうご国際プラザ内　電話：078-231-9011　FAX：078-231-9022）でも、お問い合わせを受け付けております。
※問い合わせは、可能な限り、FAXでお願いします。
※被災地阪神、淡路地域での活動はもとより、「出前語り部」も行っています。学校教育での総合学習、地域での自主防災活動などの機会に、被災者の体験をお聞きになりませんか。

図9-1　語り部KOBE1995のチラシ

自宅や仕事を奪われた語り手の生活の変化とオーバーラップして進んでいきます。筆者は、そのごく一部ではありますが、そうした人生の１コマを共有させてもらいながら、このグループの運営にともに携わってきたことになります。

　要するに、語りの様式の違いは、語り手一人ひとりが震災で破壊された生活を再構成するときのグループ・ダイナミックスの違いを反映しているのではないかという仮説は、検討対象とした語りそのものの分析（だけ）から得られたわけではありません。そうではなく、聞き手を前にした語りの現場という、いわば、「表舞台」を背後から支える日常のやりとりこそが重要な意味をもっていたのです。当事者との日常の交渉を欠いて、「表舞台」だけを観察しても、つまり、「表舞台」から得られるデータだけを分析しても、現場に関する洞察は得られないと思われます。２節で、研究は、現場の当事者と研究者との共同実践として実施されるべきであり（ポイント（1）参照）、かつ、狭義の研究だけでなく実践の全貌を視野に入れる必要があると主張した（ポイント（4）参照）のは、このためです。

●新たな実践——新たな〈バイプレーヤー〉とともに

　先に脚注６でも触れたように、たしかに、物理的に発声しているのは個体としての人間ではありますが、語ることは、本質的には、他者のことばを借りたり、他者に代わって語ったり、他者へ向けて語ったりという集合的な行為です。しかも、そのグループ・ダイナミックスのありようが、語り手（被災者）の生活世界の再構成と密接に結びついていることがわかったとき、１つの重要な課題が浮上します。それは、今後に向けて、——必要に応じて——〈バイプレーヤー〉を新たに設定するなどして

語りのグループ・ダイナミックスを変容させ、語り手や聞き手、そして研究者（筆者）自身の生活世界、ひいては、それを取り巻く被災地（社会）が震災に向き合う態度を変えていこうとする、新たな実践です。

筆者ら語り部グループのメンバーは、こうした新たな実践の必要性を、特に、震災から10年の節目を迎えた2005年前後における社会の変化のなかに感じました。それは、一言で言えば、「過去（阪神・淡路大震災）から未来（来るべき大災害）へ」という大きな変化です。つまり、語りの現場で、「震災の体験（だけ）ではなく、今後の防災対策について話してほしい」という趣旨のリクエストを多く聞くようになったのです。このリクエストへの応答をめぐってグループは随分悩むことになるわけですが、その詳細については、いずれ別稿で検討したいと考えています。

ここでは、筆者自身が、こうした現場の変化をふまえて、新たに、防災を学ぶ大学生との共同実践を提案し、すでに実施に移されていることだけを記しておきたいと思います*8。この共同実践では、これまで語る一方であった語り手たちが、自分たちの今後の活動について、防災を学ぶ大学生（震災当時は小学生）からコメントをもらったり、逆に大学生の活動（例えば、大学生たちは地元の小学校で防災学習を指導するなどしています）について取材したり、さらには、共同で防災教育のためのツールを製作したりといった活動を行っています。中高齢の語り手と大学生、さらに小学生との間の「インター・ジェネレーショナリティ」（1節）が志向されている点も感じていただけると思います。

筆者の頭のなかには、防災を学ぶ大学生という、これまでと

*8 この取り組みは、神戸学院大学学際教育機構防災・社会貢献ユニットの舩木伸江先生とその学生さんたちとの共同実践である。実践に加わってくださっているみなさんに心からお礼を申し上げたい。

は異なる〈バイプレーヤー〉を獲得することで、語り部活動に新たな方向を見いだしたいという思い（仮説）があります*9。そして、この仮説が、〈バイプレーヤー〉という概念を設定したことによって、その延長線上に生まれてきたことも明らかだと思います。つまり、2節で、ポイント（2）として強調したように、理論や概念は、一般的な法則性を表現するためではなく、共同実践において新たな現実を構成するための具体的指針を得るためにこそ活用されることが重要だと思われます。

*9 もちろん、逆に、大学生の側にも、それまでの防災学習とは異なる新たな方向性を、私たちのグループとの共同実践のなかに見いだしてほしいとも願っている。

■4 「ゲーミング研究」

●「クロスロード」とは？

まず、この研究（矢守、2007a）で開発・活用した防災ゲーム「クロスロード」（矢守・吉川・網代、2005など）について簡単に紹介しましょう。

図9-2 クロスロードカードの見本

「あなたは、行政職員。立ち入り禁止になった庁舎内に対応上絶対必要な書類がある。取りに行く？ YES（行く） or NO（行かない）」

「あなたは、海辺の集落の住民。地震による津波が最短10分でくるとされる集落に住んでいる。今、地震発生。早速避難を始めるが、近所のひと

り暮らしのおばあさんが気になる。まず、おばあさんを見に行く？　YES（見に行く）or NO（行かない）」

　図9-2に例示したものも含め、これらはいずれも、「クロスロード」のキットに収録された問題です。どの問題も、一筋縄ではいかない難しい問題であり、「ジレンマ」「トレードオフ」といった心理学用語で形容される事態です。阪神・淡路大震災（1995年）のさい、神戸市職員として災害対応にあたった方々のインタビュー調査を進めていた筆者らは、市職員や被災者が、多くの厳しい判断・決断を下してきたことを知りました。そこで、こうした防災上の判断場面をいかした防災研修・教育のツールをゲームの形式で作ってみようと思い立って作成したのが、「クロスロード」でした*10。

　「クロスロード」は、こうした設問が記された問題カード（図9-2を参照）と、判断の結果を表明するためのYES／NOカード用い、5～7人1組となって集団で行います。まず、参加者（プレーヤー）一人ひとりが、各設問について自分の判断を独自に下します。つぎに、その結果をYES／NOカードを用いていっせいに表明し、所定のルールにしたがってゲームポイントを獲得します。その後、各プレーヤーは、どのような理由でYESまたはNOの判断を下したのかについて語ることを求められ、それに基づいて、設問に描かれた事態についてグループでディスカッションします。さらに、設問のもとになった当事者の語り（防災ナラティヴ）をビデオ等で視聴します。場合によっては、専門家のコメントや体験者から事例報告を聞いたうえで、自分たちの自治体あるいは地域における合意づくりを図ることもあります。

*10　「クロスロード」(cross-road)は、もともと、「道が交わるところ」という意味で、そこから、「運命の分かれ道」、「重大な岐路」という意味でも使われるようになった。「クロスロード」は、まさに、防災上の重要な判断を問う内容をもっている。しかし、このことばには、もう1つ、「出会いの場所」という意味もある。防災に関わる重要な判断場面について、多くの関係者が一所に集ってゲーム形式で意見を交わし、互いの考え方、価値観の違いに目を向けながら合意形成を目指す——そのようなゲームの基本コンセプトが、「クロスロード」というネーミングに反映されている。

●論文の焦点——「ディシジョン・メーキング」と「センス・メーキング」

矢守（2007a）は、上で要約した「クロスロード」を利用して自治体や地域社会で展開されている防災実践について、それを当事者の語りを基軸としたアクションリサーチとして位置づけて検討した論文です。具体的には、時間と空間で隔てられた2群の当事者たち——阪神・淡路大震災の体験を語る当事者たちと、別の土地で今後起こりうる災害に対する備えについて語る当事者たち——による2群の語りを、ゲームという形式で媒介し接続することによって地域防災力の向上を図ろうとしたものです。

この研究の焦点は、「ディシジョン・メーキング（decision-making）」、つまり、意思決定する営みと、「センス・メーキング（sense-making）」、つまり、意味づける営みとの対照にあります。実は、図上演習や防災マニュアル学習といった従来型の防災学習ルーツは、所与の状況とそこで最適と考えられる対応（決定）とのセットを一般的なルール（法則性）として学習させようとする「ディシジョン・メーキング」の原理に依拠しています[11]。「震度5強を観測したら、災害対策本部を無条件で設置する」「課長が不在のときは、係長が代わって課全体の災害対応の指揮をとる」といったルールは、その典型例です。

これに対して、「クロスロード」によるアプローチも、参加者に二者択一の判断（「ディシジョン・メーキング」）を求める形式だけを見ると、一見同じ考え方に依拠するように思われるかもしれません。しかし、実際には、「クロスロード」では、決定そのもの（YESかNOか）ではなく、ゲーム参加者が自ら下した決定をことばによって意味づける作業（「センス・メーキン

---

[11] 図上演習とは、実際の地域、あるいは、仮想の地域を描いた地図を用いて行う防災学習・訓練の一種。多くの場合、「××橋が流された」「××小学校に300人が避難」など、シナリオの形で災害の状況が参加者に示される。参加者は、各状況に対する対応を考え、その結果をグループで話し合ったり、マニュアルで定められた対応を学んだりする。地図の上に被害状況や対応方針を書き込むなどして訓練を進めるので、この名称で呼ばれる。

グ」）に重点があります。実際、「クロスロード」では、決定にはわずか10数秒の時間しか与えられませんが、その後展開されるグループでのディスカッションには、短くても10分程度、長いときには数時間の時間が費やされます。ディスカッションを通じて、ゲーム参加者たちは、彼らが過去に得た情報・知識、主義・主張、価値観などに依拠して、各人の決定をそれぞれの防災ナラティヴ（語り）によって意味づける行為、言いかえれば、「センス・メーキング」を展開することになるのです。

　もう1つ重要なことがあります。それは、先に述べたように「クロスロード」で取り上げられている設問が、阪神・淡路大震災を自治体職員や被災者として体験した人々の語り（インタビューデータ）をもとに作成されている点です。言いかえれば、クロスロード課題は、原則として全て実話であり、そのルーツは、阪神・淡路大震災の当事者の語りにあるのです。つまり、「クロスロード」は、過去の災害（阪神・淡路大震災）に関わる具体的な防災ナラティヴと、今後起こるかもしれない災害に関わる具体的な防災ナラティヴとを、ゲーミングという形式で媒介しようとしているわけです。こうしたことから、この論文では、ゲーミングという手法は、特定のローカリティ（過去の被災地）における実践についての語りを抽象化し脱文脈化するのでなく、そのローカリティ（過去の被災地）がもつ個性を保持しながら、それらを別のローカリティ（未来の被災地）における実践についての語りへと直接的に接続すること（1節で指摘した「インター・ローカリティ」）に寄与することを強調しました[*12]。

*12　ここで言う、抽象化や脱文脈化とは、言いかえれば、特定のローカリティでだけはなく普遍的に通用する一般的なルール（法則性）を見つけだそうとすることである。

●実践的なトライアンギュレーション

　語り部研究と同じように、ゲーミング研究でも複数の方法を併用しています。まず、ゲームの中心をなすクロスロードの各設問は、上述のとおり、震災体験者のインタビューから得ています。より詳細には、消防・救急、災害対策本部の運営、救援物資の調達・分配、仮設住宅の建設、ライフラインの復旧など、特定の課題に取り組んだ人々を対象としたフォーカスグループ・インタビューを実施しています。つぎに、それらをゲーミングの素材として定式化する過程ではテキストの内容分析を実施し、ゲーミングの実施場面そのものは一種のグループワークであり、そこでのディスカッションの内容分析には、KJ法（川喜田、1966）に似た手法も援用しています。さらに、クロスロード項目を複数収めた質問紙を作成し、その分析結果をゲーム参加者にフィードバックしています。つまり、質問紙調査法によって得たデータも活用し、データ分析には多変量解析を含む定量的な分析手法も用いています（矢守・吉川・武川、2006）。要するに、ゲーミング研究を支えるデータ、それを入手する方法、分析の方法は多種多様だということです（2節のポイント(3)を参照）。

　複雑で多様なあり方を見せる現実の渦中で展開されるアクションリサーチでは、単一の方法のみで片がつくことなどほとんどありません。むしろ、現場の動きにあわせて、現場の一部をなす研究的営みのありようは変化して当然ですし、それに呼応して、多様なデータ、分析手法が利用されるのは至極当然のことだと言えるでしょう。そして、このとき重要なのは、「実践的なトライアンギュレーション」だと思われます（矢守、印刷中b）。アクションリサーチでは、目標とする状態の実現へ向けた

長期的な時間プロセスのなかで、現場の状況に応じて複数の方法、ツール、研究成果をそのなかに戦略的に配置することが必要なのです。これは、共同実践に従事する当事者と研究者が、現場において、それまでの現実を見直し新たな現実を構成するためのステップにあわせて、さまざまな方法を駆使するということです（再び、2節のポイント（2）そして（3）を思い起こして下さい）。これは、ローカルな実践の成功、さらには、その成果のインター・ローカルで、インター・ジェネレーショナルな伝播（transfer）のために行われる「実践的なトライアンギュレーション」なのです[13]。

●新たな実践──センス・メーキングし続けること

「クロスロード」において展開されるセンス・メーキングの作業は、ゲームが終わればそれで終了なのでしょうか。そうであってはいけないはずです。実際、災害という事象は、常に、「想定外」（思ってもみなかった）とともにあると言っていいものです。「想定外」とは、言い方を変えれば、その時点までに、人々によるセンス・メーキング作業の領域に登場しなかった事象が現実化することに他なりません。したがって、ゲーム参加者の防災ナラティヴの相互交換をベースとするセンス・メーキングの作業は、単発のゲーム場面にとどまらず、その外へと拡大し、つぎつぎに新たな防災ナラティヴを喚起し、新たなセンス・メーキングを誘発し続ける必要があります[14]。それが、想定外を想定内に組み込んでいくことに他ならないからです。

こうした考えに基づいて、筆者は、現在、「クロスロード」を単発のゲームとするのではなく、ゲームをきっかけに開始されたセンス・メーキングの営みが拡大・継続されるための仕組み

[13] これに対して、通常、質的研究の実施において重要だと指摘される「トライアンギュレーション」には（例えば、Flick（2002／1998）など）、客観的事実への到達という論理実証主義の発想が見え隠れしていることが多いように思う。単一の方法だけでは、客観的事実に関する理論を実証することは困難であるが、複数の方法を組み合わせて三角測量すれば、そこへと至ることができるという仮定である。

[14] 矢守（印刷中a）は、こうした連鎖的なセンス・メーキングの営みを、「終わらない対話」と名づけ、「真理へと至る対話」や「合意へと至る対話」と対照させている。

づくりに、当事者とともに従事しています（矢守・吉川・鈴木、2006）。具体的には、例えば、当初、プレーヤーとして「クロスロード」を体験した人々が、ファシリテータとしての役割を果たせるようトレーニングするための講座の開催やファシリテータとしてのスキルを認定する制度を策定しました。また、「クロスロード」の設問形式を用いて、当事者自身が直面する個別具体的な防災上の課題を新たなゲームとして作成すること、言いかえれば、「クロスロード」の別バージョンの開発も実施しています。さらに、「クロスロード」という共通のツールを活用して地域の防災実践に従事する人々の交流のための媒体として「クロスロード新聞」を刊行し[*15]、あわせて、別バージョンの情報、ファシリテータ技法の共同開発などを目的に、ファシリテータの交流会も開催しました。

　ここで強調しておきたいことは、ちょうど、〈バイプレーヤー〉という概念に導かれて、語り部研究が新たな実践へと向かっていったように、ここでも、ディシジョン・メーキングと対照されるセンス・メーキングという概念を（狭義の）研究から得たことが、ゲーミングを単体としてのゲームプレーとして完了させず、それを、さらに時間的に、空間的に連鎖・拡大するための仕組みを整備するというアクションの基礎を与えていることです。2節でポイント（2）として強調したこと、つまり、理論や概念は、普遍的な法則性を表現するためではなく、共同実践に従事する当事者と研究者が新たな現実を構成するための具体的な指針を得るために存在すべきとの論点がここにもあらわれています。

[*15] 「クロスロード新聞」は、クロスロード・ユーザーのためのホームページ「Web Crossroad」（http://maechan.net/crossroad/shinbun.html）で公開中。

5 おわりに

　2つの研究事例をとおして、筆者が考える防災研究はいずれも語り（ナラティヴ）を軸として展開されていたこと、よくおわかりいただけたのではないかと思います。語ることは、現実を構成することであり、特に、みなで語ることは社会的な現実、つまりは、社会そのものを作っていくことにつながります。本章のサブタイトルを、「災害に強い社会をつくるための共同実践」としたのは、このためです。

　そして、大切なことは、2節でポイント（4）として掲げたこと、つまり、語りを基盤として、それまでの課題を克服した新しい社会を構成しようとするアクション（共同実践）がまずあって、狭い意味での研究の営みは、あくまでその1コマとして存在するということです。また、ゲーミングを実施したり、そのための素材をインタビューをとおして収集したり、クロスロードの各設問に対する回答傾向を質問紙調査で明らかにしたり──こういった個別的な研究活動は、狭い意味での研究のなかの、そのまた1コマとしてのみ存在しています。この意味で、研究に用いるデータが質的か量的かといったことは小さなことです。いずれのアプローチをとるにせよ、研究という営みは、──例えば、それが実験室のなかにおけるそれであったとしても──常に、社会における実践のなかにあるということをけっして忘れないことが、研究者にとってはより大切だと思われます。

引用文献

Duke, R. D. (2001). ゲーミングシミュレーション：未来との対話（中村美枝子・市川新訳）．ASCII．(Duke, R. D. (1974). *Gaming: The future's language*. New York: Sage Publication.)

Flick, U. (2002). 質的研究入門（小田博志他訳）．春秋社．(Flick, U. (1998). *An introduction to qualitative research. London*: Sage Publication.)

Gergen, J. K. (1998). もう一つの社会心理学—社会行動学の転換に向けて（杉万俊夫・矢守克也・渥美公秀監訳）．ナカニシヤ出版．(Gergen, J. K. (1994). *Toward transformation in social knowledge*, 2nd. Sage Publication.)

Gergen, J. K. (2004). あなたへの社会構成主義（東村知子訳）．ナカニシヤ出版．(Gergen, J. K. (1999). *An invitation to social construction*. Sage Publication.)

川喜田二郎．(1966)．発想法．中公新書．

吉川肇子・矢守克也．(2006)．災害対応ゲーミング「クロスロード®（CROSSROAD®）」の開発と実践．リスク学会誌，16(2), 39-45.

Kikkawa, T., Yamori, K., Ajiro, T., & Hayashi, H. (2004). 'Crossroad: Kobe': A training tool for disaster preparedness and response. In W.C. Kriz & T. Eberle (Eds.), *Bridging the gap: Transforming knowledge into action through gaming and simulation*. (pp.245-253). Munich, Germany: SAGSAGA.

Lewin, K. (1954). 社会的葛藤の解決—グループ・ダイナミックス論文集．東京創元社．(Lewin, K. (1948). *Resolving social conflicts: Selected papers on group dynamics*. New York: Harper.)

杉万俊夫．(2007)．質的方法の先鋭化とアクションリサーチ．心理学評論, 49(3), 551-561.

Wertsch, J. V. (1995). 心の声—媒介された行為への社会文化的アプローチ（田島信元・佐藤公治・茂呂雄二・上村佳世子訳）．福村出版．(Wertsch, J. V. (1991). *Voices of the mind: A sociocultural approach to mediated action*. Cambridge, Mass: Harvard University Press.)

矢守克也．(2001)．社会的表象理論と社会構成主義—W. Wagner の見解をめぐって．実験社会心理学研究, 40, 95-114.

矢守克也．(2003)．4人の被災者が語る現在—語り部活動の現場から．質的心理学研究, 2, 29-55.

矢守克也．(2005)．災害の体験を語り継ぐ—「応答性」をめぐって．教育心理学年報, 44, 18-19.

矢守克也．(2006)．社会構成主義．海保博之・楠見孝（編），心理学総合事典（40章）．朝倉書店．

矢守克也．(2007a)．語りとアクションリサーチ—防災ゲームをめぐって．心理学評論, 49(3), 512-526.

矢守克也．(2007b)．ゲームで学ぶ生涯防災学習．計測と制御，46(1)，58-63．

矢守克也．(印刷中a)．終わらない対話に関する研究．実験社会心理学研究．

矢守克也（印刷中b）．アクションリサーチ．やまだようこ（編），質的心理学の方法．新曜社．

矢守克也・吉川肇子・網代　剛．(2005)．ゲームで学ぶリスク・コミュニケーション―「クロスロード」への招待．ナカニシヤ出版．

矢守克也・吉川肇子・鈴木清史．(2006)．クロスロード―新バージョンの開発とその意義．日本災害情報学会第8回大会予稿集（pp.65-70）．

矢守克也・吉川肇子・武川真理．(2006)．クロスロード質問紙版のデータ分析．日本自然災害学会第5回学術講演会概要集（pp.151-152）．

Yamori, K. (2005). The way people recall and narrate their traumatic experiences of a disaster: An action research on a voluntary group of story-tellers. In Y. Kashima, Y. Endo, E. Kashima, C. Leung, & J. McClure (eds.) *Progress in Asian Social Psychology (Vol.4)*. (pp.183-199). Seoul: Kyoyook-kwahak-sa.

Yamori, K. (in press). Narrative mode of thought in disaster damage reduction: A crossroad of narrative and gaming approach. In Sugiman, T., Gergen, K., Wagner, W., and Yamada, Y. (eds.) *Meaning in action: Constructions, narratives and representations*. Tokyo: Springer-Verlag.

書籍紹介

『喪の途上にて──大事故遺族の悲哀の研究』

野田正彰 著／岩波書店／1992年

目良秋子

　本書には、1985年8月12日に起きた日航機墜落事故を主に、1982年2月9日の日航機羽田沖事故、同年7月23日の横須賀沖潜水艦と遊漁船衝突事故、1988年3月24日の高知学芸高校の上海列車事故など、大事故によって大切な人を喪った遺族が死別の喪をどのように体験していくのかが精神科医である著者によって克明に記されている。遺族や加害者との多くの面接から得られた彼らの語りと気持ちとでこの本は成り立っている。このなかで、著者は企業など責任を負う側（加害者）あるいは現代社会の喪への向き合い方の問題を遺族の死別体験後の悲哀を取り上げながら指摘している。

　第1章から第8章までは、中高年の女性、比較的若い成人男性、若い女性、子どもと母親、老人など、年齢や男女の違いによる悲哀を多くの事例を挙げ追っている。また第8章には事故死に意味を取り戻す過程が述べられている。第9章、第10章では加害者の罪の意識の回復と償いについて、第11章、第12章は法律家と喪のビジネスについて書かれている。

　さまざまな角度から喪について十分に考察されており、とりわけ喪失体験後の遺族の心理的変容およびそれへの対応については従来の臨床心理学の基本的な要点を踏まえつつ、高度成長した現代日本におけるこうした死別に関する知識の欠如を指摘し、さらに時代とともに喪への対応も変わってくることが述べられている。さらに危機的状況下の心理学的研究という新たな分野にもふれており、これから心理学を学ぶ者、臨床現場での仕事を目指す者、質的研究を志す者にとり貴重かつ有意義な内容となっている。

■事故による死別を体験した遺族の悲哀

　大切な人を事故で喪った遺族の心理過程は、おおむね、ショック期、否認、怒り、回想と抑うつ状態、死別の受容の段階を経る。本書には、段階ごとの看護や治療のあり方について記述されている。大事故後かけがえのない人の遺体確認作業を遺族が十分に行うことはその後の遺族の回復に重要であること、ショック状態のさまざまな様相、悲哀の反応、「体験緩衝の時間学」と著者が呼ぶ階層化した悲哀の時間、感情表出の効果、子どもへ真実を告知する必要性等々、心理学を専門とする者に限らずこれらの知見は大変参考となる。しかし、著者はこうした「マニュアル的な配慮について書きたくなかった」と、述べている。これは、加害者側、マスコミ、

警察などその他遺族をとりまく社会に、いかに遺族の喪に対する理解・知識が欠如しており、「あきれるが故である」という。これには、われわれが心理学の知見を社会へ伝えていく努力と工夫をさらに行っていく必要性が示唆されているようである。

■当事者と非当事者の共同作業

著者は精神科医であり、これまで多くの喪失体験者から話を聞いてきた経験がある。

にもかかわらず、「悲しみの専門家」は事故で大事な人を喪った当事者の悲しみを本当には体験できないでいる。しかし、先に述べたように社会があまりにもこうした主題に鈍感であること、そして遺族が「過去に何度も大惨事がありながら、日本にはそうした不幸の研究がなく、何ら教訓として生かされていない」という事実が、本書を執筆し、社会へ伝えていくことへと著者を促した。その一方で、過酷な人間の体験を分析することへの自責感にとらわれるが、当事者の話を非当事者である著者が聞き、「その人の生き方の何かに感じ入り、それを微かに伝えることができたら、少しは許されるのでないだろうか」といっている。本書は、"悲哀の非当事者"と、大事故で遺族を喪った"悲哀の当事者"との共同作業の1冊であるといえる。

■死の意味の社会化・遺志の社会化

人は愛する人との死別という深い悲しみの淵から再び生きることへ向かうときに、故人の死の意味を模索する。また、故人の遺志を社会活動に変え、故人の生命を永続させようとする遺族の心の機制を著者は「遺志の社会化」と呼んでいるが、これらは遺族自らの再社会化、社会関係の再構築である。

しかし、これらは遺族だけで達成されるものではなく、彼らを支援する者の存在が欠かせない。日航機墜落事故の場合、加害者である日航の経営者および職員もその役割を担うことができたはずだが、その役割を果たせたのは数名の「世話役」と呼ばれる職員だけであった。悲しむ者への気遣いとは、先の悲哀のプロセスや対応の知識ではなく、両者の人間性の交流にあるはずである。本書では、人間性や非日常において十分喪の作業を行うことを保障する社会こそが先にみた当事者と非当事者を繋ぐもの、一体化へと導くものであり、遺族を社会で再び生きられるようにする近道であると記されている。加害者側の日航職員のある世話役は、遺族と加害者の溝を埋め、日常の時間を止めて悲しみを深く体験することを行っており、われわれに喪への向き合い方を示してくれているように思える。この両者の交流するところへ心理学がいかにアプローチしていくかが今後の課題である。

第10章
異文化研究──動きながら関わりながら生活世界を識る

伊藤哲司

■1 「ベトナム」にたどり着くまで

　いささか個人的な話になりますが、現在42歳の私が、18歳で大学に入学してから、社会心理学を専攻しつつ「ベトナム」を主たる研究フィールドとしている現在に至るまでの過程(プロセス)を語ることから、この小論を始めたいと思います。

　私は、中学校か高校の教師になりたいと考え、名古屋大学文学部に入学しました。当時は、英語の教員免許が取れればいいというぐらいの気持ちしかありませんでした。恥ずかしながら大学入学以前は文学部に心理学専攻があることすら知らなかったのです。現在多くの心理学専攻志望の学生や高校生が「カウンセリング」や「心のケア」に興味を抱き、それなりに予備知識をもっていることが多い[*1]のとは対照的でした。

　大学1、2年次に受けた教養部の授業のなかに、たまたま「心理学」がありました。実験的な手法を用いて人間の研究ができること、量的データを統計学的手法で処理し、その結果でモノが言えることに率直に驚き、そうした理系的な一面に惹かれま

[*1] ただしその予備知識が、いわゆるカウンセリングなどの臨床心理学や犯罪心理学等の分野に偏っていることが多く、また世間一般に流れている誤解を含んだ心理学イメージに基づいていることもよくあるようだ。

した。「国語」「社会」よりも「理科」「数学」のほうが好きで、電子部品を買ってきて半田ごてでラジオを組み立てることが好きな少年時代——一方で私は外で身体を動かすことも大好きで、いつも真っ黒に日に焼けていたのですが——を過ごしたものですから、そのとき心理学専攻を選ぶことに迷いはありませんでした。

文学部のイメージにそぐわない実験動物舎があってマウスやラットがたくさんいるのも魅力的でしたし、実験室のなかに脳波計が置かれていたりすることにも興味がわきました。ラグビー部で毎日汗を流しつつ、そんな環境のなかで勉学できるのは幸いでした。間もなくして、教員になるという道は保留して、名古屋大学大学院に進学しました。

修士課程に入ると、先生や先輩・同輩・後輩にも恵まれ、研究に没頭できる時間も十分できました。そのまま博士課程に進学し、感情研究等で先生や先輩たちと一緒に共同研究をするようにもなり、自分もようやく研究者の1人になれたような気がしました。その頃扱っていたデータのほとんどが、いわゆる量的データです。大型コンピュータを使っての統計処理も、それなりにできるようになっていきました。

しかしその頃私のなかで、このような研究スタイルになにか違和感が生じ始めていたようです。それがどのようなものだったかは、あれから10数年が経過した今では、詳しく思い起こしてことばにすることができません*2。ただ、いくつかの出来事は拾い出すことができます。

大学を卒業する頃から、海外の、特に「発展途上国」と呼ばれる国々をあえて選んで、バックパックを担いで1人で歩くようになっていました。初めての海外の旅先として選んだのは中

*2 人の記憶は、ときに驚くほどの正確さを示すときもあるが、ほんの少し前のことですら正確に思い出せないこともあり、「忘れてしまった」という記憶だけが残ったり、忘れたことすら忘れてしまったりする。フィールドワークにおいては、現場メモ（フィールドノーツの一種）を残すことが、きわめて重要であると言われるゆえんである。

国です。初めて乗った飛行機で降り立った香港の大都会は、まださほど違和感がなかったのですが、そこから列車で境界を越えて中国に入ったときに、街の雰囲気とトイレの臭いが一変し、独特の雰囲気のなかに一気に放り込まれたのは強烈でした。広州の街の雑踏と人いきれ——そこで受けたインパクトはけっして忘れられません。広州から北京までの2泊3日の列車の旅は、私をさらに異文化の世界へと誘っていくものとなりました。その旅をきっかけに、インドやネパール、ケニアやタンザニア、南米のペルー……等々を、毎年夏に1ヵ月ぐらい時間を作って、安宿に泊まりながら旅をしました。

　また、博士課程在学の途中から、名古屋大学内の留学生宿舎でチューターの仕事をしながら、そこに住み込むことになりました。アジアを中心としたさまざまな国の留学生たちの隣人となって2年半暮らしたことは、とても貴重な体験だったと今でも思います。当たり前のようにそうした人たちと隣り合わせで暮らすという感覚は、実に多くのものを私にもたらしてくれました。

　その頃読んだのが、佐藤郁哉さんの『暴走族のエスノグラフィー——モードの叛乱と文化の呪縛』（佐藤、1984）と『フィールドワーク—書を持って街に出よう』（佐藤、1992）です。現在一橋大学教授の佐藤さんは、当時は茨城大学人文学部の心理学教室で教鞭を執っておられました。心理学を専攻する人が——佐藤さん自身は現在むしろ社会学に軸足を置いておられますが——「フィールドワーク」という方法で「暴走族」の研究をしたということに率直に驚き、心理学に身を置きながらでもそんな研究ができるということを初めて知りました。心理学の実験室に留まった研究しかしてこなかった自分にとって、「フィール

ドワーク」は、「旅」とも大いに親和性があるように感じられ、憧れにも似た響きをもつことばになりました。

　博士課程3年のときに、ある大学の講師ポストに応募したものの上手くいきませんでした。そして博士課程4年目を過ごすことになった28歳の夏休み、私は、ベトナムのサイゴン*3に降り立ちました。1992年のことです。それが「ベトナム」との出会いになりました。もしすんなりと就職を決めていたら、私は「ベトナム」には出会わなかったかもしれません。

　初めてのベトナムへの旅は、本多勝一さんのルポルタージュ*4『戦場の村』（本多、1981）を読みながらの一人旅でした。大戦争の舞台となったベトナムを、この身で感じてみたいと思ったのです。メコンデルタを歩き、サイゴンからハノイまで列車で行き、現在は世界遺産になっているハロン湾にも足を運び、さらに中部の古都フエなどを巡りました。1968年に村民のほとんどが米軍によって殺されてしまったというソンミ事件が起きた小さな村にも行ってみました。

　そんななかで、長い「戦争」という負の歴史があるにもかかわらず、たくましく生きている情緒あふれた何人もの人々に出会いました。それに、ベトナム料理のおいしさとベトナム女性の美しさと……、私がそれまでに歩いた国々のどれとも違って、そこには私を惹きつける「不思議な魅力」*5がありました。もっともそのときには、自分が将来ここを主な研究フィールドにして活動することになろうとは、まったく予想もできませんでしたが。

　28歳が終わろうとしている頃、私は茨城大学人文学部の講師として赴任しました。そこは『フィールドワーク』の佐藤郁哉さんがいるところでした。心理学を専攻する学生たちは、名古屋

*3　サイゴンの現在の正式名称は「ホーチミン市」だが、現在でも当地の人々はしばしば「サイゴン」と呼ぶ。名称変更の歴史的経緯や政治的意図にも、質的研究者は敏感であるべきだ。

*4　ジャーナリストが書くルポルタージュとフィールドワーカーが書くエスノグラフィーには、「調べかつ書く」という点で共通する部分が大きい。優れたルポルタージュを読むことが、エスノグラフィーを書くうえでも参考になる。

*5　私にとってはベトナムの人々を形容するのに「不思議な魅力」（伊藤、2004）という表現がいちばんしっくりくる。ことばを大事にするのも、質的研究者の重要な要件である。

大学文学部の心理学専攻では考えられないような自由奔放なテーマで卒業研究——いわゆる新興宗教のフィールドワークやら、リカちゃん人形と子どもの遊びをテーマにしたものやら——をしていて、そのことにまず驚きました。そして、「同僚」となった佐藤さんからも、さらにいろいろな刺激を受けることになったのでした。

2 異境の地で定住者になる
　　——ハノイの路地への参加

　バブル経済がはじけたその頃、日本の心理学界では、ある変化が生じ始めていました。やまだようこさんや南博文さんといった、日本の質的心理学のパイオニアと今では見なされている人たちが中心となって、日本心理学会などで「フィールドワーク」をテーマにしたシンポジウムが毎年のように開かれるようになり、「古くて、しかし新しい」（やまだ、2005）とも形容される質的研究が認知され定着するようになっていきました。その変化はその後も継続され、2004年に日本質的心理学会の創設へと繋がっていきます。

　私もその渦中に身を置きつつ、博士課程在学時から先輩・後輩らと行っていた「非科学的な事柄への信念」に関する研究で、思い切って街に繰り出し、「街角のセラピスト」たる占い師のところに行って、自ら占いをしてもらいつつ、そのやりとりを記録し分析・考察するといったことを試みました（伊藤、1996）。しかし、もともとそのような研究方法のトレーニングを学生時代に受けたこともなく、質的なデータを初めて手にしたものの、それをどう扱ったらいいのかよくわからないままでした。

そんな状態でしたが、やまだようこ編著『現場心理学の発想』（やまだ、1997）の共同執筆に関わることができたのは、私にとってまた1つの転機になりました。この本は、心理学のなかでも専門が異なる5人と新曜社の編集者である塩浦暲さんとで、2回にわたる温泉合宿を行い、その議論の末に作った本です。私以外は弁の立つ人たちばかりで、温泉宿でたくさんことばを交わしながら本の構想をブレインストーミング*6とKJ法*7で練ったのは、とても刺激的な体験でした。

　そして1998年、私にとって初めて海外で研究を行うチャンスが訪れました。そのとき、躊躇なく選んだ行き先がベトナムです。研究者が外国で研究生活を送る場合、自分が取り組んでいる分野の研究が当地で盛んであるとか、その分野で著名な研究者がいるとかといった理由のあることが多いのだと思いますが、私の場合はまるで違っていました。ともかく、まず「ベトナムありき」だったのです。あの不思議な魅力が感じられるベトナムで生活者の1人となってみたい——それがベトナムで在外研究を行おうと考えた唯一の理由でした。行き先は、知り合いを通じて受け入れてもらえることになった心理学研究所のある首都ハノイ。ベトナムにはそれまで3回旅をしていましたが、ハノイに行くのは、初めてベトナムを旅した1992年以来のことでした。

　サイゴンの賑やかさに比べて淋しさを感じるほど閑散としているという印象を抱いていたハノイは、ドイモイ（刷新）政策による経済発展が著しく、街には物が溢れ、新たな店がいくつもオープンし、洪水のようにバイクが走る街へと変貌していました。少し遅れて日本から家族もやってくることになっていたので、できるだけ安心して暮らせる家を、それでいてローカル

*6　できるだけ自由な発想で、一見つまらないと思われる意見も批判せず、アイデアをたくさん出しあっていく方法。

*7　川喜多（1967）が創案した質的データの分析方法の1つ。個々のデータをしっかり読み込み、既成の概念にとらわれず、ボトムアップにカテゴリーを作っていくことに特徴がある。

な市場が近くにある地域を、自分が暮らす場所として選びたいと思いました。在外研究を申請する書類には、研究テーマとして「市場とコミュニケーション」と書いていました。物や人が行き交う市場で調査をすれば、そこで何某かのことが見えてくるのではないかと単純に考えていたのです。

　たしかに市場に足を踏み入れることは難しいことではありませんでした。露天の市場には、何人もの野菜売りたちが並んでいる場所もあれば、肉や魚を扱う売り子たちが並んでいる場所もあり、調味料などを扱う小店が並んでいたり、ご飯が食べられる屋台がいくつもあったりします。買い手よりも売り手のほうが多いのではないかと思えるほどで、とても興味をそそられる場所です。このような市場に身を置きながらじっくりとフィールドワークができたならば、その地域で暮らす人々のなんらかの側面を質的に明らかにすることができることでしょう。

　しかし当時の私には、そこまではとてもできませんでした。なぜなら、そのときの私はまだベトナム語で話すことも聞くこともほとんどできず、市場にいる人たちと自力でコミュニケーションを取れなかったからです。そんな状態では、市場に行ってどうにかちょっと買い物をすることはできても、まわりの人々の理解を得つつ、そこに留まって人々の様子を観察し続けるということは、とてもできそうにありませんでした。私の当初の研究構想——もともと取って付けたようなものだったのですが——は、あまりに見通しが甘かったと告白せざるをえません。

　しかしその一方で、自分が生活を始めた家のすぐ前の路地が、とても魅力的なフィールドとして私の前に立ち上がってきました。ハノイの路地は、たんに人や車が通行する場所ではありませんでした。子どもたちが遊んでいたりするのはもちろんのこ

ハノイの路地の日常風景

と、物売りが行き交い、人々がそこで買い物をすることもあれば、井戸端会議を開いておしゃべりをしたり、小さな屋台で飲み食いをしたりすることもあります。椅子に座って新聞を読んだり、赤ん坊におっぱいをあげたり、ときには喧嘩が起こったり……。日本でならば家のなかで行われているような生活の一部分が、路地に溢れ出て営まれていました*8。自分が一時的とはいえ定住者として生活を始めたその路地自体が、実に魅力的なフィールドであったのです。

それでもなお、ハノイの路地というフィールドに参加することには、困難さがつきまといました。ことばの壁は予想以上に大きくありました。

住み始めた家には、先住の日本人商社マンが雇用していたお手伝いさんがいました。大家に、「できれば継続して雇ってやってほしい」と言われ、思いがけずお手伝いさんのいる生活を始めたのですが、ベトナム語しか話さないその人となかなかコミ

*8 このことを指して「開いた文化」と呼ぶことができる。その対比で言えば、日本は「閉じた文化」である（伊藤、2001）。

ュニケーションが取れませんでした。私より少し年上のメンさんというその女性——現在ではハノイでもっとも信頼する人の1人で、ハノイに行けば必ず彼女を訪ねていくのですが——は、路地を挟んだ斜向かいで雑貨屋を営んでいました。家族ともすぐに馴染みになり、その雑貨屋に行けば、メンさんがお茶を入れてくれたりします。娘のハーちゃんがさっと小さなプラスチック製の椅子を差し出してくれることもあります。そんなとき私はしばしそこでお茶を飲むことになるのですが、ことばがわからないため会話ができず、なかなかそこに居続けることができませんでした*9。

一方そんな困難さをほとんど感じないらしいのが、当時まだ2歳だった娘でした。娘にとってメンさん一家に馴染むのは、とても簡単なことだったようです。彼女にはことばの壁はありませんでした。ハーちゃんと年上のザンちゃんというメンさんの

*9 異文化のフィールドでは、そこにまず「居る」こと自体が、1つの冒険的な試みとなる。

メンさん一家の食卓に交じる我が娘（左端）

2人の娘さんを本当の姉のように慕うようになり、メンさんの雑貨屋にしょっちゅう出入りするようになりました。メンさんもご主人のフンさんも、そんな我が娘を歓迎して、「アカネー、アカネー」と娘の名を呼んでくれるようになりました。朝、外に出ると娘が「バック・メン・オーイ！（メンおばさーん！）」と呼び、メンさんが「オーイ！」と応じてくれる――そんなやりとりを、今でも懐かしく思い出します。メンさん一家は雑貨屋の店のなかにある丸テーブルで食事をするのが常で、そういうときには買い物に来た人も、店のなかに入らないのが普通なのですが、そんなときでも娘は平気で入り込んでいって、丸テーブルにちゃっかり座って、ご飯をわけてもらったりするようになりました。

　そんな娘が近くにいるときは、私もメンさんの雑貨屋のなかに多少は留まることができたのです。ことばができないと間がもたず、思わず席を立ちたくなるのですが、娘は覚えたてのベトナム語で「ゴイ・スオン・ディー！（座って！）」などと私に言うし、メンさんらと直接話ができなくても、なにより娘がいれば間をもたせることができました。そうして幼い娘は、私とハノイの路地の人々とを繋ぐ強力な媒介者[10]としての役割を果たしてくれるようになりました。ベトナムに渡る前には、「小さな子どもがいて、本当にフィールドワークができるのだろうか」と思っていたのですが、結果的に事態はまるで逆だったのです。

　そんな状況のなかで私は、異人[11]として関わり始めた路地での生活世界を記録し、できるだけこまめにそれをインターネットのホームページに掲載していきました。ハノイの路地のフィールドワークの、いわば実況生中継です。それをリアルタイム

[10] フィールドの人々とフィールドワーカーを結びつける役割を果たす人。私にとっては娘だったが、フィールドによってその役割を果たしうる人はさまざまである。

[11] 異人（ストレンジャー）とは、「よそ者」と「身内」の間に位置づけられる存在であり（佐藤, 1992）、フィールドのなかでどのような異人として位置づけされるかがフィールドワークの中身を左右することになる。

第10章　異文化研究

で読んでくれた人はさほど多くはありませんでしたが、人に読まれることを意識したフィールドワークの記録を最初からつけていくことは案外有力で、それも１つの質的研究のやり方だと思います。ハノイの路地での生活では、あまりに淡々と日が過ぎていくことも多かったので、これで本当に研究していると言えるのかとふと疑問に感じるときもありました。しかしこんなふうにすることで、もう私にとっても二度と繰り返すことのできないフィールドワーク[*12]ができたと、今では考えています。

*12 同じフィールドワークを繰り返すということは原理的に不可能である。それは、まったく同じ出来事が再現されないだけでなく、フィールドワーカー自身がフィールドとの関わりのなかで変わっていくためでもある。

3　異文化の生活世界を書く／描く

「バイ・ミー・ノン・ナーオ！　アイ・バイ・ミー・ディー！（暖かいパンだよー！、誰かパンを買いなよー！）」

まだ夜が明け切らぬころから、独特の調子をともなった物売りの声が響く。六つの声調があるベトナム語の音楽的な響きがとても心地よい。焼きたてのフランスパンが入ったかごを頭に載せた女性たちの声だ。中年の女性もいれば、まだあどけなさが残る少女もいる。彼女らはみな、背筋をピンと伸ばし、片手を頭上のカゴに添え、ビニール

路地のパン売りの少女たち

製の安っぽい草履をちょっと引きずるようにして、路地から路地へと歩きわたる。(『ハノイの路地のエスノグラフィー』p.8)

10ヵ月間のハノイ滞在の後に出版した拙著『ハノイの路地のエスノグラフィー——関わりながら識る異文化の生活世界』(伊藤、2001)を、私はこんな文章で始めました。できるだけ平易な普通のことばで、ハノイの路地でもっとも印象に残った情景をまず描写してみたいと思ったのです。それが私にとっては、このパン売りたちの声とその姿でした。ハノイの路地では、視覚的にもちろん独特の景色が広がっているわけですが、こうした物売りたちの声によって聴覚的にも特有の雰囲気が醸し出されています。それは、ハノイの人々にとってはごく当たり前の情景ですが、異人の私にとっては、きわめて印象的で特異なものでした。

朝食を家で作る習慣のあまりないハノイの人々は、路地に面した店で、フォー(ベトナムうどん)やソイ(蒸した餅米)などを食べることが多い。人気のあるフォー屋では、席がすっかり埋まっていて、回転も速い。プラスチック製の小さなテーブルに小さな椅子。路地に面した店先で、おばさんが忙しくフォー・ガー(鶏肉入りうどん)やフォー・ボー(牛肉入りうどん)を作り、おじさんや娘さんたちが、忙しくそれを各々のテーブルに運んだりしている。ハノイの学校は二部制が基本で、朝の部は午前七時から始まるから、早くから学生たちや子どもたちの姿も見かける。清楚な白シャツの制服が感じよく、子どもたちが首に付けている赤いリボンも爽や

かだ。身なりの整った大人の姿も多い。食べ終わると急いで日本製のバイクにまたがり、職場に向かう人もいる。(同p.8)

そんな朝食の店に、毎朝のように私も身を置きながらフォーやソイを食べました。すると視覚や聴覚だけでなく、味覚や嗅覚や触覚も通していろいろなことが伝わってきます。通常、エスノグラフィー[*13]ではことばや写真を用いて、そのフィールドを知らない人にもなんとか伝わるように描写を試みます。私は、まずはことばによる描写がどこまで有効かということを追求してみたいと考えました。そしてそれに写真を加えることによって、さらにその情景を浮かび上がらせることを試みました。

もちろんそれには自ずと限界があります。フィールドワーカーの体験をすべて表現することは、どうやってもできません。しかしギアツ（Geertz, C.）の言う「厚い記述」(Geertz, 1973)、すなわち複数の論拠を挙げつつ行う詳細な記述を追求することによって、かなり有効で豊かな描写をすることは可能です。そのようなエスノグラフィーを読むことによって、読み手はフィールドワーカーの体験を、擬似的にではありますが、追体験することになります。

そしてさらに重要なのは、エスノグラフィーを書くフィールドワーカー自身も、こうした書くという行為をとおして、さらには自分自身が読者となって後に読み返すということによって、あらためてそこでの体験を繰り返すことになるということです。フィールドワーカーにとってのカルチャーショックというのは、フィールドのなかで感じられるなにかというものが当然元になるわけですが、このように言語化して表現してみて初めて真に感じられるものであると佐藤(2002)は指摘しています[*14]。それ

[*13] エスノグラフィーは、「調べかつ書く」というプロセスそのものを指すことばとしても使われるが、ここではフィールドワークの成果を書いた（描いた）作品という意味で使っている。「生活誌」「民族誌」などと訳される。

[*14] このことについて佐藤(2002)は、「現場調査の結果をまとまった文章として書き上げる時にこそ、私たちは、フィールドワークという作業にとって真に意味のあるカルチャーショックを経験することができるのです」と述べている。

は「体験の経験化」と呼ぶことができるでしょう*15。

　ハノイの路地との関わりがさらにできてくると、描写はさらにミクロなところへと及んでいきます。例えば、メンさんの雑貨屋でのことを、こんなふうに私は描きました。

*15　「体験」とは、かならずしも言語化できない身体的な営みであり、「経験」とは、その一部を言語化したものであると、ここでは捉えている。フィールドでの体験を言語化して表現するのが、フィールドワーカーの中心的な仕事であるとも言える。

　　こういう場合（注：メンさんやご主人のフンさんと商店のなかで雑談をする場合）には、私も商店のなかで椅子に座っている。フンさんらも同様に座っている。ただし、フンさんやメンさんのほうが商店の奥のほうに座り、私は入り口に近いほうに座る。この関係が崩されることは基本的にない。何かを買いにいって、メンさんがお釣りを取りだそうとするときなど、何かの拍子に自分のほうが商店の奥に位置してしまうと、妙に居心地の悪い思いをする。
　　こういうかんじで商店のなかに居たり座ったりするのは、メンさん一家と比較的親しくしている人たちだけにほぼ限られるようだ。（中略）ただし、彼ら（注：フンさんたち）より入り口に近いところに座るという暗黙のルールは守っている。数少ない例外は、親戚などが来て談笑しているときで、そのときだけは相対的にフンさんらの方が入り口に近いところに位置することがある。
　　何度も来ていても親しくない人たちや一見の客は、商店のなかに入ることはあまりなく、商店の外から「○○をください」などと言うことになる。彼らは、商店のなかにまで入ることは暗黙のうちに許されていない。まるで入り口に、見えない壁があるかのようである。（同 pp.55-56）

　ここに描かれている「暗黙のルール」は、おそらくメンさん

やフンさんにはほとんど意識されていないものであり、エスノメソッド*16 と呼ばれます。エスノメソッドは、人々が暗黙のうちに行っている行為に関わるルールであり、それらの集積を私たちは「文化」と呼んでいるのです。エスノメソドロジーと呼ばれる学問的な立場があり、そこでは、このような暗黙知の次元にあるエスノメソッドの生態を解き明かそうと試みます。それによって人々の生活世界を解剖して検討することができるというわけです。

*16 エスノメソッドを南（1993）は、「社会成員にとって自明な現実を編み出す暗黙の手続きであり、生の自然を人間生活の対象物へと変換する文化の構成原理」と説明している。

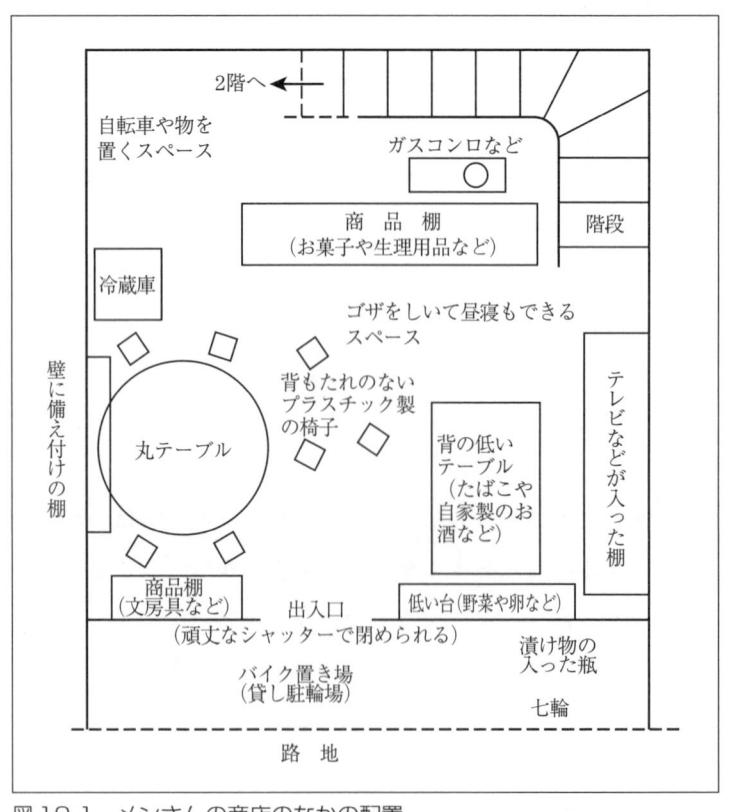

図 10-1　メンさんの商店のなかの配置

そのエスノメソッドを見いだすことは、それをいちばん「知っている」はずのフィールドの人々に可能かというと、これがなかなか難しいのです。エスノメソッドは、当該のフィールドの人々にとっては当たり前なことです。当たり前であることは、当たり前であるが故に、かえって気づくことが難しいのです。そこになんらかのズレ（異化）がもたらされるときに、人はようやくそれに気づくことができます。実は、フィールドワーカーには、比較的容易にそれに気づける可能性があります。なぜならフィールドワーカーは異人であり、当初からフィールドの人々とは違ったエスノメソッドのなかで暮らしてきた体験を有しており、物事を見るときに自ずと異なる枠組みをもっているからです。

　暗黙のうちに「知っている」ことと、それに「気づいている」こと、さらには「説明できる」ことは別です。それゆえ、フィールドの人々が、自文化について的確に説明できるとは限りません。表現する手段を有しているフィールドワーカーのほうが、むしろフィールドを描写できる可能性が高いのです。

　こうした描写をしていくことをとおして、フィールドワーカーはまた自ら見聞きし体験したことの意味を考えるようになります。そして、最初の段階では把握しきれなかったフィールドのことを深く識るに至り、それについて考察することができるようになっていきます。

　世間とは、親しくしている人たちではなく、またまったく知らない赤の他人でもなく、その中間に位置する人たち、すなわち知り合いではあるけれどさほど親しくしているわけでもない人たちを指す。「世間体が悪い」というのは、そのよう

な人たちからの自分（あるいは自分たち）への評判が良くないのではないかと予想したときの一種の不安である。（中略）

　ハノイの路地で生活をし、フィールドワークをして強く感じたことのひとつは、ハノイの人々にはこのような「世間」が確固として存在してはいないのではないかということである。

　メンさん一家と近所の人たちとの付き合いを見ていると、商店のなかに入り込んで椅子を勧めてもらえる人と、商店のなかに入ることが暗黙のうちに許されていない人たちがいることがわかる。例外がないわけではないが、その区別は比較的明瞭である。商店のなかに入れる人は、そこにしばらくとどまり、お茶でも勧められながら、たわいのない話をする。そこを一時的な居場所とすることができるのである。しかし何かを買いに来るだけの人とは、メンさんらは「何を買うの？」「○○（商品の名前）」「ないよ」といったぞんざいに聞こえる短い会話を交わすだけで、商店のなかに入るわけでもなく、それ以上の関係にはならない。もちろん私にとって「ぞんざいに聞こえる」としても、メンさんらにとってはそれが普通のありかたである。（同pp.156-157）

　ハノイの路地の生活世界で私が見いだしたことの1つは、そこに日本社会に普通に見られるような「世間」が存在していないということでした。親しくなった人たちへの過剰とも思える好意的な行動とは対照的に、ほとんど知らない赤の他人には、少しぐらいぶつかったりしても「すみません」とも言わないのが、ハノイの人々にとって普通のやり方でした。親しい人と赤の他人の境界が比較的はっきりしているのです。昼間は、暑い気候のためもあり開け放たれることの多い家々の入り口も、夜

になると重いシャッターで閉じられ、大きな南京錠で厳重に施錠されたりします。その真夜中の路地の風景は、親しい人と親しくない人の境界を体現しているようでした。

このような人間関係のなかでは、日本的な意味合いで「気を遣う」ということがほとんどありません。親しい人には気を遣わなくてすみますし、赤の他人にも気を遣う必要はないからです。異文化の生活にそれなりに適応してしまうと、日本に戻ってきたときに、逆カルチャーショックで苦しむことになることもあります。実際に私は、1年近くのハノイでの生活の後、帰国してからしばらく日本的気遣いに本当に気疲れをしてしまい、心身の調子を崩すという体験もしました。

このようなことも含めてフィールドワークの成果を書いて（描いて）形にし、フィールドの人々にフィードバックすることは重要です。そしてそのさい、どういうことばでフィードバックをするかもポイントになります。私は、最初に日本語で短いエスノグラフィーを大学の紀要に2つ書き、それをもとに『ハノイの路地のエスノグラフィー』を、やはり日本語で書きました。その後、それを友人のベトナム人に翻訳してもらって、ベトナム語でもほぼ同じ内容の本をベトナムで出版しました（Ito, 2003）。日本語で書いた拙著には残念ながら反響は乏しかったのですが、ベトナム語で出した拙著には、ハノイの人たちから何通もメールをもらったり、新聞や雑誌の書評等で取り上げてもらったりすることができました。そのようなフィードバックをまた手がかりにしつつ、フィールドワークをさらに続けていくことはとても有効なことです。質的研究は、このように幾重もの対話から成り立っている*17と言っても過言ではありません。

*17 多くの質的研究は、フィールドの人々と対話し、データと対話し、共同研究者と対話し、スーパーバイザーと対話し、エスノグラフィーを読んでくれる人々と対話し、またフィールドの人々と対話する……といった過程（プロセス）そのものでもある。

■4 さらに、異なる生活世界の旅へ

　ハノイの路地でのフィールドワークは、私にとって、ベトナムでのさらなる研究上の展開で、大きな基盤を形成することになりました。やはり当地での生活感を識っているというのは、「ベトナム」について考察するときにとても重要です。物事を実感を込めて考察できるようになるからです。

　その後私は、もともと関心のあった「ベトナム戦争をベトナム人たちがどう経験したのか」についての調査を行いました（伊藤、2004）。このテーマは、戦争や紛争等に起因するコンフリクトをどのようにすれば緩和させることができ、かつて対立しあった人々が共生する道をどう模索できるのかを社会心理学的に検討するという方向へと、さらにこれから展開させるつもりです。

　ところで、近年私は、地球環境や人間社会の持続可能性を学問の枠組みを超えて学際的に探究するサステイナビリティ学[*18]にも関わるようになりました。2004年12月26日にスマトラ沖で大地震が発生し、周知のとおり、それによって発生した津波で20万人以上の人々が亡くなりました。津波発生から2ヵ月ちょっとたった2005年3月上旬、私は茨城大学津波調査団の1人として、数千人が犠牲になった被災地であるタイのプーケットに向かいました。ベトナムでの調査実績を買われての、茨城大学内で文系からの唯一の参加者でした。

　現在日本では、大災害が発生すると人々は「トラウマ（心の傷）」を受け、それに対する「心のケア」の必要性が叫ばれます。そのような見方にどちらかというと懐疑的だった私でも、被災直後の人々への接触は細心の注意が必要であろうと覚悟を

[*18] 地球温暖化や大災害などの問題を受けて、これからの世界で人間がどう適応し生き延びていけるのか、どうすれば持続可能な社会を構築できるのか実践的に研究する新たな学際的分野を、このように呼び始めている。

していきました。ところがかの地で私を迎えたのは、比較的明るい表情の人々と、ときにユーモアさえ感じられる人々の語り口でした。もちろん津波の爪痕はあちこちに残り、多くの人が亡くなったり行方不明になったりした現状は、なんとも悲劇的でした。それでも生き延びた人たちの多くは、共同体のなかで逞しく生活を送っていました。究極の状況におけるユーモアは、間違いなく人々の「生きる力」になっていくのです（伊藤、2005）。かつて北爆下のハノイでも、人々が笑顔を失わないで生活をしていたというルポルタージュがあり（田、1968）、訪れた外国人ジャーナリストを驚かせたといいます。それとも共通する状況があるのだと感じました。

　もっとも、このプーケットの被災地の人々について、たった数日間の調査でわかることには自ずと限界があります。本来なら、そこに数ヵ月間は留まって、ハノイの路地で展開したようなフィールドワークをするべきでしょう。そうしたうえでエスノグラフィーを書くことができたならば、それは津波という大災害を被るという体験について何某かのことを伝えるものになるはずです[19]。しかし残念ながら、そこまでの機会を作ることはできませんでした。私も、普段は茨城大学で教鞭を執っている教員の1人であり、その制約を免れて自由にフィールドワークに出向くというわけにはいきません。

　長期にわたるフィールドワークに代えられるものではないのですが、同じ場所の変化を見てみたいと考え、その後もプーケットには3回足を運びました。そのなかで、以前にインタビューした人に再会できたりもしました。調査を重ねていくなかでも、共同体的な人間関係のなかで予想外に明るく生きている人々という最初の調査のときに受けた印象は、変わることがあ

[19] 大災害の被災地のフィールドワークの成果を「災害エスノグラフィー」と呼び、被災体験の継承や防災意識の向上のために有用であることが指摘されている。

りませんでした。

　2005年に開催された愛知万国博覧会のタイ館での展示で、たまたまある情報を知りました。スリン諸島に住むモーケン族の人々が、津波が起こったときに誰1人犠牲にならず、それどころか海辺にいた観光客などにも声をかけて人々を救ったというのです。海の民の伝統的な知恵がそうさせたという文脈でその情報は紹介されていました。津波の前に、例えばゾウがそれを予知して山のほうへと逃げることがあるといった話は聞きますが、人間にも同様のことがあることをうかがわせるちょっと謎めいた話でした。

　そこでスリン諸島に実際に行って確かめてみたいと思ったのですが、プーケットからスリン諸島までは、場合によっては船をチャーターし、かつ数日間かけてしか行くことができないため、まだ実現できていません。しかし、モーケン族の人々はスリン諸島だけでなくプーケットおよびその周辺にも居住していることがわかり、何ヵ所かでモーケン族の人々と会い、この「モーケン族の謎」の疑問をぶつけてみました。

　その結果得られたいくつかの語りを表にまとめてみます（表10-1）。大変興味深かったのは、複数の人に話を聞いていくうちに、愛知万博での情報とかみ合わず、相互にも矛盾する語りがいくつも出てきたことでした。これは「事実とはなにか」という問題を考えるうえで重要です。よく知られているように、黒澤明監督の名画「羅生門」（原作は芥川龍之介の小説「藪の中」）では、ある殺人事件をめぐってかみ合わない証言がいくつも出てきます。それゆえこのような証言の重なりを検討してみることを「羅生門法」と呼び、「Rashomon」とローマ字で書いても、その分野の日本以外の研究者にも通じることばになっ

ています。

　結局のところ、愛知万博で流れていた情報の確たる裏付けは得られず、断言はできないのですが、どうやら少々誇張された

表10-1　モーケン族の人々による「津波」をめぐる語り

愛知万博タイ館で上映されていたスライドの情報	スリン諸島に古くから暮らすモルガン族。彼らは海の暮らしで生計を立てています。しかし意外にも、彼らのなかで命を落とした者はいませんでした。そればかりではありません。危険を察知した村人たちは海岸付近にいた100人あまりの人々に避難を呼びかけ、彼らの命も救ったのです。
カオラックの集落を取り仕切る中年男性の話	スリン諸島のなかのパットン島というところでは、大きな津波が来た海岸にはタイ人だけが住んでおりモーケン族はおらず、彼らが住んでいたところは満潮であったために海の水が少し上がった程度だった。それにそのあたりは木もたくさん植わっていて、結果的に大きな波が襲うというかんじでもなった。それで、山に逃げることも十分できて、誰も亡くならなかった。（津波についての伝統的な知識について）それは津波のことを知らない人が後知恵で言っているだけだ。後からならなんとでも言える。
プーケット・ラワイ地区の中年男性（1）の話	スリン諸島には15年ぐらい前に行ったことがある。そこに親戚もいる。当時は少なくとも海から10メートルぐらいしか離れていないところに家があった。だから、津波の被害がなかったとは考えられない。
ナムケム村の長老女性の話	同じくらいの世代のスリン諸島の友人が津波の来る前にやってきて、「昔の人は（津波のことが）わかる」と話していった。津波は「鬼の波」と呼ばれている。7年ほど前に一度「津波が来る」という誤報があり、自分はそのときに「津波」ということばを知った。（※通訳者によると、「鬼の波」という言い方は、タイ人も普通にするとのこと）
プーケット・ラワイ地区の中年女性の話	津波が起きた日は日曜日で、日曜日はいつもなら子どもたちが海辺で遊んでいる。でもその津波の日には誰も海辺では遊んでいなかった。なぜそうだったのかはわからないけれど。（※この地域は大きな津波はやってこず、1メートルぐらい水に浸かったぐらいですみ、誰も犠牲にはなっていない）
プーケット・ラワイ地区の中年男性（2）の話	津波があった日の2日ぐらい前からマレンポン（サソリの一種）が土のなかからたくさん這い出てきて、「なにか起こるのではないか」とみなで話をしていた。また、普段は見かけない大きな魚が捕れて、それを買った台湾人が、「これはインド洋にいる魚だ」と教えてくれた。海のことでなにかが起こるのはわかっていた。だから用心した。

注）すでに「モーケン族」というアイデンティティをもたず、「自分たちは定住した新しいタイ人（タイマイ）だ」と言う人たちも含まれている。またモーケン族は「モルガン族」と表記されることもある。

内容であるらしいことがわかってきました。モーケン族の人々は、外部からは「海のジプシー」とも呼ばれ、もともとは海の漂流民であり、閉鎖的な生活を送り、差別も受けてきたと言われています（三留、1996）。そのような人々の少々謎めいた話が、やや大げさに愛知万博で紹介されていたというのが真相かもしれません。

　プーケットおよびその周辺でこの疑問を追求していくうちに出会ったのが、「ガッシー」という鬼の話でした。シーレー島に住むシッインさんという79歳の長老が語るその物語を聞き取るには、日本語―タイ標準語―タイ南部方言―チャオレー語という2重の通訳が必要で苦労したのですが、つぎのような興味深い語りを、どうにか聞き取ることができました。

ガッシー（鬼）の話を物語る
長老シッインさん

　津波に限らず天候などの大きな変化があるときには、「鬼が来る」と言って子どもを怖がらせることがある。タイ語では「ヤク」と呼ばれる鬼は、チャオレー語では「ガッシー」と呼ばれる。巨体のガッシーは、鼻が長く、頭は波打つように乱れており、でも顔は人間に近く、皮膚も人間と似ているが、でも分厚くてまるで象のよう。ガッシーはタケノコを食べ、ウナギが好物

だ。その昔このガッシーを、長老のおじいさんたちが捕まえて、ラジャ島[20]の、巨大なアブのような虫の巣に捨てた。その島には、今でもガッシーの井戸があり、そこは海水ではなく真水が出る。このあたりの漁師は、恐れてけっしてラジャ島には近づかなかった。最近の若い漁師も、近くまで行くことはあるものの、けっしてこの島に上陸したりはしない。鬼はラジャ島で死んでしまったはず。なのにどうして今回、津波が来たのかわからない……。

[20] この島は実在のもので、モーケン族の人々の捉え方に反し、現在はダイビングなどのマリンスポーツを楽しむ外国人観光客がたくさん訪れるところになっている。

　シッインさんはこの話を本当に信じていました。2回目に会ったときには、今度は「パヤナー」という龍の話をしてくれました。彼は若いときに漁をしていて、パヤナーに遭遇したというのです。手漕ぎのボートを7人で操っていたときに現れたパヤナーは、「赤みを帯びて体長10メートルぐらいあった」と言います。顔は見えず、大きな髭が見えたとか。自分たちも、そしてパヤナーも驚いて、お互いに慌てて逃げたのだそうです。このパヤナーが大きく水を吸ってはき出すときに津波が起きるのだと、シッインさんは考えていました。
　シッインさんの子どもたちも、こうした話を信じていました。しかし、孫たちはもうその話を信じていませんでした。その集落のなかで何人もの人にこれらの話を知っているか尋ねてみたのですが、ガッシーやパヤナーのことを知っている人は一部の年長者に限られていました。定住化し近代化の影響も受けつつある人々は、このような伝統的な話を失いかけているようでした。
　スリン諸島に住むモーケン族の人々が「ガッシー」や「パヤナー」の物語を共有しているのかどうかはわかりません。そして愛知万博での情報の真相はなんなのか、いつかスリン諸島に

足を運んで、ぜひ確かめてみたいと考えています。

■5　おわりに

　「私たちの研究は、旅の延長のようなものだね」——私と同様、海外を主たるフィールドにしているある研究者に、そんなふうに言われたことがあります。振り返ってみれば私は、20数年前に心理学専攻を志して以来、ずっと長い長い旅を続けているような気がします。そしてこの旅は、まだ当面終わりそうにありません。

　旅は少々憂鬱なものでもあります。日常を抜け出していくにはそれなりのエネルギーが必要だからです。旅好きの私でも、旅に出発するとき、なんとも言えない気の重さを感じることが今でもあります。しかし日常のなかに埋没していたのではどうしても見えないものがあるわけです。旅をし、それまで知らなかった人々と出会い、できればしばしそこに留まって、人々と語らい生活の一部を体験する——それが異文化の生活世界を識るという旅であり、同時にそれは、自分の世界を拡げていくということでもあります。

　なにもベトナムやタイのような遠くに行かなければ異文化の質的研究ができないわけではありません。ふと視点を変えてみれば、きわめて地理的に近いところにも、異文化を見いだすことができます。近所のラーメン屋にも、最寄り駅の構内にも、大学のキャンパスのなかにも。旅の手段も、普通列車でもいいし、自転車でもいいし、なんら徒歩でもいいのです。大してお金をかけなくても、いくらでもやり方はあるはずなのです。

　机に本を拡げて座っているだけでは、どうしてもわからない

ことがあります。心理学における質的研究で大事なのは、「動きながら識る、関わりながら考える」ことであると私は考えるに至りました（伊藤・能智・田中、2005）。そして、「自分とは異なる他者」との出会いをとおして初めて、異文化のみならず、自文化や自分自身のことも見えてくるようになります*21。

　この小論では、実験的な量的研究に惹かれることから始まった私の研究者としてのこれまでの過程(プロセス)を語ってきました。この私の語りがどう読まれるのかというところから、またなにかが始まり、なにかが深まっていくのではないかと予感しています。

*21　「自分とは異なる他者」とは、社会的・文化的・歴史的背景が大きく異なる生活世界のなかで生きている(生きてきた)人。ベトナムやタイなど海外に行かなくても、案外身近にいるものである。どちらかというと内向き志向の強い心理学専攻の学生には、ぜひそういう人たちとの出会いを厭わないでほしい。

引用文献

田　英夫．(1968)．ハノイの微笑み―戦う北ベトナムの素顔．三省堂．

Geertz, C. (1987)．文化の解釈学（吉田禎吾・柳川啓一・中牧弘允・板橋作美訳）．岩波書店．(Geertz, C. (1973). *The interpretation of cultures*. New York: Basic Books.)

本多勝一．(1981)．戦場の村．朝日新聞社．

伊藤哲司．(1996)．いわゆる"非科学"への人々の傾倒に関する社会心理学的研究．文部省科学研究費補助金奨励研究(A)，研究報告書．

伊藤哲司．(2001)．ハノイの路地のエスノグラフィー―関わりながら識る異文化の生活世界．ナカニシヤ出版．

Ito, T. (2003). *Ngo Pho Ha Noi: Nhung Kham Pha*（ハノイの路地―その探索）. Hanoi: Nha Xuat Ban Hoi Nha Van（作家会出版社）．

伊藤哲司．(2004)．ベトナム　不思議な魅力の人々―アジアの心理学者、アジアの人々と出会い語らう．北大路書房．

伊藤哲司．(2004)．ベトナム戦争はどう記憶され、どう語られるのか―その現場心理学的検討．平成12年度～平成15年度科学研究費補助金基盤研究 (B) (2)，研究成果報告書．

伊藤哲司．(2005)．タイ・プーケット周辺の津波被害が共同体および住民の心身に与えた影響について．タイ西海岸津波被害調査報告，茨城大学調査団．

伊藤哲司・能智正博・田中共子（編著）．(2005)．動きながら識る、関わりながら考える―心理学における質的研究の実践．ナカニシヤ出版．

川喜田二郎．(1967)．発想法．中央公論社．

南　博文．(1993)．エスノ・環境・エコロジー―生活世界の発達科学をめざして．無藤隆編，別冊発達：現代発達心理学入門，ミネルヴァ書房．

三留理男．(1996)．辺境の民―アジアの近代化と少数民族．弘文堂．

佐藤郁哉．(1984)．暴走族のエスノグラフィー―モードの叛乱と文化の呪縛．新曜社．

佐藤郁哉．(1992)．フィールドワーク―書を持って街に出よう．新曜社．

佐藤郁哉．(2002)．フィールドワークの技法―問いを育てる、仮説をきたえる．新曜社．

やまだようこ（編著）．(1997)．現場心理学の発想．新曜社．

やまだようこ．(2005)．古くて、しかし新しい質的研究．伊藤哲司・能智正博・田中共子（編著），動きながら識る、関わりながら考える―心理学における質的研究の実践．ナカニシヤ出版．

■■■ 「あとがき」にかえて ■■■

能智：ようやく「臨床・社会」編の編集も終わりに近づきましたね。いろいろお疲れ様でした。川野さんのほうでなにかご感想とか、言い残したことはありますか？

川野：僕が作業してみて思ったのは、最初、臨床と社会をくっつけるなんて乱暴な、というところでした。従来の心理学の流れで言えば、あるいは僕の大学院時代の感触から言えば、データより経験の臨床心理学とケースよりグロスの社会心理学は決して近いものではなかったと思うのです。しかし、たしかに第1章にあるように近年は境界領域のような名称も出てきました。なにより作業してみて意外だったのは、8つの論文は表面上は、臨床か社会かどちらかに割り振れるのですが、その内容に立ち入るとそれほど単純ではない。臨床のような社会領域、社会のような臨床領域も見えてきて、結局、ミクロ／マクロという能智さんの提案にやっと乗っかれたという感じでした。

能智：川野さんもご存じのように、この本ははじめから「臨床・社会」で企画されていたわけではなく、最初は「臨床・看護」という話でしたよね。ところが、出版社側の意向もあって「看護」が「医療・看護」という形で独立して、ひとりぼっちになった「臨床」に「社会」がくっついたというのがその経緯です。僕もはじめは、半分くらいはちょっと乱暴な話だなと思っていたところもあるのですが、あとの半分くらいは、けっこういけるんじゃないかな、という直感もありました。

今回文献のレビューをしてみてよくわかったのは、社会心理学はもともと社会病理をどうにかしようという志向があって、それは個人の問題にも繋がっていくものです。それから、――これは第1章でも引用したサトウタツヤさんの著作から教わったことですが――臨床心理学を始めたウィトマーは、臨床ということばを現場から知を生み出すといった意味で使っていたそうで、現場というのは社会の一部という側面があります。そう考えてみれば、臨床と社会が繋がっていくのも、まあ当然と言えば当然だなと思います。

学部時代・大学院時代はとにかく不勉強だったということもあって、僕も臨床心理学と社会心理学は別物として意識していたと思います。この2つが別のものとして発展してきたのも理由はないわけではないのですが、それが制度的に確立してしまうと、その繋がりが見えなくなってしまうということなのでしょう。

しかし、ミクロ・マクロというのも、けっこう曖昧な区分ではありますね。いちおう便宜というか、わかりやすさのために、このように分けてはみたのですが。

川野：能智さんの直感は正しかった、というこ

とですか。ただ、僕はそのミクロ・マクロを含めて、気になる部分があります。たしかに便宜のために、なのですが、しかし、その前におっしゃったみたいに、社会から病理へ、逆に現場から社会へという「繋がり」がある。気になるのは、先にミクロとマクロ、あるいは社会と個人を二元論的に設定してしまうと、どうしても「繋がり」がごまかされてしまう、「あるはずだ」で終わりかねない、そこのところです。オートポイエーシスのようなシステム一元論で乗り越えようとする動きもありますが、質的研究もまた、「繋がり」そのものを記述するところから結果的にミクロ・マクロの二分法を無効にする可能性をもっているので、今回の章立ては、痛し痒しかな、と思うのです。

能智：まあ、ことばを使ってなにかを整理するときには、多かれ少なかれ、二分法的になってしまいますよね。分節線のないところに分節線を入れるのがことばですから、整理したとたんに見えにくくなることがある。見えにくくなるのはしかたないと僕は思うのですが、それにしても、見えないことを知っていることと見えないことすら知らないことの間には大きな違いがありますね。脳損傷で視野が狭まってしまう人がいますけど、見えない部分があることが意識できている人とできない人では適応がずいぶん違う。それと似ています。ですから、この本でも、この本に特有の整理の仕方によって見えない部分、見えにくくなっている部分があるということは、強調しておきたい気がします。

川野：ところで、その本書の構成に対して理論的に位置づける役割だった第1章ですが、難しくはなかったですか？

能智：書き始めるとけっこうたいへんなところがありました。具体的にそこで強調したのは、個と社会の「繋がり」——ということは、ミクロとマクロの「繋がり」ということにもなりますが——だったのですけれども、これもなかなか実感としてはわかりにくいところじゃないですか。それをうまく表現できないかなーと思って、ウロボロスの絵などを持ち出したりして工夫してみたのですが、そこもうまくいったかどうか心もとないですね。結局、他の章の研究で暗示される「繋がり」のほうが、僕などは印象に残る気がしました。

川野：そうですね。でも、僕には第1章もとても勉強になりました。この章は、臨床と社会、それからその中間というように領域の見取り図を示したものとも読めますが、それは字数の制限もあります。むしろ、枠組みが「変化している」方向について踏まえておくと、第3章以降の実際の研究の深みが分かる、そんなふうに読めばいいでしょうか？

能智：そう読んでいただけるとありがたいですね。その変化の方向性と、それぞれの研究が変化の線上のどこに位置づけられるかは、研究ごとに違っています。その位置づけがもっとうまくできればよかったのですが。そこも、第1章を書くに際して難しかったところと関係しています。第1章では、今の質的研究において無視できない社会構成主義的な方向性を重視する形の記述になっています。でも、質的研究の全てがそうであると言うと言い過ぎだし、それから厄介なのは、社会構成主義的な視点もまた、社会的に構成されるということです。おそらく、そういういわばポストモダン的視点がもてはや

されるのには、やはり時代的な要請みたいなものがあります。今回示したような見方の重要性をちゃんと伝えながら、「この見方が究極的に正しいんだぞ」みたいなところに落とし込まないというのは、ちょっと僕の手に余ったところですね。

川野：では、第2章はどんなふうに読めましたか？

能智：一読した感想は、「なるほど、質的研究の手続きはこういうふうに書くべきなんだな」っていうものでした。仲間うちのエールの交換のために言っているのではなく、そう思いますよ。ああいう柔らかな文体っていうのかな。文章の内容プラス、文体で伝わるものって、すごく大事じゃないかと思うんです。質的研究のプロセスでの、研究テーマや対象との関わり方というのは、あのような文体じゃないと伝わらないような気がするんですね。ただ、僕はいちおう一通り質的研究を経験している立場で読んでいますから、僕よりも、質的研究をやったことがない方に読んだ感想を聞いてみたいところです。

川野：伝わると嬉しいですが。

能智：川野さんのほうでは、第2章で苦労したところはありますか？　一時期、どう書こうとか、迷っておられたこともあったみたいでしたけど。

川野：迷ったのは、書くべきことがたくさんあるなかで、なにを選ぶかという点ですね。結論は、質的研究を始めるまで、に重点を置くことでした。質的研究は、特に最初のうち試行錯誤というか、躓きが多くなりますよね。そこへ向けての応援というつもりで、そしたらあの文体がいいかな、という感じです。最初は固く書いてみたのですが、うまくいかなくってやり直しました。

それから、臨床・社会というテーマで必要だけど書ききれなかった話題が1つあって、それも最後まで気になりました。それは第5章で出てくる「事実とはなにか」という問題に関係します。臨床・社会領域での質的研究は、程度の違いはあれ「実践」というか、その場の問題を意識して研究をスタートさせ、その知見によって現場を「改善」することを暗黙のうちに前提していると思うのです。しかし、物語モードでなされる質的研究は、多様な知見がありうる、という姿勢に裏打ちされています。とすると、従来の現場での見識より、新たに研究で見いだされた知見のほうが適切である、「前よりまし」とする根拠はどこに生まれるのか。やはり、いずれかを「事実」と付き合わせる必要があるのか、――その辺りですね。

能智：それは、今後の質的研究においてとても重要な論点ですね。物語モードや社会構成主義では、観点による物事の現れや解釈の相対性を強調する傾向があります。でも私たちは、日常的に「事実」や「現実」という信念というか信憑というか、そういうものに支えられて生きているし、社会もそれに沿って動いているところがある。質的研究の知見を私たちの日常的な実感にどう着地させるかという問題は、論じ始めたらそれだけで1冊の本になってしまいそうです。僕も言いたいことはあるのですが、後書きが本文よりも多くなると、東京図書の編集の方もあきれてしまわれるでしょう（笑）。その問題については、また別の機会にやりませんか。

川野：はい。第2章でもっとも強調したこと、それは「質的研究は他の人とともに」ということです。積み残したテーマはぜひ、仲間を集めて議論を続けたいですし、この本を読んでくださった方が、合流してくださるようになれば嬉しいですね。ただ、その書かなかった部分を一言だけ加えるとしたら「事実」や「現実」を支える信念、それがゆらぐ瞬間こそが大事だ、と思うのです。現場の人が認めていること、そこに研究者が見いだすこと、それぞれの信念が「ゆらぐ」条件とはなにか。ここにまた、自己と他者性の二分法を越えようとする運動を見つけることができるはずだと、僕は思います。

ところで、少し裏話ですが、この本の編集の依頼があったとき、能智さんと僕、それにこのシリーズの「医療・看護」の編者の高橋さんも参加して、「喪失と生成研究会」をやっていました。そこでこの本のイメージを議論したり、それからコラムでどんな本を紹介すべきかということを、実際にレビューしながら議論したりしていました。そういう意味では、この本自体が僕の主張の証しみたいなものです（笑）。

能智：結局コラムとしての紹介は5冊に絞ったわけですが、当初は20冊以上あがっていたのではないかと思います。そのうちの何冊かは、このシリーズの他の巻で紹介されているみたいです。これもまた、質的研究が、「臨床・社会」などといった特定の領域に収まらないことを示しているんじゃないでしょうか。いや、そういういろいろな領域に影響を与え、いろいろな読み方を可能にするのが、よい研究なのかもしれませんね。

川野：コラムそのものも、そつなく紹介しているものから苦労したなと感じさせるものまで、バラエティに富んでいますよね。それを読みながら思ったのですが、きっと「書ききれない」と感じていらっしゃるだろうな、と。無理に話をつなげると（笑）、質的研究の鍵もまた、やはり書くことですね。それも、よくわからないとき、迷ったときほど、無理にまとめてしまわないで、「？」であることを意識しつつ、書き下してみることだと思いませんか。少しポストモダンの香りをつけておくなら、頭のなかで響いている音ではなく、書き言葉＝エクリチュールになったとき、初めて新しい解釈に展開する準備が整うのではないでしょうか。

能智：なるほど。その点は、それぞれの章でときに明示的に、ときに暗示的に書かれていたことでもあると思います。データをもとになにか書いてみてそこに書ききれないなにかが残る。それがまた、データを読み直したり新たに書いたりといった行為を促す。さらにそこになにか物足りなさが残って……という感じでデータの読みと書くことのサイクルが何度も繰り返されるわけです。質的研究の過程は流派によっていろいろだけれども、枝葉を取り払っていけば、そういうサイクルが残るのではないでしょうか。そのサイクルを、読者のみなさんも楽しんでいただけるといいなと思いますね。

川野：あ、どうやら、今のが終わりのことばのようですね。この本の制作に協力してくださった全ての皆さんと、読者の皆さん、お付き合いくださってありがとうございました。さあ、「書をもって街に出る」時間です。

川野健治
能智正博

索引

■ア■

アウトサイダー・パースペクティブ　155, 178
アクションリサーチ　241～243, 250, 252, 256, 257
厚い記述　27, 210, 272
意志　48, 84～86, 92
異人　269, 271, 275
逸話記録法　59, 60, 63
異文化　13, 138, 262, 268, 270, 271, 277, 284～286
異文化研究　260
意味　4～6, 10～12, 20, 22～27, 31, 33, 34, 36, 125～127, 130, 132, 133, 143～145, 147
依頼状　48, 49
インサイダー・パースペクティブ　155
インター・ジェネレーショナリティ　240, 247
インター・ローカリティ　240, 251
インタビュー　30, 42, 46, 48, 151, 174, 194, 198, 210, 213, 216～222, 229, 235, 237, 242, 249, 251, 252, 255, 279
インフォームドコンセント　50, 51
エスノグラフィー　63, 94, 95, 99, 100, 102, 106, 121, 204, 209, 210, 213, 227, 235, 262, 263, 271, 272, 277, 279, 286
エスノメソッド　100, 274, 275
エスノメソドロジー　99, 100, 274
円環的な因果律　20

■カ■

会話分析　65, 100, 106, 107, 109～112, 116, 174
カウンセリング　14, 16, 20, 175, 260
関わり　73～93
家族療法　19, 20
語り　20, 21, 37, 40, 56, 61, 100, 121, 125～132, 136, 140, 143～145, 147, 149, 150, 153, 169～172, 177～180, 211～213, 218～222, 226～232, 234, 236～244, 246, 247, 249～251, 255, 256, 258, 279～282, 285
語り部　238, 239, 241～245, 247, 248, 252, 254, 256
カテゴリ分析　63～65
カルチャーショック　209, 272
環境研究　187～189, 191, 193, 200, 203, 206, 207
環世界　23
気づきの閉じた文脈　166, 167
帰納　6, 24, 26, 29, 31, 32, 34
逆カルチャーショック　277
凶器注目　131
教材　73, 74, 76, 81, 86, 89
供述分析　131, 133, 137, 142～144, 147
共同実践　238, 241, 242, 244, 246～248, 253～255
共同性　215, 225, 226, 234, 237
虚偽の自白　131
空間　73, 88, 89, 93
グラウンデッド・セオリー　31, 63, 204

■サ■

グループ・ダイナミックス　8, 241～243, 246, 247, 256
クロスロード　239, 248～257
KJ法　63, 198～201, 204, 252, 265
ゲーミング　239～241, 245, 248, 251, 252, 254～256
ゲーム　45, 239, 240, 248～254, 256, 257
研究者　5, 26～29, 32, 34, 35, 42～48, 51～63, 65～67, 73, 76～78, 81, 88, 95, 99, 100, 105, 106, 120, 145, 149, 154, 155, 178, 188, 192, 193, 195～197, 204, 207, 240～244, 246, 247, 253～255, 261, 263, 265, 277, 280, 284, 285
現象学　77, 78, 89, 95, 204
現場メモ　261
甲山事件　133, 142
構造化面接　5, 61
構造的ディスコミュニケーション　122, 133, 137, 138, 142, 147
構築主義　22～26, 28, 33, 34, 37
行動場面　190, 194, 197～200, 203, 208
行動療法　17, 18, 38, 108
心のケア　260, 278
個人的経験　188, 203
コミュニティ心理学　18, 37, 57
コンプライアンス　155

災害エスノグラフィー　279
サステイナビリティ学　278

291

参加観察法（→参与観察）
参与観察　　33, 42, 53, 60, 61, 95, 157, 213, 216, 217, 220, 235, 237, 244
シークエンス分析　　63〜65
時間見本法　　59
思考　　84〜86
事実　　122, 123, 125〜130, 132, 135〜145, 147
事象見本法　　59, 60
自然観察　　59, 60, 190, 191, 194, 197, 198, 208
自然主義　　5, 24, 27, 45
自然的観察（→自然観察）
実験心理学　　44, 128
実験的観察　　59, 60
実験法　　98, 102
実証型研究　　187
実践性　　53, 55, 56, 58, 67
質的研究者　　32, 263
質的な分析方法　　133
質問紙調査法　　98, 102, 252
自分とは異なる他者　　285
シミュレーション実験　　131, 133, 134, 138, 142
社会化　　12, 213, 214, 216, 222, 225, 237, 259
社会構成主義　　23〜28, 33, 34, 36, 56, 57, 242, 256
社会的表象　　10, 11, 256
社会文化的アプローチ　　12, 13, 38, 256
社会変動　　213
社会臨床心理学　　30, 31, 37
重障児　　73, 75, 93
修復連鎖　　107, 108, 112
順番取りシステム　　107
障害児　　73, 91, 133
職業的社会化過程　　213, 214, 216, 222, 225, 237

事例研究　　75, 77, 85, 91, 121, 204, 213, 214, 226, 237
人格　　79, 80
スキーマアプローチ　　131〜133, 137, 143
スクリプト　　136
生活世界　　216, 217, 246, 247, 260, 269〜271, 274, 276, 278, 284〜286
精神活動　　84〜88
精神分析学　　14〜16
生理・心理・社会的モデル　　18
世界　　73, 76〜93
セルフレギュレーション　　155
センス・メーキング　　250, 251, 253, 254
ソーシャルスキル・トレーニング（SST）　　108

■タ■

体験の経験化　　273
対話　　6, 15, 43, 215, 237, 253, 256, 257, 277
直観　　7, 9, 78〜83, 87, 90〜92
ディシジョン・メーキング　　250, 254
定住者　　264, 267
同郷人　　214, 216, 218, 219, 222, 223, 225, 226, 230, 231, 234
道具機能　　225
統計学的手法　　260
当事者　　40, 50, 76, 95, 129, 153, 154, 156, 167, 170, 171, 177〜180, 210, 216, 238, 240〜242, 244, 246, 249〜251, 253, 254, 259
特殊性　　188, 189, 191〜193, 200, 203, 206
閉じた文化　　267

トライアンギュレーション　　252, 253
トラウマ（心の傷）　　278
トランスクリプト　　65, 108, 110, 111, 113, 116〜118

■ナ■

内省性　　28
ナラティヴ　　20, 37, 53, 57, 125, 149, 239, 240, 249, 251, 253, 255
ナラティヴ・セラピー　　20, 21, 36
並ぶ関係　　229, 234
日本質的心理学会　　264
日本心理学会　　264
認知行動療法　　17, 18, 38, 108
認知症　　151〜154, 156, 157, 159〜172, 174〜183
野田事件　　141〜143, 147

■ハ■

パーソナル・コンストラクト　　9, 11
パーソンセンタード・ケア　　152, 156
媒介者　　269
バイプレーヤー　　242, 243, 246, 248, 254
パッシング　　161, 162, 165, 166
パッシング・ケア　　166
発達課題　　119
反精神医学　　31
非構造化面接　　61
非参加観察法　　60
病気行動　　154, 155
表出機能　　225
病人役割　　154, 155
開いた文化　　267

フィールドエントリー　51, 100, 102〜105, 196, 197
フィールドでの違和感　54
フィールドノーツ　62, 63, 101, 116, 261
フィールドワーカー　41, 42, 104, 105, 181, 263, 269, 270, 272, 273, 275
フィールドワーク　33, 37, 42〜44, 51, 62, 64, 66, 69, 94, 100〜102, 104〜106, 121, 153, 154, 156, 157, 159, 164, 180〜182, 209, 210, 213, 218, 236, 237, 261〜264, 266, 269, 270, 272, 276〜279, 286
ブレインストーミング　265
文化　3, 11〜13, 18, 22, 23, 25, 31, 38, 60, 94, 98, 121, 138, 147, 154, 177, 182, 209, 210, 216, 225, 256, 262, 267, 274, 285, 286
法と心理学会　146, 147

本質直観　78, 79, 82

■ マ ■

物語　23, 37, 121, 126, 127, 131, 134, 140, 147, 149, 150, 188, 189, 213, 226, 227, 234, 235, 237, 282, 283
物語的思考モード　188, 189, 193, 197, 200

■ ヤ ■

役割とり　12
病い体験　154〜156, 178

■ ラ ■

ライフサイクル　220
ライフストーリー（人生の物語）　126, 127, 147, 213, 215, 227〜231, 235, 237, 243

ライフヒストリー（生活史）　216, 227
羅生門法　280
ラポール　61
量的研究　41, 45, 53, 66, 285
量的データ　260, 261
量的な分析方法　133
リロケーション　187, 190〜194, 197〜199, 204, 206, 208
臨床社会学　33, 36, 37, 182, 183
臨床社会心理学　29, 30, 37, 38
隣接ペア　107, 109
ルポルタージュ　263, 279
歴史　4, 13, 22, 103, 130, 143, 177, 211, 213, 214, 221, 226, 227, 234, 236, 263, 285
歴史的な事象　130
ロールプレイ　108, 109, 111, 113, 118
論理科学的思考モード　188, 191〜193, 203

■監修者／編者紹介■

秋田喜代美（あきた きよみ）

1980年	東京大学文学部社会学科卒業
1986年	東京大学教育学部教育心理学科卒業
1991年	東京大学大学院教育学研究科博士課程修了、博士（教育学）
	立教大学文学部助教授、東京大学大学院教育学研究科助教授を経て、
2004年より	東京大学大学院教育学研究科　教授
主要著書：	『読書の発達心理学』（単著）（国土社、1998）
	『子どもをはぐくむ授業づくり』（単著）（岩波書店、2000）
	『読む心　書く心　文章の心理学入門』（単著）（北大路書房、2002）
	『教育研究のメソドロジー』（共編著）（東京大学出版会、2005）
	『授業研究と談話分析』（編著）（放送大学出版会、2006）
	『新しい時代の教職入門』（共編著）（有斐閣、2006）
	『教育心理学キーワード』（共編著）（有斐閣、2006）

能智正博（のうち まさひろ）

1984年	東京大学文学部心理学科卒業
1997年	シラキュース大学大学院教育学研究科博士課程修了、Ph.D.
2006年より	東京大学大学院教育学研究科　准教授
主要著書：	『動きながら識る、関わりながら考える―心理学における質的研究の実践』（共著）（ナカニシヤ出版、2005）
	『〈語り〉と出会う―質的研究の新たな展開に向けて』（編著）（ミネルヴァ書房、2006）

川野健治（かわの けんじ）

1986年	名古屋大学教育学部教育心理学科卒業
1996年	東京都立大学大学院人文科学研究科博士課程単位取得退学
2006年	早稲田大学　博士（人間科学）
2006年より	国立精神・神経センター精神保健研究所　自殺予防総合対策センター　室長
主要著書：	『間主観性の人間科学』（共編著）（言叢社、1999）
	『身体から発達を問う』（共編著）（新曜社、2003）

■執筆者紹介■

〈第1章～第10章〉

能智正博	監修者／編者紹介参照
川野健治	監修者／編者紹介参照
遠藤　司（えんどう つかさ）	駒澤大学総合教育研究部教職課程部門　教授
松嶋秀明（まつしま ひであき）	滋賀県立大学人間文化学部　講師
山本登志哉（やまもと としや）	共愛学園前橋国際大学国際社会学部　教授

出口泰靖（でぐち やすのぶ）　　千葉大学文学部　准教授
髙橋　直（たかはし なお）　　武蔵工業大学環境情報学部　客員研究員
石井宏典（いしい ひろのり）　　茨城大学人文学部　准教授
矢守克也（やもり かつや）　　京都大学防災研究所　准教授
伊藤哲司（いとう てつじ）　　茨城大学人文学部　教授

〈書籍紹介〉

蘆野晃子（あしの あきこ）　　早稲田大学大学院人間科学研究科博士後期課程
宮﨑朋子（みやざき ともこ）　　名古屋大学大学院教育発達科学研究科博士後期課程
德田治子（とくだ はるこ）　　川村学園女子大学大学院人文科学研究科　非常勤講師
文野　洋（ふみの よう）　　東京都立大学人文学部　助教
目良秋子（めら あきこ）　　聖セシリア女子短期大学幼児教育学科　准教授

Ⓡ〈日本複写権センター委託出版物〉
本書の全部または一部を無断で複写複製（コピー）することは、著作権法上での例外を除き、禁じられております。本書からの複写を希望される場合は、日本複写権センター（03-3401-2382）にご連絡ください。

装幀（カバー・表紙）　　高橋敦
　　　（本文）　　　　　（株）山陽堂

はじめての質的研究法　臨床・社会編

2007年5月25日　第1刷発行　　Ⓒ Kiyomi Akita, Masahiro Nochi,
　　　　　　　　　　　　　　　　Kenji Kawano, et al., 2007
　　　　　　　　　　　　　　　　Printed in Japan

監　修　　秋田喜代美
　　　　　能智正博
編　者　　能智正博
　　　　　川野健治
発行所　　東京図書株式会社
　〒102-0072　東京都千代田区飯田橋3-11-19
　振替 00140-4-13803　電話 03(3288)9461
　ISBN 978-4-489-02010-0
　URL http://www.tokyo-tosho.co.jp